Management de la banque

Risques, relation client, organisation

Ouvrage coordonné par

Éric Lamarque, docteur et agrégé en sciences de gestion, professeur à l'université Montesquieu-Bordeaux IV, directeur du master sciences de gestion et management, spécialité management financier, directeur du groupe de recherche sur la gestion et la gouvernance des banques.

Avec

Pedro Arbulu, docteur habilité à diriger des recherches en sciences de gestion, maître de conférences à l'université Montesquieu-Bordeaux IV, directeur des programmes internationaux du Master Management financier ; **Julien Batac**, docteur en sciences de gestion, maître de conférences à l'université Montesquieu-Bordeaux IV, IUT ; **Siham Bikourane**, doctorante, ATER à l'université Montesquieu-Bordeaux IV, IUT ; **Véronique des Garets**, docteur et agrégée en sciences de gestion, professeur à l'université de Tours, IAE ; **Jean-Marc Figuet**, docteur et agrégé en sciences économiques, professeur à l'université Montesquieu-Bordeaux IV, directeur de la licence professionnelle de banque ; **Christophe Godowski**, docteur en sciences de gestion, maître de conférences à l'université de Tours, IAE, directeur de la licence professionnelle banque ; **Michel Koch**, ancien cadre dirigeant de banque, chargé de cours à l'université de La Rochelle, Institut de gestion et à l'ESC La Rochelle ; **Isabelle Maque**, agrégée d'économie et de gestion, doctorante, PRAG à l'université de La Rochelle, Institut de gestion ; **Franz Maurer**, docteur habilité à diriger des recherches en sciences de gestion, maître de conférences à l'université Montesquieu- Bordeaux IV ; **Valérie Pallas**, docteur en sciences de gestion, maître de conférences à l'université Montesquieu-Bordeaux IV, directrice du programme français du Master Management financier ; **Mathieu Paquerot**, docteur en sciences de gestion, maître de conférences à l'université de La Rochelle, Institut de gestion et ESC La Rochelle ; **Isabelle Sueur**, docteur en sciences de gestion, maître de conférences à l'université de La Rochelle, Institut de gestion, et ESC La Rochelle ; **Aymann Aljubeili, Vincent Maymo, Abdelraman Meerom**, doctorants, université Montesquieu-Bordeaux IV.

Préface

Gérard Hirigoyen,
Président de l'université Montesquieu-Borde

PEARSON
Education

Publié par Pearson Education France
47 bis, rue des Vinaigriers
75010 PARIS
Tél. : 01 72 74 90 00

Mise en pages : TyPAO

ISBN : 2-7440-7145-5

Table des matière

Table des encadrés

Table des figures

Avant-propos

Éric Lamarque
Professeur à l'université Montesquieu-Bordeaux IV
Creff, Ifrege

L'observation des stratégies bancaires depuis 10 ans, tant en France que dans le monde, ainsi que l'étude approfondie de plusieurs institutions aboutissent aujourd'hui à un triple constat :

- Tout d'abord, on note une très grande homogénéité dans les décisions et les orientations prises par les établissements. L'étude du contenu des plans stratégiques montre en effet de nombreuses similitudes quant au modèle de développement retenu. La banque universelle, régulièrement remise en cause pour ses performances insuffisantes, reste le modèle largement dominant. Les dernières restructurations en France, illustrées par la constitution du groupe Caisse d'Épargne, mais également au niveau européen (BSCH-Abbey National, BBVA et ABN Amro sur des cibles italiennes) s'inscrivent dans cette logique avec comme objectif d'accroître progressivement son portefeuille de clients, son portefeuille de produits et sa couverture géographique. On retrouve là les trois dimensions clés d'une stratégie de positionnement classique, telles qu'elles sont évoquées dans la plupart des ouvrages de stratégie d'entreprise. Cette grande convergence des décisions stratégiques trouve en partie son explication dans un cadre réglementaire extrêmement contraignant, pour une activité concurrentielle, n'incitant pas à l'originalité souvent synonyme de prise de risque. Une autre raison réside dans l'impossibilité de protéger toute forme d'innovation.

  Au niveau français, cette convergence se traduit par une banalisation de l'image des établissements, aucun n'apparaissant véritablement différencié par la clientèle. Pourtant, la plupart des plans stratégiques insistent sur l'innovation et la différenciation comme axes privilégiés de développement en s'appuyant sur des valeurs de l'entreprise présentées comme réellement spécifiques. Là encore, force est de constater que ces valeurs sont très proches entre banques et qu'elles ne constituent pas réellement des facteurs de différenciation mais plutôt un moyen d'assurer une cohésion interne entre les équipes et un socle commun pour le management de l'entreprise.

- Le deuxième constat concerne le niveau de performance atteint par les établissements. En 2004, comme pour d'autres secteurs d'activités, les résultats de la plupart des grandes banques n'ont jamais été aussi importants. Au premier abord, cela peut venir valider les choix stratégiques récents en matière de croissance externe et de stratégie de banque universelle. Cependant, quand on analyse les *Return On Equity* (ROE) de ces cinq dernières années, le constat est moins évident. Les résultats des banques apparaissent soumis à des phénomènes cycliques issus à la fois de la santé de l'économie de leurs zones d'intervention et de l'évolution des marchés financiers. Dans la tranche des banques les plus performantes (ROE > 15 % en moyenne sur les cinq dernières années), on retrouve ainsi autant de banques de taille relativement modeste que de grands établissements universels de dimension internationale. La relation taille-performance est par conséquent loin d'être démontrée dans le secteur. La justification des stratégies de croissance externe est donc sans doute à chercher ailleurs. La taille et la complétude du portefeuille d'activité sont avant tout des arguments pour assurer une certaine constance dans la croissance (ou au moins dans la stabilité) des résultats. Elles permettent surtout aux dirigeants de se positionner comme des acquéreurs potentiels, plutôt que de se retrouver en situation de cibles et de pouvoir satisfaire un actionnariat dont la fidélité et le soutien ne sont jamais définitivement acquis.

Cette volonté de diversifier ses sources de revenus se retrouve ainsi dans les stratégies d'acquisition à l'international qui ont pour vocation de se positionner dans des zones à potentiel de croissance (États-Unis, Chine, nouveaux entrants dans l'Union européenne, certains pays émergents). Cette dimension internationale se retrouve également systématiquement aujourd'hui dans les plans stratégiques pour assurer au moins une croissance soutenue du PNB et si possible du ROE.

- Enfin, l'explication des performances des établissements en 2004 réside pour une bonne part dans la baisse du coût du risque dans les comptes d'exploitation. Ce résultat confirme que la gestion des risques reste et restera un atout majeur de compétitivité et constitue à ce titre un réel avantage concurrentiel. En effet, l'existence d'un tel avantage ne peut être validée que par des résultats financiers tangibles. Cela n'est pas sans conséquence sur le management de l'entreprise bancaire.

  Alors que les responsables limitent souvent leurs décisions à un positionnement en termes de produits et/ou de marchés comme en témoignent les plans stratégiques de nombreuses institutions, l'idée que nous défendons ici est que le « stratégique » se déplace vers l'intérieur des organisations. En effet, à partir du moment où il y a une grande similitude entre les positionnements adoptés par les acteurs, les choix de produits/marchés sont parfaitement prévisibles et même directement observables sur certains sites Internet officiels ! Se concentrer sur la PME, développer la clientèle « corporate », attaquer le particulier haut de gamme, pousser l'épargne salariale, devenir le banquier d'un français sur trois, tous ces objectifs sont ou seront tôt ou tard inscrits au programme de toutes les banques universelles. Dans ces conditions, c'est dans la mise en œuvre opérationnelle des actions permettant de réaliser ces objectifs que se situent les nouvelles sources de la compétitivité.

L'objectif de cet ouvrage collectif est de proposer une première réflexion sur les nouvelles conditions de la compétitivité des entreprises bancaires. Pour nous, l'avantage concurrentiel ne réside plus ni dans le choix d'un positionnement produit/marché, fût-il original, ni dans une différenciation supposée. Il est bien davantage à rechercher du côté des modes d'organisation et de management mis en place.

Pour justifier cette position, Pedro Arbulu, Aymann Aljubeili et Abdelraman Meerom, chercheurs au Creff, dressent dans l'introduction un bilan des stratégies de développement par croissance externe dans le secteur au regard du critère dominant de création de valeur. Ces fusions et acquisitions sont sans doute la partie la plus visible de ces stratégies, car elles sont largement médiatisées. Cela dit, si on part du principe que des décisions dites « stratégiques » doivent être caractérisées par un surplus de valeur financière (valeur boursière en l'occurrence), il est nécessaire d'évaluer les résultats de ces opérations. Les résultats laissent relativement perplexe quant à cette création de valeur à court terme. Par contre, sur le moyen terme, on observe une amélioration progressive des cours dans la mesure où les résultats opérationnels sont ceux espérés par le marché. Il faut donc comprendre quelles sont les origines de cette efficacité opérationnelle.

Trois thèmes ont été retenus et font l'objet des trois parties de l'ouvrage :

1. La gestion des risques est au cœur du métier de banquier. Très longtemps, les indicateurs de suivi et la réglementation se sont surtout attachés au suivi des risques financiers traditionnels (contrepartie, taux, illiquidité). Avec la multiplication des procès et des condamnations, le risque juridique est venu compléter l'analyse pour finalement voir aujourd'hui l'ensemble des risques liés au fonctionnement opérationnel de la banque être pris en compte par la réglementation.

   Dans le premier chapitre, Jean-Marc Figuet, professeur de sciences économiques, membre du Lare-efi, revient sur la genèse de la réforme de Bâle II en rappelant d'abord les grandes étapes de la mise en œuvre du ratio de solvabilité européen, afin de comprendre les apports de cette dernière réforme. Après avoir décrit la nature des nouveaux modes d'évaluation de l'ensemble des risques bancaires, il évalue les conséquences stratégiques et organisationnelles pour les établissements en évoquant la nécessaire adaptation des systèmes d'information, mais surtout l'évolution de la prise de décision stratégique beaucoup plus orientée vers la gestion du couple risque/rentabilité.

   Les deux chapitres suivants rentrent dans le détail de ces changements. Christophe Godowski, maître de conférences à l'université de Tours, IAE, membre du Cermat, détaille de façon très pédagogique les méthodes de quantification des risques de marché et du risque de crédit. Il montre à la fois l'intérêt des méthodes telles que la *Value-at-Risk* (VaR) ou RAROC en tant qu'outils d'évaluation, pour ensuite en évaluer les conséquences au niveau du management de la banque en termes de prise de décision. Frantz Maurer, maître de conférences habilité à diriger des recherches à l'université de Bordeaux IV, membre du Creff, propose quant à lui une synthèse exhaustive des principes d'évaluation des risques opérationnels. Il relève l'importance de l'identification et du traitement de ces risques afin de les mesurer selon les méthodes préconisées. Mais surtout, il plaide pour la mise en œuvre d'une véritable stratégie associée à la gestion des risques opérationnels et en décrit les différents aspects possibles.

2. La gestion de la relation client a depuis longtemps été identifiée comme une des clés de la compétitivité des établissements (Zollinger et Lamarque, 2004). L'observation des stratégies opérationnelles montre qu'elle reste aujourd'hui au cœur des décisions et de l'organisation de tous les établissements. L'avantage concurrentiel réside donc

dans la mise en œuvre de ces stratégies, de façon à fidéliser des clientèles de plus en plus volatiles.

Siham Bikourane, Éric Lamarque et Isabelle Maque, chercheurs au Creff, font le point sur la question spécifique des relations entre banques et entreprises. Après avoir rappelé l'existence de deux grands modes de relation – transactionnel d'un côté, relationnel de l'autre – entre ces deux acteurs, ils l'illustrent par une analyse historique rapide de deux modèles bancaires caractéristiques – le système bancaire américain, puis allemand. Face aux réactions des banques et de cette clientèle, la question est aujourd'hui posée de la recherche d'un modèle de relation plus équilibré entre relationnel et transactionnel. La France peut, dans une certaine mesure, être représentative de cette situation. Cette démarche suppose cependant que chacun des deux acteurs s'organise pour gérer au mieux la relation avec l'autre. L'idée centrale que les auteurs développent en fin de chapitre est que l'existence d'une véritable structure de gestion de cette relation, aussi bien dans la banque que dans l'entreprise, est un gage de succès et d'efficacité.

Les deux autres chapitres s'intéressent aux relations entre les banques et la clientèle des particuliers. Véronique des Garets, professeur à l'Université de Tours, IAE, membre du Cermat, rappelle les avancées du marketing relationnel dans le domaine bancaire pour illustrer cette volonté de mettre en œuvre de véritables stratégies de contact. Elle fait le constat que la plupart des établissements se sont aujourd'hui appropriés les outils et des techniques qui leur sont associés : segmentation, CRM. La question de la différenciation se pose de nouveau. Une gestion plus efficace de cette relation repose selon elle sur une double réorganisation : une évolution de la segmentation, accompagnée d'une réorganisation de l'outil commercial. Celle-ci s'avère particulièrement nécessaire si l'on veut intégrer réellement les nouvelles orientations stratégiques en matière de fidélisation notamment.

Michel Koch, Mathieu Paquerot et Isabelle Sueur, chercheurs au Cerige, université de La Rochelle, rentrent dans le détail de ces stratégies de fidélisation dans le cadre d'une cible particulière, les jeunes. Après avoir rappelé l'intérêt et les interrogations liés à cette clientèle, ils font le point sur les pratiques du secteur à son égard. Ils proposent ensuite plusieurs axes de réflexion pour améliorer leur efficacité au regard de leurs attentes.

3. La dernière partie insiste sur ces aspects organisationnels en donnant des pistes de réflexion sur les enjeux et les orientations que pourraient prendre les établissements dans la recherche d'une plus grande efficacité. Parmi tous ces aspects, celui de la coordination des différentes activités, entre les acteurs, retient particulièrement l'attention des auteurs. L'excellence organisationnelle repose notamment sur une meilleure gestion des connaissances au sein des structures bancaires. Valérie Pallas et Rania Labaki, chercheurs au Creff, développent cette idée en proposant une première grille de lecture des processus de construction des connaissances à travers l'étude de quatre banques françaises de premier plan. Elles identifient les dimensions clés de ce processus et analysent principalement les modes de partage de ces connaissances à l'intérieur de l'organisation, de façon à arriver à une meilleure coordination.

Au chapitre 8, Julien Batac et Valérie Pallas, maîtres de conférences à l'université Montesquieu-Bordeaux IV, vont plus loin en insistant sur la nécessaire transversalité de bon nombre de processus stratégiques pour les établissements. Après avoir rappelé le développement de ces formes d'organisation transversales dans d'autres secteurs d'activité, ils illustrent le développement de ces nouvelles formes organisationnelles dans le secteur bancaire, principalement les banques mutualistes. La participation des auteurs à différents projets au sein des ces établissements leur a permis d'observer l'intérêt de mettre en œuvre une telle démarche. Deux domaines où celle-ci s'est révélée particulièrement efficace sont décrits : le processus de construction du plan stratégique de l'établissement et l'offre bancaire aux PME. Ils font le constat que les acteurs sont véritablement au cœur de cette transversalité et par conséquent à l'origine même de l'avantage concurrentiel.

Ce constat est repris et développé par Éric Lamarque et Vincent Maymo, chercheurs au Creff, au chapitre 9. Après avoir présenté différents domaines où ce besoin de coordination se fait particulièrement sentir, les auteurs étudient les moyens d'améliorer la coordination entre les individus. Le cadre qu'ils développent repose sur l'existence et la mise en place de conventions plus ou moins formelles, de manière à générer des routines de fonctionnement assurant un niveau stable et durable de coordination. Ils insistent aussi sur la nécessité, pour les organisations bancaires, de mettre en place des dispositifs incitatifs contribuant à mettre les ressources humaines dans les meilleures dispositions vis-à-vis de ces nouvelles formes d'organisation.

Ces réflexions sont le résultat des travaux menés par des spécialistes du secteur bancaire, qui ont réalisé leurs investigations sur le terrain. Non seulement elles combinent un volet conceptuel permettant d'alimenter la réflexion des praticiens, mais elles ont également une visée opérationnelle dans la mesure où les thèmes choisis pour cet ouvrage émanent directement des discussions avec les professionnels de la banque.

Préface

Accepter de préfacer un ouvrage est toujours un exercice risqué. En dehors de l'honneur qui est fait au préfacier, celui-ci a toujours la lourde responsabilité d'un engagement vis-à-vis de la qualité même du contenu.

Cette hypothèque est vite levée quand on lit l'ouvrage collectif, *Management de la banque : risques, relation client, organisation*, dirigé par notre collègue Éric Lamarque. L'ouvrage est de très bonne facture, utile et original.

L'objectif affiché de l'ouvrage est de proposer une analyse nouvelle des sources de l'avantage concurrentiel dans les banques. De ce point de vue, deux voies semblent prépondérantes : d'une part, l'influence des nouvelles réglementations et des pratiques récentes en matière de gestion des risques bancaires sur les décisions stratégiques et l'organisation des banques ; d'autre part, le management de la relation client par des stratégies de fidélisation et la mise en œuvre d'un véritable marketing relationnel.

Gestion des risques et management de la relation client constituent les piliers fondamentaux de la compétitivité des établissements. C'est dans leur mise en œuvre que des différences peuvent apparaître génératrices d'écarts de performance.

À cette fin, l'ouvrage s'articule de façon ternaire en trois parties elles-mêmes distribuées de façon élégante en trois chapitres.

La première partie est consacrée à la gestion des risques et à la compétitivité des banques. Elle est d'essence essentiellement économique et aborde les questions des implantations stratégiques des nouveaux accords de Bâle II (voir chapitre 1), de la quantification des risques de marché et de crédit (voir chapitre 2) et du risque opérationnel (voir chapitre 3).

La deuxième partie, d'inspiration nettement plus sciences de gestion, est intitulée très judicieusement « La gestion de la relation client au cœur des stratégies concurrentielles ». Elle est ventilée en trois chapitres présentant quantitativement un état des lieux et des perspectives de la relation banque-entreprise (voir chapitre 4) ; la gestion de la relation client dans les banques (voir chapitre 5) ; le rôle clé des jeunes dans les stratégies de fidélisation des banques (voir chapitre 6).

La troisième partie enfin (mobilisant des approches théoriques modernes, comme celles des ressources compétences) résume dans un titre-programme « L'excellence organisationnelle : fondement de la compétitivité des banques » les clés du succès. Celles-ci se déclinent en une bonne gestion des connaissances (voir chapitre 7) ; en la nécessaire recherche de la transversalité (voir chapitre 8) ; en une amélioration de la coordination des métiers et des activités nouvelles (voir chapitre 9).

Cette recherche de l'excellence organisationnelle et des clés qui doivent y conduire ne sont en fait que le credo d'une nouvelle gouvernance de l'entreprise bancaire.

Cet ouvrage original – il n'en existe pas d'équivalent, à notre connaissance, tant en France qu'à l'étranger – vient à son heure, dans une période où se sont multipliés les fusions et les regroupements, et où les projets ne manquent pas. Il faut de ce point de vue saluer le chapitre introductif. L'ouvrage allie plusieurs qualités ; parmi celles-ci, nous voudrions en souligner deux principales.

En premier lieu, sa cohérence dans la diversité. Chaque chapitre constitue en lui-même un thème, mais l'organisation de l'ouvrage fait que chacun trouve sa juste place dans le plan d'ensemble. En second lieu, sa démarche pluridisciplinaire. La complexité des problèmes nécessite une approche qui combine plusieurs apports : économie, finance, marketing, stratégie, théorie des organisations… Il faut pour cela remercier l'ensemble des contributeurs appartenant à ces différentes disciplines, et véritables spécialistes reconnus en leur domaine.

Au total, l'ouvrage est bien maîtrisé. Mais est-ce véritablement surprenant ? La réponse est forcément négative. Il a été largement mis en musique par un ténor en la matière qui se penche sur ces questions depuis longtemps. J'ai eu en son temps le plaisir de diriger sa thèse de doctorat en sciences de gestion, déjà consacrée aux métiers bancaires, travail pionnier par l'approche développée.

Pour les qualités et les intérêts présentés, ce livre devrait tout à la fois satisfaire les étudiants des filières bancaires et professionnelles, ainsi que les chercheurs, mais trouver aussi un véritable écho auprès des professionnels de la banque, particulièrement ceux en charge du développement et des stratégies.

Concilier dimension académique et portée opérationnelle, n'est-ce pas le mérite essentiel d'un bon ouvrage ?

Gérard Hirigoyen
Professeur des universités
Président de l'université Montesquieu-Bordeaux IV

Chapitre introductif

Les restructurations et la création de valeur

Pedro Arbulu, Ayman Aljubeili, et Abdelraman Meero
Université Montesquieu-Bordeaux IV, Creff

Après une pause de trois ans, les « mégadeals » intervenus au cours de l'année 2004, aussi bien en Europe (Sanofi Synthélabo-Aventis) qu'aux États-Unis (JPMorgan-Bank One)[1], marqueraient la reprise du mouvement de concentration industrielle et financière mondiale dont le démarrage se situe au début des années 1990.

Au cours de cette dernière décennie, le montant des opérations de fusions-acquisitions (F&A) dans le monde a été multiplié par sept : de moins de 500 milliards de dollars (Md$) de valeur des transactions au début des années 1990, il représente 3 500 Md$ en 2000. Ce mouvement a gagné, à degrés divers, tous les secteurs économiques : la pharmacie, la grande distribution, l'énergie, la finance (banques, assurances et entreprises d'investissement), les technologies, médias et télécommunications (TMT). Ces deux derniers secteurs sont d'ailleurs les plus actifs en concentrant près de 60 % des opérations mondiales[2] en 2000.

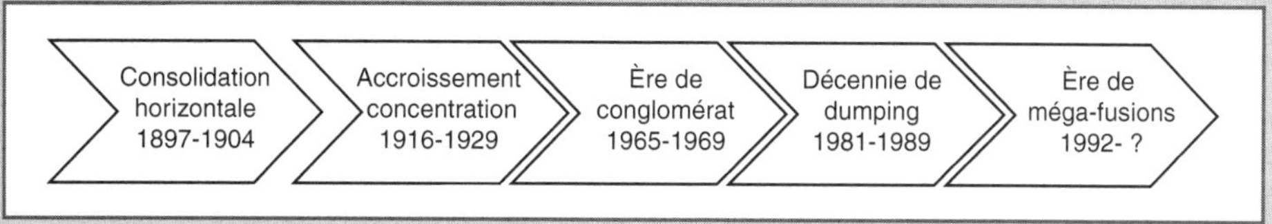

Figure I.1 – Vagues historiques de F&A.

Source : DePamphilis (2001). s

L'essor des opérations de F&A témoigne de l'actuel processus de restructuration qui touche l'ensemble des secteurs économiques des pays développés et émergents. Historiquement, les opérations de F&A actuelles s'inscrivent dans les grands mouvements cycliques de

1. Au cours du premier semestre 2004, c'est en Europe qu'a eu lieu la plus importante opération de l'année : l'OPA du groupe français Sanofi Synthélabo sur Aventis a été conclue finalement à l'amiable pour 62 milliards de dollars. Aux États-Unis, c'est JPMorgan qui a réalisé la plus importante opération en enlevant Bank One pour 58 milliards de dollars.
2. Respectivement, 40 % pour les TMT et 20 % pour la finance.

concentration mondiale (Shleifer et Vishny, 2003). Plus précisément, le mouvement de F&A des années 1990 constitue la cinquième vague qui est intervenue dans le monde au cours du dernier siècle (voir figure I.1). Ces vagues ont accompagné des cycles de forte croissance économique et de prospérité boursière (Champarnaud et de Perthuis, 1999).

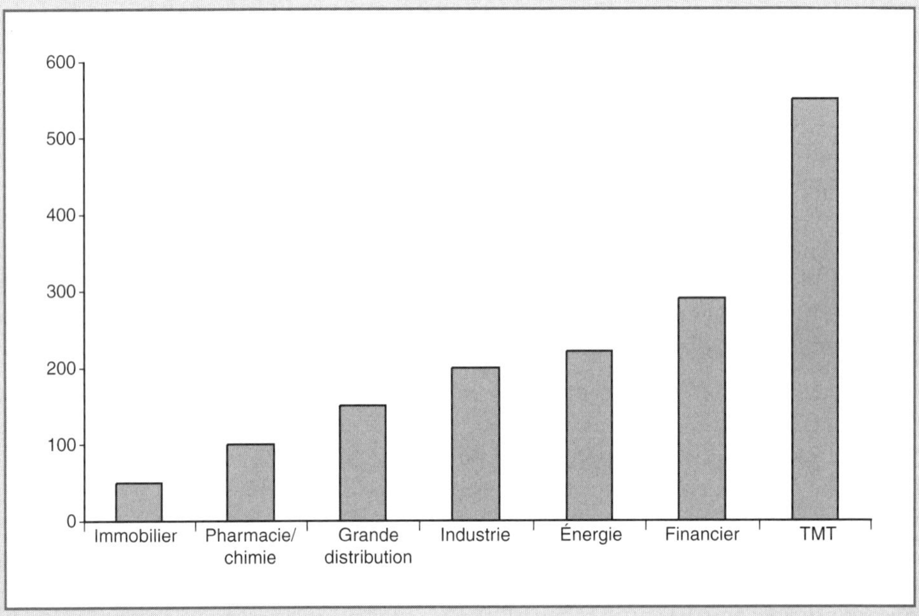

Figure I.2 – Répartition des transactions de F&A par secteurs économiques en 2000 (en milliards de dollars).

Source : SDC-M&A (2001), *in* R. Ayadi, P. de Lima et G. Pujals, « Les restructurations bancaires en Europe », *Revue de l'OFCE*, hors-série, mars 2002.

La vague actuelle a débuté en 1992. La révolution dans les technologies de l'information, la progressive dérégulation des marchés, la réduction des barrières au commerce ont provoqué l'expansion la plus longue dans l'histoire des États-Unis[3]. Les services qui représentent entre 60 et 70 % du PNB et de l'emploi dans les pays de l'OCDE jouent un rôle croissant dans la globalisation industrielle (voir figure I.2). Au cours de l'année 2000, près de 60 % des F&A et 80 % des alliances stratégiques internationales ont impliqué les secteurs de services des télécommunications et les services financiers (OCDE, 2001).

Les F&A financières, qui représentent un cinquième du total des opérations dans le monde, constitueraient ainsi une réponse aux modifications de l'environnement financier : la globalisation des marchés, la désintermédiation, l'intégration européenne, la

3. Le PIB a progressé en termes réels à un rythme de 4 % pendant quatre années consécutives au cours d'une phase de reprise qui a débuté il y a neuf ans. Cette expansion est actuellement la plus longue que l'on ait enregistrée depuis que l'on a commencé à établir des statistiques vers 1850 (OCDE, 2000).

déréglementation et la monnaie unique. L'ampleur de ces changements aux États-Unis et en Europe a accéléré ces dernières années leur nombre et leur volume. Les deux tiers des opérations de F&A dans le monde concernent les États-Unis et près d'un quart l'Europe (BRI, 1999).

Le mouvement des F&A du secteur bancaire européen a été le plus dynamique depuis 1996 (voir figure I.3). Il traduit un effet de rattrapage de l'industrie financière, par rapport aux autres secteurs économiques[4], en termes de restructurations dues aux contraintes réglementaires domestiques qui ont été progressivement atténuées. Deux traits essentiels semblent caractériser les F&A bancaires opérées en Europe : une consolidation bancaire au niveau national par la constitution de champions nationaux et la préférence pour un modèle de banque universelle.

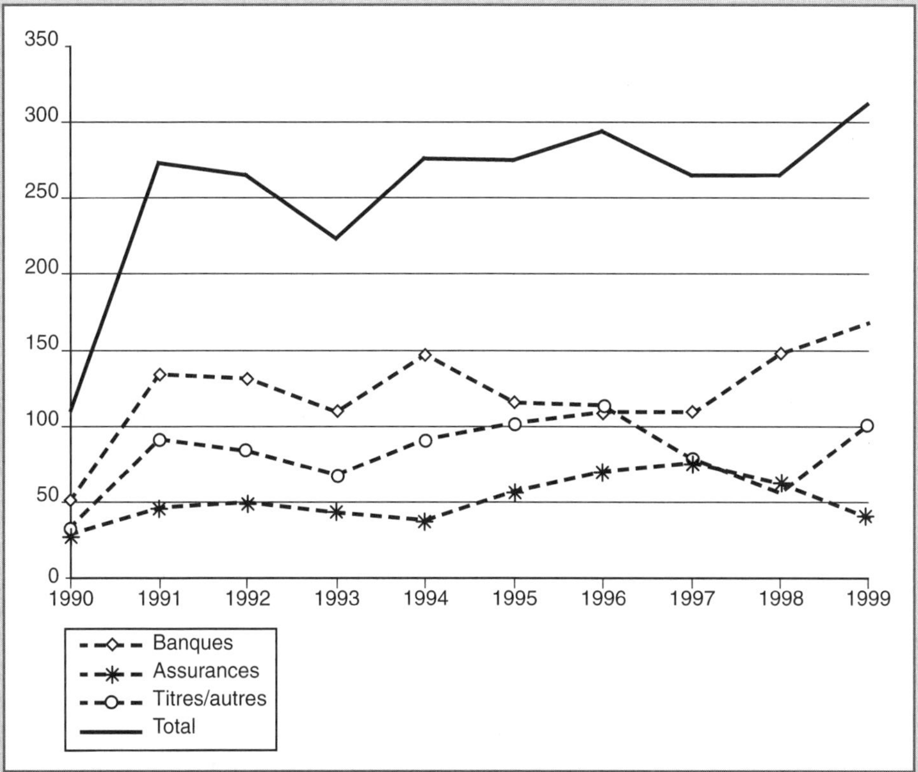

Figure I.3 – F&A dans le secteur financier en Europe (en nombre).

Source : *Report on consolidation in the Financial Sector,* Group of Ten (janvier 2001).

4. Les cinq premiers groupes représentent 30 % du marché mondial dans l'industrie du médicament, 40 % dans l'informatique, 50 % dans l'automobile et 80 % dans l'aérospatiale.

Le secteur bancaire européen connaît donc un processus de concentration sans précédent, dont les caractéristiques essentielles sont l'augmentation vertigineuse, en nombre et en volume, de F&A et le développement des opérations transfrontalières et intersectorielles. Cette restructuration modifiant la géographie des métiers et des risques dans la finance a naturellement attiré l'attention des dirigeants, des autorités monétaires, des clients et particulièrement des actionnaires. L'actuel processus de consolidation soulève ainsi de nombreuses questions notamment sur le(s) motif(s) réel(s) des opérations, mais surtout sur leur performance en matière de création de valeur.

Ce chapitre introductif se propose de revenir sur les principales caractéristiques du processus de restructuration bancaire opéré au cours de la dernière décennie. Dans un premier temps, un état des lieux du mouvement de consolidation bancaire européenne est proposé. Les raisons et théories avancées pour expliquer la course à la taille des banques sont ensuite présentées. Le dernier paragraphe aborde la question centrale des opérations de F&A bancaires en tant que sources de création de valeur ou de performance pour les actionnaires.

1. Les F&A bancaires en Europe : vers une consolidation paneuropéenne ?

Au cours de la décennie 1990, on dénombre 2 549 opérations de F&A dans le secteur financier (voir tableau I.1). Le processus de consolidation bancaire en Europe, dont le démarrage peut être daté en 1991-1992, a été financé principalement par échanges d'actions (OPE). Le recours aux OPE, notamment depuis 1998, traduit le rôle joué par les acteurs institutionnels et par les marchés financiers. Après un ralentissement en 1997, le nombre et la valeur des opérations de F&A bancaires connaissent des années record en 1998 et 1999. Le retournement des marchés boursiers et le ralentissement économique des années 2000 à 2003 ont arrêté le processus de concentration bancaire. Néanmoins, les opérations de l'année 2004 semblent marquer une reprise du mouvement, notamment outre-Atlantique. Selon les chiffres préliminaires de la société d'études Dealogic, l'activité des F&A a augmenté au premier semestre 2004 de 13 % en Europe contre 97 % aux États-Unis.

L'examen de l'évolution annuelle du nombre et du volume des opérations de F&A (voir tableau I.1) permet d'extraire les deux faits majeurs caractérisant cette vague de consolidation en Europe : l'émergence de conglomérats financiers à l'échelle nationale et celle d'un modèle de banque européenne qualifiée de « banque universelle de proximité » (Mélone et Contamin, 2002).

Tableau I.1 : Nombre des F&A du secteur financier en Europe, en fonction du pays et du secteur de l'entreprise cible

Année	1990	1991	1992	1993	1994	1995	1996	1997	1998	1999	Total
Nationale intrasectorielle	51	181	174	137	159	132	157	123	141	181	1 436 (56 %)
Nationale intersectorielle	25	47	48	45	60	70	70	59	36	59	519 (20 %)

Tableau I.1 : Nombre des F&A du secteur financier en Europe, en fonction du pays et du secteur de l'entreprise cible *(suite)*

Année	1990	1991	1992	1993	1994	1995	1996	1997	1998	1999	Total
Européenne intrasectorielle	24	28	31	31	41	56	49	61	62	52	435 (17 %)
Européenne intersectorielle	10	16	11	9	15	16	17	21	25	19	159 (6 %)
Total	110	272	264	222	275	274	293	264	264	311	2 549

Source : Group of Ten (janvier 2001).

1.1. L'émergence des champions nationaux

Une part importante du total de F&A bancaires européennes, intervenues entre 1990 et 1999, concerne des opérations impliquant des établissements de même nationalité (77 %) et appartenant au même secteur d'activité (73 %) : DG Bank/GZ Bank (Allemagne), Banco Santander/BCH (Espagne), Crédit Agricole/Crédit Lyonnais (France), Credito Italiano/Unicredito (Italie).

Cette course à la taille critique des banques européennes peut s'expliquer par la recherche d'un pouvoir de marché (voir encadré I.1), source de création de valeur, et par la fragmentation des marchés bancaires européens. Bien que la détermination d'une taille optimale pose toujours des difficultés (Boutitie *et al.*, 1998), son obtention permettrait d'escompter des gains liés aux économies d'échelle issues d'une stratégie de croissance externe. Cette approche est notamment avancée lors des opérations impliquant des banques de détail : Crédit Mutuel/CIC (France), Unicredito (Italie), BBVA (Espagne).

Ce mouvement de consolidation a donné lieu à la constitution de grands établissements financiers domestiques en Europe : HSBC et RBoS au Royaume-Uni, BBVA et BSCH en Espagne, Unicredito et IntesaBCI en Italie, BNP Paribas et Crédit Agricole en France. La consolidation bancaire est d'autant plus importante que la fragmentation du marché est élevée. Cette dernière peut être approchée par la concentration des crédits dans les cinq plus grandes banques locales. Des marchés comme celui de l'Allemagne, où la concentration est de 16 %, laissent prévoir une progression des opérations de consolidation dans les prochaines années. À titre de comparaison, la concentration bancaire du Royaume-Uni, de la France et de la Belgique est respectivement de 70 %, 61 % et 60 % en 2000[5].

Le processus de consolidation, mettant progressivement en jeu des banques de plus grande taille sur des marchés domestiques ayant atteint un certain niveau de concentration, a donné lieu à des opérations intersectorielles (27 % du total) et intereuropéennes (23 % du total). Celles-ci prennent place notamment à partir du milieu des années 1990, entraînant l'augmentation des montants des opérations et l'émergence d'un modèle européen.

5. Retail Banker International (2001).

1.2. Le modèle de banque universelle de proximité

Le montant des transactions des F&A bancaires européennes a connu, comme le nombre d'opérations, une très forte évolution en passant de près de 23 Md$ en 1990 à 147 Md$ en 1999.

Tableau I.2 : Montant des F&A du secteur bancaire en Europe, en fonction du pays et du secteur de l'entreprise cible (en millions de dollars)

Année	1990	1991	1992	1993	1994	1995	1996	1997	1998	1999	Total
Nationale intrasectorielle	4 680	10 392	12 562	24 095	10 840	21 995	25 551	48 985	67 830	116 379	343 309 (68 %)
Nationale intersectorielle	11 682	3 575	1 478	1 451	1 554	2 851	2 311	17 548	19 877	8 786	71 113 (14 %)
Européenne intrasectorielle	4 920	488	1 066	4 075	3 485	6 140	4 562	16 616	8 571	15 421	65 342 (13 %)
Européenne intersectorielle	1 487	326	2 034	509	201	1 065	525	5 158	6 805	6 440	24 551 (5 %)
Total	22 770	14 781	17 140	30 130	16 080	32 051	32 949	88 307	103 083	147 026	504 315

Source : Group of Ten (janvier 2001).

L'évolution de la valeur moyenne des F&A indique une véritable accélération du processus de consolidation bancaire à partir de 1996 (voir figure I.4). C'est le produit des rapprochements des banques de plus grande taille. Si au début des années 1990 les opérations de F&A impliquaient davantage une consolidation des marchés bancaires domestiques, dès le milieu de cette décennie elles concernent l'ensemble des établissements financiers européens. On assiste ainsi à un changement profond et durable de la structure du marché bancaire européen (Ayadi *et al.*, 2002).

Suivant l'analyse de Mélone et Contamin (2002), la composante métier caractérise cette vague de consolidation où il ressort deux grandes catégories d'établissements : les banques d'investissement et les banques universelles de proximité. Les premières, tournées vers des clients institutionnels, se sont spécialisées dans les activités de banque d'affaires et de gestion d'actifs. Ces activités demandent une grande faculté d'ajustement des coûts aux revenus dont bénéficient les établissements dotés d'une grande dimension. Métier très concentré au niveau mondial, il compte aujourd'hui à peine une dizaine d'établissements. La récente crise financière a conduit par ailleurs les banques européennes, n'ayant pas une taille suffisamment importante, à réallouer leurs fonds propres au détriment de leurs activités d'investissement. La Deutsche Bank et le Crédit Suisse seraient les deux seules banques européennes à avoir atteint cette taille critique.

Les banques universelles de proximité s'adressent notamment aux particuliers et aux PME par leurs activités principalement d'assurance, de gestion d'actifs et de crédit à la consommation. Il s'agit alors d'offrir aux clients un ensemble de services financiers

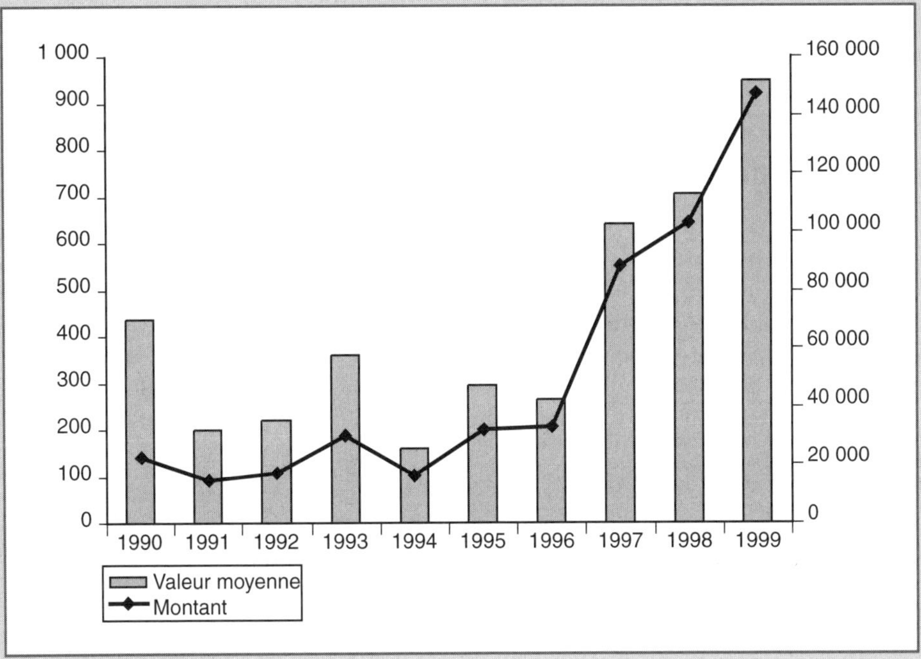

Figure I.4 – Montant et valeur moyenne des fusions bancaires en Europe (en millions de dollars).

Source : Group of Ten (janvier 2001).

spécialisés dans un même réseau d'agences. Le modèle le plus représentatif étant celui de la bancassurance (Allianz-Dresdner, HBoS-Abbey National). Les besoins de sécurité financière à long terme des ménages offrent ainsi des perspectives de développement en termes de diversification des produits d'assurance vie, bancaires et de leur canal de distribution. La crise financière de ces dernières années ne semble pas par ailleurs avoir mis en question ce modèle.

Néanmoins, le modèle de banque universelle de proximité opère davantage sur un territoire domestique, voire régional, plutôt qu'européen. Le renforcement des banques européennes, sur leur sol domestique, a contribué surtout à la constitution d'oligopoles nationaux, notamment dans les activités de détail. Les opérations de F&A transfrontalières des banques européennes ont ainsi privilégié les zones à forte croissance potentielle en fonction de la proximité géographique (Nordea AB)[6] et de la proximité culturelle (l'Amérique latine pour l'Espagne, l'Europe centrale pour l'Allemagne). Les États-Unis constituent la principale cible géographique, afin de bénéficier d'une expertise technologique dans certains métiers (gestion d'actifs) et du processus de consolidation du système financier américain qui a débuté dans les années 1980 (Deustche-Bank-RREEF, Société Générale-TCW, Dresdner-W.-Perella, BNP Paribas-UCB, BNP Paribas-BancWest,

6. Nordea AB est le principal groupe de services financiers dans la région de la mer du Nord et de la mer Baltique. Il est issu de la fusion des quatre plus grandes banques en Finlande (Merita), Suède (Nordbanken), Danemark (Unidanmark) et Norvège (Cristiania Bank).

HSBC-Republic of New York). Force est de constater que le rapprochement transfrontalier entre champions nationaux européens n'a pas encore eu lieu et pose toujours la question de savoir si la consolidation paneuropéenne dans la banque de détail se fera finalement ou pas (Contamin *et al.*, 2004).

2. Les arguments explicatifs

Les théories mobilisées pour justifier les opérations de F&A sont nombreuses et leurs parts de succès sont variables. Certains suggèrent que l'actuel mouvement de consolidation est la conséquence de l'interaction de plusieurs facteurs en même temps (Ayadi *et al.*, 2002). La vaste littérature consacrée au sujet témoigne de la diversité des motifs avancés pour expliquer le phénomène actuel de F&A : Rock *et al.* (1994), Lajoux (1998), DePamphilis (2001). Ce dernier recense les neuf arguments les plus répandus dans les travaux consacrés à l'analyse théorique des opérations de F&A (voir tableau I.3).

Tableau I.3 : Motivations des F&A

Théories	Motivations
Synergie	1 + 1 = 3
Synergie opérationnelle	Améliorer l'efficience opérationnelle par les économies d'échelle ou de gamme (envergure), par l'acquisition d'un client, fournisseur ou compétiteur
Économies d'échelle	
Économies de gamme (d'envergure)	
Synergie financière	Réduire coûts du capital par le lissage du cash-flow, réaliser des économies financières d'échelle et mieux profiter des opportunités d'investissement avec le cash-flow interne
Diversification	Positionner l'entreprise dans une croissance meilleure pour les produits ou les marchés
Nouveaux produits / marchés actuels	
Nouveaux produits / nouveaux marchés	
Produits actuels / nouveaux marchés	
Pouvoir de marché	Accroître la part du marché pour améliorer la capacité à installer et maintenir des prix au-dessus du niveau des compétiteurs

Tableau I.3 : Motivations des F&A *(suite)*

Théories	Motivations
Réalignement stratégique	Acquérir les capacités nécessaires pour s'adapter plus rapidement aux changements de l'environnement, puis les développer intérieurement
Changements technologiques	
Changements politiques et réglementaires	
Arrogance managériale (Hubris)	Les acquéreurs croient que leurs évaluations des cibles sont plus appropriées que celles du marché, ce qui les amène à payer plus cher par une surestimation des gains des synergies
Achat des actifs sous-évalués (Q-Ratio)	Acquérir des actifs bons marché quand les actions des compagnies existantes sont moins chères que d'acheter ou construire les actifs
Problème d'agence et mauvaise gestion	Remplacer les dirigeants incompétents ou ceux qui n'agissent pas dans les meilleurs intérêts des propriétaires
Managériale	Augmenter la taille de l'entreprise pour accroître le pouvoir et les rémunérations des dirigeants
Considérations fiscales	Obtenir des pertes opérationnelles nettes inutilisées et des crédits de taxe, réévaluer les actifs et substituer les gains de capital par un revenu ordinaire

Source : DePamphilis (2001).

Plus particulièrement, les travaux de Hawawini et Swary (1990), Pilloff et Santomero (1997), Berger *et al.* (1999) et de Dermine (2002) ont trait à l'analyse des motifs des F&A dans le secteur bancaire. L'article de Dermine (2002) propose une revue des principaux arguments avancés pour justifier les opérations de F&A des banques (voir tableau I.4).

Tableau I.4 : Arguments explicatifs des F&A bancaires

Argument	Création de valeur par
Les économies d'échelle basées sur les coûts (*cost-based economies of scale*)	Une baisse du coût unitaire de la production avec l'accroissement de la quantité produite
Les économies d'échelle basées sur la marque (*brand-based economies of scale*)	Une baisse des coûts de par la baisse des frais de marketing par unité vendue

Tableau I.4 : Arguments explicatifs des F&A bancaires *(suite)*

Argument	Création de valeur par
Les économies d'échelle basées sur les revenus (*revenue-based economies of scale*)	L'accroissement des revenus par des crédits importants octroyés grâce à la grande taille et aux fonds propres importants
Les économies d'échelle basées sur le filet de sécurité (*safety net-based economies of scale*)	L'obtention d'une grande taille permettant de refléter une image de sûreté et une bonne réputation qui seront appréciées par les contreparties
Les économies de gamme basées sur les coûts (*cost-based economies of scope*)	Une économie des coûts de par l'offre d'une large gamme de produits à la clientèle
Les économies de gamme basées sur les ventes – revenus (*sales [revenue]-based economies of scope*)	Un accroissement des revenus dans une perspective où les clients préfèrent un seul guichet de services (*one-stop shopping*)
Les économies de gamme basées sur la diversification financière (*financial diversification-based economies of scope*)	La diversification permettant de réduire les risques et la volatilité des profits
X-Efficience (*X-efficiency*)	L'obtention des gains d'efficience de par la restructuration des équipes et l'application des meilleures pratiques (*best practices*)
Le pouvoir de marché	La recherche du pouvoir de marché
Les économies d'échelle basées sur la défense (*defence-based economies of scale*)	La mise en place d'une stratégie défensive contre une éventuelle attaque
Les hypothèses d'« excès de confiance » et d'« arrogance » des dirigeants (*The « quite life », « overconfidence » and « hubris » hypotheses*)	La satisfaction des intérêts personnels de dirigeants (réputation, rémunération …)

Source : Dermine (2002).

En principe, la décision de F&A est légitimée par la volonté de créer ou d'accroître la richesse des actionnaires. Théoriquement, les opérations de consolidation peuvent créer de la valeur pour les actionnaires par l'obtention de gains soit en termes d'efficience, soit au niveau stratégique. Selon Berger *et al.* (1992), les banques peuvent créer de la valeur à travers des opérations de consolidation par l'accroissement de leur pouvoir de marché ou par l'amélioration de leur efficience. L'amélioration de l'efficience peut être accomplie par la réalisation des synergies, en matière de coûts (synergies des coûts) ou de revenus (synergies des revenus). Néanmoins, des intérêts personnels peuvent également motiver la décision de fusionner ou d'acquérir une banque, notamment la recherche de pouvoir ou de notoriété du dirigeant.

Le rapprochement des différentes raisons avancées pour expliquer les F&A bancaires permet de rassembler les motivations en trois groupes. Celles liées à la recherche de synergies[7], celles basées sur le réalignement stratégique et celles fondées sur des finalités managériales. Ce paragraphe propose une synthèse des motivations qui peuvent inciter les banques à fusionner ou qui poussent une banque à en acquérir une autre. Les raisons liées à la notion de synergie, mise au premier plan des discours, sont détaillées dans un premier temps. Ensuite, le rôle du réalignement stratégique dans le cadre des opérations de F&A est examiné. Enfin, dans un troisième temps seront abordées les motivations managériales dans les décisions de consolidation bancaire.

2.1. La recherche des synergies

La majorité des opérations de F&A annoncent être génératrices de synergies, telles que la fusion entre Bank of Scotland (BoS) et Halifax et celle entre la CDC et la Caisse d'Épargne. La première escompte réaliser dès 2004 un gain d'un milliard d'euros lié aux synergies annuelles, alors que pour la seconde 500 millions d'euros de synergies sont attendues[8]. Dans cette optique, les banques cherchent à réduire leurs coûts communs (synergies des coûts) et/ou à accroître leurs revenus (synergies des revenus).

Les synergies des coûts (la réduction des coûts) résultent d'une meilleure organisation de la production bancaire au niveau de l'échelle de la production et au niveau des combinaisons des facteurs de production. L'objectif est de réaliser une baisse des coûts à travers des économies d'échelle ou des économies de gamme.

Les économies d'échelle permettent de réduire les coûts unitaires de production, grâce à la hausse du volume d'activité et à la baisse des coûts fixes résultant de la mise en commun de plusieurs fonctions de support. Une opération de F&A peut ainsi réaliser des économies d'échelle à travers la réduction des coûts de marketing (économies d'échelle basées sur la marque). L'obtention d'une taille de grande dimension (mégabanques, conglomérats) peut aussi accorder à la banque, par l'application du principe de « trop grand pour faire faillite »[9], un avantage concurrentiel à deux niveaux (économies d'échelle basées sur le filet de sécurité). Premièrement, les crédits deviennent moins consommateurs de fonds propres. Deuxièmement, la banque peut prendre des positions plus risquées et acceptées par les contreparties. D'après Boyd et Graham (1998) et Kane (2001), plusieurs opérations de F&A aux États-Unis ont donné lieu à des banques « trop grand pour faire faillite » (Chemical-Chase Manhatan, First Bank-First Interstate). Également en Europe, les récentes F&A ont fait émerger des géants bancaires nationaux (BNP Paribas, BSCH, BBVA, RBoS Group).

Les économies de gamme permettent de réduire les coûts de production en exploitant la capacité d'un seul établissement, issu de la fusion de deux banques, à offrir plusieurs types de produits et de services à ses clients. La baisse des coûts provient ainsi d'une répartition des coûts fixes à travers un volume plus élevé des différents produits.

---

7. La notion de la synergie repose sur l'idée que la combinaison de deux entreprises peut créer plus de valeur pour les actionnaires que si les deux entreprises travaillaient séparément. Cette notion est résumée par le fameux 1 + 1 = 3.
8. Article de presse, *Les Echos* (7 mai 2001).
9. *Too big to fail.*

L'utilisation des outils informatiques et des bases de données en sont quelques exemples (Gillian et Smirlock, 1984 ; Canals, 1993). Aussi, une large gamme de services permet à la banque d'entrer dans une phase de diversification d'activités permettant de réduire la volatilité des profits et d'accroître la richesse des actionnaires (Piloff et Santomero, 1997).

Les synergies des revenus (l'accroissement des revenus) sont réalisées à travers une meilleure combinaison des facteurs de production, une meilleure organisation des activités et une harmonisation des gammes de produits.

Les économies d'échelle contribuent à un accroissement des revenus. Les économies d'échelle basées sur les revenus sont obtenues lorsque la grande taille de la nouvelle entité permet d'offrir de larges services financiers (octroi de crédits, émission d'actifs). Dans un contexte de marchés en voie d'unification au plan mondial ou régional, seule la concentration permet aux banques de s'affirmer comme leaders régionaux ou mondiaux, source d'avantage concurrentiel dans le marché de capitaux (Perrut, 1999).

Les économies des gammes favorisent l'accroissement des revenus dans une perspective où les clients préfèrent un seul guichet de services. Une telle hypothèse permet à la banque de réaliser plus de revenus en proposant à ses clients de nouveaux services. Depuis plusieurs années, les F&A intersectorielles se sont accélérées, notamment les opérations entre banques et compagnies d'assurances. Parmi les opérations les plus significatives, il convient de signaler celle de Fortis avec ASR en Belgique, Sampo avec Léonia en Finlande et d'Allianz avec la Dresdner Bank en Allemagne.

2.2. Le réalignement stratégique

Dans le but de réaliser l'objectif de maximisation de la valeur actionnariale, la décision de F&A peut être motivée par des réflexions stratégiques. Ce n'est que sur un socle stratégique clair que la création de valeur se bâtit. Bien que cela puisse paraître évident, cela constitue une révolution pour certaines entreprises (Colboc, 1999). La recherche du pouvoir de marché, la tendance à la diversification et l'adaptation aux progrès technologiques sont les incitations stratégiques les plus répandues dans la littérature.

- **La recherche d'un pouvoir de marché** s'exprime par la volonté de pouvoir fixer les prix sur le marché. La consolidation horizontale qui réduit le nombre des banques travaillant sur le marché peut conduire à une compétition moins intense et à des profits plus importants. En général, les prix sont positivement corrélés aux parts de marché local (Hannan, 1991 ; Berger *et al.*, 1997). Si la banque, issue d'une opération de F&A, possède une part de marché dominante, elle peut influencer les prix dans deux directions : à la hausse, en l'absence de concurrents effectifs, pour accroître ses profits ; ou à la baisse pour protéger sa part de marché contre les concurrents et les nouveaux entrants. Afin de maintenir ou d'améliorer leurs parts de marché, les banques peuvent recourir à une consolidation de type national. Pendant les années 1990, la moitié des opérations de F&A aux États-Unis visait cet objectif (Berger et *al.*, 1999). Également en Europe, les F&A domestiques se sont intensifiées et ont conduit à l'émergence de champions nationaux (Vander Vennet, 1996).

- **La tendance à la diversification** obéit au souhait de réduire les risques et la volatilité des gains. La diversification à travers les F&A peut prendre la forme d'un accès à un nouveau marché, dans le sens géographique, ou d'un accès à un nouveau champ de produits, dans le sens de métier. Dans les deux cas, l'objectif est d'exploiter l'expérience de chaque banque dans son domaine d'activité, afin d'améliorer la performance de la nouvelle entité. L'accès au nouveau marché (au sens géographique) à travers des opérations de consolidation peut être illustré par le rapprochement du Crédit Agricole et du Crédit Lyonnais, ou par l'acquisition de CCF par le groupe HSBC dans le but d'accéder au marché européen de l'euro. La recherche de nouveaux marchés de produits peut être illustrée par l'acquisition de la Coface par Natexis[10] ou par le rapprochement d'Allianz avec la Dresdner Bank. Les décisions de F&A peuvent encore poursuivre les deux objectifs de la diversification géographique et des produits comme l'illustrent les opérations de BNP Paribas avec la BancWest aux États-Unis, avec la Cogent sur le marché britannique ou par l'acquisition de la Société Générale du gestionnaire d'actifs américain TCW.
- **L'adaptation aux changements environnementaux et aux développements technologiques.** Ces dernières années, l'environnement financier mondial a connu un certain nombre de changements qui ont modifié les conditions d'activités bancaires. La déréglementation, la globalisation de l'économie et la mise en place de l'euro constituent les principaux facteurs explicatifs de l'accélération du mouvement de consolidation bancaire mondiale. En outre, l'application des nouvelles technologies de l'information et de la communication dans le domaine des services bancaires a donné une autre raison aux banques pour se consolider. L'utilisation des innovations génère des coûts fixes très élevés ne pouvant être rentabilisés que par des volumes importants d'activité. L'utilisation des nouveaux outils de gestion des risques, des bases de données, des nouvelles technologies de paiement et des dispositifs nécessaires pour les services *e-banking* est plus rentable dans les établissements ayant une grande taille ou plusieurs types d'activités (Radecki *et al.*, 1997).

La modification de l'environnement conduit les banques à un mouvement de concentration, afin de répondre aussi aux nouvelles exigences de rentabilité imposées par les nouvelles règles financières (comité de Bâle) et par les actionnaires. Les opérations de F&A peuvent être aussi le résultat d'un effet de mimétisme. On parle alors d'une stratégie de type « suiveur du leader ». Cette vision met en avant l'influence dans le secteur bancaire des normes stratégiques communes sur les stratégies de développement (Ayadi *et al.*, 2002). Pendant les années 1980, les orientations stratégiques se dirigeaient vers l'accroissement de la taille de bilan. Durant les années 1990, les banques ont couru vers le montant des fonds propres et leur rendement. Aujourd'hui, l'enjeu stratégique majeur est la création de valeur pour les actionnaires.

---

10. Le premier est une banque d'investissement et de financement, et le deuxième est le troisième assureur de crédit mondial.

2.3. Les motivations managériales

Une vaste littérature fait néanmoins état du faible nombre de F&A bancaires ayant créé de la valeur actionnariale. Certains auteurs parlent alors du « puzzle » des F&A bancaires pour qualifier la course effrénée à la taille, à des fins d'économies d'échelle et de gamme (Milbourn *et al.*, 1999). Sous cet angle, les opérations de F&A seraient davantage guidées par d'autres intérêts que ceux des actionnaires. Au lieu de mener une gestion créatrice de valeur, un dirigeant peut orienter et/ou prendre la décision de fusionner à des fins personnelles. Cela suggère un problème d'agence[11] dans les négociations de F&A où le dirigeant est forcé de choisir entre les intérêts des actionnaires, en acceptant l'offre de la banque acheteuse, et ses propres intérêts en cherchant à garder l'indépendance de la banque (Hadlock *et al.*, 1999). Le secteur bancaire semblerait d'ailleurs être plus exposé à ces problèmes, car les moyens de contrôle y sont relativement faibles (Prowse, 1997). La recherche de l'accroissement de la taille, à travers les opérations de F&A, poursuivrait ainsi la satisfaction des intérêts personnels des dirigeants des banques. Ces intérêts sont liés au pouvoir, au désir d'enracinement, au prestige de la « construction d'empire », à un excès de confiance, qui permettent au dirigeant une meilleure rémunération lorsque celle-ci est fonction de la taille de l'entreprise. Certains dirigeants peuvent ainsi accepter (refuser) une opération de consolidation qui (ne) leur apporterait (pas) de profits personnels, au détriment de ceux des actionnaires. Une opération de F&A peut également résulter d'une réaction défensive face aux initiatives des concurrents. Les dirigeants peuvent alors se protéger des éventuelles attaques d'OPA en se lançant dans une croissance externe désordonnée nuisible à la création de valeur.

Les opérations de F&A peuvent être motivées par un ou plusieurs des motifs évoqués (voir encadré I.1). Mais la question qui se pose est de savoir si ces opérations ont vraiment accompli les missions pour lesquelles elles étaient prédestinées. En d'autres termes, ces opérations créent-elles de la valeur pour les actionnaires ?

3. Les F&A bancaires et la création de valeur : le temps nécessaire de l'intégration ?

Les modifications de l'environnement financier, l'intégration progressive des marchés, l'exigence croissante des autorités, des clients et des actionnaires constituent autant de pressions qui ont poussé les banques à choisir la croissance externe comme mode de développement et source de création de valeur.

Le choix de fusionner ou d'acquérir une autre entreprise repose sur l'idée que la combinaison permettra à la nouvelle entité d'aboutir à ses objectifs (opérationnels, financiers ou stratégiques) plus rapidement, et avec un coût moindre que si elle tentait de le faire toute seule (Haspeslagh et Jemison, 1991). Mais la faible performance des nouvelles entités ainsi créées continue de poser la question sur l'efficacité de ce mode de développement. D'après certains travaux, moins d'un tiers des opérations de F&A parviennent à réaliser les objectifs énoncés dans les études de faisabilité avant l'opération (Coff, 2002 ; Elsass et Veiga, 1994 ; Lubatkin, 1983). Néanmoins, il faut souligner que de nombreuses études sur l'efficacité des opérations de F&A ont été réalisées sans parvenir à une réponse définitive, et les résultas obtenus restent divers et parfois contradictoires. Sur la base des

11. La relation d'agence (Jensen et Meckling, 1976).

Encadré I.1

Illustrations des motivations et objectifs des opérations de F&A bancaires

Motivation	Exemples d'opérations
Taille critique Pouvoir de marché Champions nationaux	Crédit Mutuel/CIC (France), Credito Italiano/Unicredito (Italie), BBV/Argentaria (Espagne). La Deutsche Bank et le Crédit Suisse seraient les deux seules banques européennes à avoir atteint une taille critique HSBC, RBoS (Royaume-Uni) ; BBVA, BSCH (Espagne) ; Unicredito, Intesa-BCI (Italie) ; BNPP, Crédit Agricole (France) ont considérablement renforcé leur pouvoir de marché domestique DG Bank/GZ Bank (Allemagne), Banco Santander/BCH (Espagne), BNP Paribas (France), Credito Italiano/Unicredito (Italie)
Too big to fail ?	Chemical-Chase Manhatan et First Bank-First Interstate aux États-Unis. En Europe, les récentes F&A ont fait émerger des géants bancaires nationaux comme BNP Paribas, BSCH, BBVA, RBoS Group
Synergies :	La fusion entre Bank of Scotland et Halifax escompte réaliser un gain d'un milliard d'euros lié aux synergies annuelles en termes de coûts (49 %) et de revenus (51 %)
de coûts	HVB/Bank Austria (500 Md€), BBV/Argentaria (511 Md€), Banco Santander/BCH (630 Md€). Pour l'opération BNP Paribas, les synergies attendues sont de l'ordre de 850 Md€ dont 82 % en termes de coûts
de revenus	Allianz/Dresdner compte réaliser plus d'un Md€ de synergies, dont 88 % au niveau des revenus. L'opération CDC/Caisse d'Épargne prévoit 500 Md€ de synergies, dont 85 % en termes de revenus
Diversification :	Les décisions de F&A peuvent poursuivre les deux objectifs de la diversification : géographique et des métiers, comme l'illustrent les opérations de BNP Paribas avec la BancWest aux États-Unis, avec la Cogent sur le marché britannique ou par l'acquisition de la Société Générale du gestionnaire d'actifs américain TCW
au sens géographique	L'accès à de nouveaux marchés peut être illustré par le rapprochement du Crédit Agricole et du Crédit Lyonnais, ou par l'acquisition du CCF par le groupe HSBC, afin de donner à ce dernier un accès au marché européen de l'euro
au sens de métiers	La recherche de nouveaux métiers peut être illustrée par l'acquisition de la Coface par Natexis ou par le rapprochement d'Allianz avec la Dresdner Bank

données comptables, certains auteurs concluent à l'absence de preuves concernant l'amélioration de la performance et la réalisation des gains à long terme (Healy *et al.*, 1992 ; Ravenscraft et Scherer, 1988). D'autres, en observant l'évolution des cours des actions après l'opération, trouvent des rendements négatifs irréguliers (Agrawal *et al.*, 1992), tandis que d'autres encore confirment ces résultats seulement chez l'acquéreur (Mitchell *et al.*, 1996). À l'opposé, certains travaux montrent que les rendements des actions ne sont pas anormaux (Franks *et al.*, 1991) ou bien que le marché anticipe positivement les résultats des F&A autour du jour de l'annonce (Kaplan, 1999).

Dans le secteur bancaire[12], les études portant sur l'efficacité et la performance des opérations de F&A restent encore plus problématiques en raison de la grande diversité des résultats obtenus et de la difficulté de déduire des règles générales pour ce type d'opération (Ayadi *et al.*, 2002). Sur le plan pratique, les études empiriques de la performance des opérations de F&A bancaires mobilisent deux méthodologies. Certains travaux mesurent la création de valeur à partir de la comparaison des performances boursières avant et après l'opération. D'autres, sur la base des études d'événement, analysent l'impact de l'opération sur les cours boursiers autour de la date de l'annonce. Sur le plan géographique, la majorité des travaux a trait principalement au marché bancaire américain, alors qu'il existe très peu d'études consacrées au marché européen (Berger *et al.*, 1999).

Au niveau des résultats obtenus, les conclusions sont divergentes. Des études récentes, concernant l'efficacité des banques sur la base des indicateurs comptables ou techniques, montrent que des économies d'échelle existent dans le secteur bancaire américain et européen. Cela suggère que les opérations de F&A peuvent être génératrices de performances supérieures (Humphrey et Vale, 2004). Cependant, la majorité des études sous l'angle de la mesure de la performance boursière, avant et après l'opération, montre que les gains attendus ne sont que rarement réalisés (Piloff, 1996 ; Berger *et al.*, 1991). L'une des explications avancées est que les gains liés à la taille nécessiteraient un laps de temps, plus ou moins long, pour se matérialiser (Focarelli et Panetta, 2003). Ainsi, les gains rattachés à la diversification des risques ou aux bénéfices retirés du marketing peuvent être obtenus dans le court terme. Tandis que les bénéfices liés à la réduction des coûts ou aux économies d'échelle peuvent prendre plus de temps à se réaliser. Cela provient probablement de la difficulté à intégrer des cultures et des stratégies différentes (Vander et Vennet, 2002).

Sous l'angle de la réaction des cours autour de la date d'annonce, la majorité des travaux concernant le marché américain montre que les opérations de F&A créent de la valeur actionnariale (l'observation d'un rendement anormal) uniquement pour la banque cible au détriment de la banque acheteuse (Houston et Ryngaert, 1994 ; Berger *et al.*, 1999 ; Flannery, 1999). En revanche, la plupart des études menées sur le marché européen concluent à la réalisation de gains significatifs pour les deux sociétés impliquées dans l'opération de F&A (Cybo-Ottone et Murgia, 2000).

Enfin, des études plus récentes portent une attention particulière au rôle joué, dans la création de valeur, par les proximités en termes de produit, de marché ou de stratégie, des institutions bancaires impliquées dans les opérations de F&A. Ainsi, les F&A entre banques partageant des caractéristiques – géographiques ou d'offre de produits – similaires créent de la valeur, alors que celles entre institutions dissemblables auraient

---

12. Tout au long de ce paragraphe, nous nous appuyons sur l'article de Y. Altunbas et D. Marqués, *Working Paper*, n° 398, European Central Bank, 2004.

tendance à la détruire (Beitel *et al.*, 2003 ; Amihud *et al.*, 2002 ; Houston et Ryngaert, 2001). L'étude de Altunbas et Marqués (2004) apporte, à ce titre, quelques enseignements. Ils montrent, qu'en général, les banques européennes les plus efficientes (mesurées par le ratio coût/revenu) fusionnent avec des institutions de plus faible taille, mieux capitalisées et permettant une diversification de la source de revenus ; le facteur commun de création de valeur pour les F&A domestiques et transfrontalières (intra-européennes) étant le partage des stratégies similaires en termes d'efficience et de dépôts. Plus particulièrement, les F&A domestiques impliquant des stratégies divergentes en termes de revenus, de prêts et de dépôts détruiraient de la valeur, alors que les différences en matière de taille, technologie et d'innovation financière l'améliorent. En revanche, pour les F&A transfrontalières, les divergences stratégiques relatives aux prêts et au risque crédit favorisent une meilleure performance, tandis que les différences relatives à la taille, la technologie et l'innovation financière ont un effet négatif sur la performance. Ces résultats retracent bien, selon les auteurs, le processus de consolidation observé ces dernières années sur le marché bancaire européen.

À titre d'illustration, nous avons procédé à l'observation de la performance d'un nombre restreint et aléatoire d'opérations de F&A bancaires européennes (voir tableau I.5). Les opérations examinées constituent celles pour lesquelles l'accès aux cours boursiers des banques acheteuses a été possible.

Tableau I.5 : Quelques opérations de F&A bancaires européennes

	Type d'opération (acquéreur, cible)		
	Nationale	**Intra-européenne**	**Extra-européenne**
Intrasectorielle	Crédit Agricole, Crédit Lyonnais (France)	HSBC, CCF (Royaume-Uni, France)	BNPP, UCB (France, États-Unis)
		Société Générale, Komercni Bank (France, République tchèque)	BNPP, BancWest (France, États-Unis)
	Bank of Scotland, Halifax (Royaume-Uni)	Hypoverinsbank - Bank Austria (Allemagne, Autriche)	HSBC, Household (Royaume-Uni, États-Unis)
Intersectorielle	Natexis, Coface (France)	BNPP, Cogent (France, Royaume-Uni)	Société Générale, TCW (France, États-Unis)
	BNP, Paribas (France)	BNPP, Consors (France, Allemagne)	Deutsche Bank, RREEF (Allemagne, États-Unis)
	Allianz, Dresdner (Allemagne)		

La performance de l'opération est mesurée par l'évolution du prix de l'action entre la date d'annonce de l'opération et la fin de l'année 2004. La performance de l'indice boursier de référence, du pays de la banque acheteuse, sert de benchmark. Cela permettra d'attacher les évolutions boursières des F&A au contexte du marché financier. Dans certains cas, les banques ont réalisé d'autres opérations de F&A depuis celles répertoriées. De ce fait, la performance réalisée est aussi le produit de ces opérations mais dont l'influence n'a pas été isolée. La performance est ainsi attribuée uniquement à l'opération de F&A répertoriée. Avec ces hypothèses, l'objectif de cet exercice exploratoire est d'examiner, toutes choses égales par ailleurs, l'effet des opérations de F&A sur la valeur de l'action.

Le tableau récapitulatif des résultats est donné en annexe. À titre indicatif, la réaction du cours de l'action de l'établissement acquéreur est négative à l'annonce de l'opération (neuf opérations sur quinze). Les variations négatives les plus fortes correspondent aux opérations transfrontalières – intra et extra-européennes – entre des établissements de taille différente (Société Générale-TCW, HSBC-CCF et Société Générale-Komercni Banka).

Sous l'angle de la performance, entre la date d'annonce et la fin 2004, toutes les opérations présentent une meilleure évolution des cours boursiers par rapport à celles de l'indice du marché, à l'exception notable de deux opérations : Allianz-Dresdner et Hypoverinsbank-Bank Austria.

Plus particulièrement, les effets favorables liés aux profils différents des banques impliquées dans les opérations domestiques (marché géographique, taille, innovation financière) et dans les opérations transfrontalières (marché, prêts, risque crédit) semblent avoir joué de manière plus importante sur certains types d'opérations. Les opérations domestiques (intra ou intersectorielles), où l'essentiel des synergies est réalisé sur les coûts, affichent des résultats très favorables : la performance *ex post* de l'opération du Crédit Agricole-Crédit Lyonnais (intrasectorielle) est de 49 %, alors que sur la même période le CAC 40 n'augmente que de 20 %. Celle de BNP Paribas (intersectorielle) évolue de 38 % à comparer au –8 % de l'indice phare de la place de Paris. Pour les opérations transfrontalières, celles de type intrasectoriel tirent davantage des profits des synergies attendues de la diversification géographique et des économies de gamme : l'opération HSBC-CCF (intra-européenne) offre une performance de 27 %, tandis que le Footsie connaît sur la même période une contre-performance de 26 %. L'opération HSBC-Household (extra-européenne) connaît une évolution de 30 % contre 21 % pour l'indice londonien.

En revanche, la création de valeur des opérations transfrontalières intersectorielles est moins évidente. Elles ne semblent pas avoir bénéficié des gains liés à la diversification géographique et des activités. À quelques semaines d'intervalle, les performances *ex post* des opérations BNPP-Consors, BNPP-Cogent et celle de la Deutsche Bank-RREEF sont de –8 %, –12 % et –12 % respectivement. Les effets escomptés semblent avoir été amoindris par le retournement des marchés financiers au cours de la période (la performance du CAC 40 est de –14 % et celle du DAX de –20 %). Également, le retournement des marchés financiers semble avoir affecté la gestion d'actifs (assurance vie, banque privée). L'apprentissage et l'intégration de cette activité ont entraîné des coûts importants pour certains établissements (Mélone et Contamin, 2002). Cela peut expliquer la contre-performance de l'opération domestique Allianz-Dresdner (–69 % contre –26 % pour le DAX), représentative du modèle bancassurance.

La création de valeur actionnariale semble alors se matérialiser davantage pour les opérations de type domestique que pour les transfrontalières. D'ailleurs, la création de valeur des F&A domestiques apparaît, en moyenne, au cours du premier semestre après la date d'annonce de l'opération (BoS-Halifax). Pour les opérations transfrontalières (intra ou intereuropéennes), ce délai est de cinq semestres (Société Générale-Komercni Banka), et parfois même elles sont destructrices de valeur (Hypoverinsbank-Bank Austria). Cela peut s'expliquer, en partie, par les contraintes culturelles et réglementaires qui constituent les principaux obstacles à la réalisation et à l'intégration des F&A transfrontalières.

Conclusion

La croissance externe, *via* les opérations de F&A, constitue le modèle de développement privilégié par le secteur bancaire mondial. Pour le marché bancaire européen, la consolidation issue de cette stratégie semblerait rentrer dans une deuxième phase de développement. Au cours de la première phase, les F&A bancaires se sont principalement focalisées, géographiquement, sur des opérations domestiques et régionales et, en termes d'activité, sur des opérations intrasectorielles. Celles-ci ont permis notamment la constitution des champions nationaux et l'émergence d'un modèle de banque universelle de proximité.

L'augmentation progressive des opérations de F&A transfrontalières, intersectorielles et des alliances[13] annonce la deuxième phase de consolidation bancaire européenne. Certes, le regain d'intérêt, vers la fin des années 1990, pour ces types d'opérations a été arrêté par le retournement des marchés financiers entre 2001 et 2003. Mais l'OPA de Santader sur Abbey en juillet 2004 est peut-être le signe annonciateur du redémarrage du processus de consolidation bancaire paneuropéen[14]. Si la fragmentation de certains marchés laisse entrevoir la poursuite de la consolidation bancaire domestique, les banques européennes appartenant à des marchés où la consolidation est déjà bien avancée vont devoir trouver des relais de croissance à l'étranger. Pour l'instant, ces relais de croissance sont cherchés principalement outre-Atlantique ou dans des pays proches culturellement. Néanmoins, l'opération de Santander-Abbey et la consolidation accrue du marché américain sont autant d'éléments qui pourraient déclencher un mouvement de consolidation paneuropéen défensif.

Les contraintes inhérentes aux opérations de F&A expliquent la difficulté des établissements bancaires à réaliser pleinement les synergies escomptées, en termes d'efficience et en termes financiers. Force est de constater que la majorité des opérations de F&A ne créent pas de la valeur pour les actionnaires. Cependant, la prise en compte du temps et des proximités stratégiques – éléments essentiels pour mener à bien le processus d'intégration – peuvent tempérer ce jugement. Des études récentes montrent, en effet, que les opérations de F&A européennes sont à l'origine des meilleures performances financières. Le développement des opérations transfrontalières et intersectorielles, prochaine étape de la consolidation bancaire européenne, pourrait alors tirer pleinement profit de cette diversification. Cela grâce à la plus faible corrélation des bénéfices bancaires en Europe par rapport à celle du marché américain[15]. En tout état de cause, nous devrons assister à l'avenir au renforcement de la consolidation bancaire paneuropéenne ; le calendrier et le rythme restent néanmoins à discerner.

13. Les alliances et joint-ventures bancaires européennes ont connu une évolution similaire à celles des F&A. On dénombre 823 opérations au cours de la décennie 1990. Cependant, et alors que 77 % de F&A sont d'ordre domestique, les alliances sont pour 60 % d'ordre européen (rapport du Group of Ten, 2001).
14. Cette opération constitue la 1re véritable opération paneuropéenne d'envergure dans la banque de détail (Contamin *et al.*, 2004, p. 2).
15. Voir Berger *et al.* (1999).

ANNEXE I.1 : Tableau récapitulatif de performances boursières

Banque *acheteuse*, cible, date d'annonce de l'opération	Réaction de l'action le jour de l'annonce de l'opération	Performance de la fusion depuis le jour de l'annonce au 31/12/04	Performance du marché depuis le jour de l'annonce au 31/12/04	Performance moyenne semestrielle depuis l'annonce	Performance moyenne semestrielle du marché
Crédit Agricole, Crédit Lyonnais 16/12/2002	–1,9 %	49 % (24 mois)	20 %	24 %	9 %
Bank of Scotland, Halifax 08/05/2001	1,7 %	5 % (44 mois)	–18 %	2 %	–23 %
Natexis, Coface 03/04/2002	2,1 %	7 % (33 mois)	–17 %	–7 %	–25 %
BNP, Paribas 09/03/1999	–1,3 %	38 % (70 mois)	–8 %	20 %	7 %
Allianz, Dresdner 02/04/2001	–4,5 %	–69 % (45 mois)	–26 %	–53 %	–28 %
HSBC, CCF 03/04/2000	–5,8 %	27 % (57 mois)	–26 %	18 %	–25 %
Société Générale, Komercni Banka 28/06/2001	0,1 %	6 % (42 mois)	–26 %	-8 %	–29 %
Hypoverinsbank, Bank Austria 24/07/2000	–5,5 %	–74 % (53 mois)	–42 %	–58 %	–40 %

Banque *acheteuse*, cible, date d'annonce de l'opération	Réaction de l'action le jour de l'annonce de l'opération	Performance de la fusion depuis le jour de l'annonce au 31/12/04	Performance du marché depuis le jour de l'annonce au 31/12/04	Performance moyenne semestrielle depuis l'annonce	Performance moyenne semestrielle du marché
BNPP, Cogent 16/05/2002	–1,0 %	–12 % (32 mois)	–14 %	–22 %	–23 %
BNPP, Consors 30/04/2002	1,6 %	–8 % (32 mois)	–14 %	–18 %	–23 %
BNPP, UCB 21/02/2002	3,0 %	2 % (34 mois)	–11 %	-9 %	–20 %
BNPP, BancWest 05/12/2001	2,8 %	6 % (37 mois)	–18 %	–5 %	–26 %
HSBC, Household 14/11/2002	–3,5 %	30 % (25 mois)	21 %	18 %	7 %
Société Générale, TCW 03/04/2001	–5,9 %	5 % (45 mois)	–27 %	–9 %	–27 %
Deutsche Bank, RREEF 22/03/2002	–0,3 %	–12 % (33 mois)	–20 %	–21 %	–30 %
	–1,2 %	–0,0146 %	–15 %	–9 %	–20 %

Bibliographie

Agrawal A., Jaffe J. et Mandelker G. (1992), « The post merger performance of acquiring firms : a re-examination of an anomaly », *Journal of Finance*, n° 47, p. 1605-1621.

Akhavein J.D., Berger A.N. et Humphrey D.B. (1997), « The effects of mega mergers on efficiency and prices : evidence from a bank profit function », *Review of Industrial Organization*, n° 12, p. 92-139.

Altunbas Y. et Marqués D. (2004), « Mergers and acquisitions and bank performance in Europe, the role of strategic similarities », *Working Paper Series*, European Central Bank, n° 398.

Amihud Y., de Long G. et Saunders A. (2002), « The effects of cross-border bank mergers on bank risk and value », *Journal of International Money and Finance*, n° 21, p. 857-877.

Ayadi R., Pascal D.L. et Pujals G. (2002), « Les restructurations bancaires en Europe », *Revue de l'OFCE*, hors-série, mars.

Becher D.A. (2000), « The valuation effects of bank mergers », *Journal of Corporate Finance : Contracting Governance and Organization*, n° 6(2), p. 189-214.

Beitel P., Schiereck D. et Wahrenburg M. (2003), « Explaining the M&A-success in european bank mergers and acquisitions, *Center for Financial Studies Working Paper Series*, Johann Wolfgang Goethe University.

Berger A.N., Hanweck G.A. et Humphrey D.B. (1987), « Competitive Viability in Banking : Scale, Scope, and Product Mix Economies », *Journal of Monetary Economics*, n° 20, p. 501-520.

Berger A.N et Humphrey D.B. (1991), « The dominance of inefficiencies of scale and product mix economies in banking », *Journal of Monetary Economics*, n 28(1), p. 117-148.

Berger A.N. et Humphrey D.B. (1992), « Mega-mergers in banking and the use of cost efficiency as an antitrust defence », *Board of governors of the federal reserve system Finance and Economics Discussion Series*, p. 203.

Berger A.N. et Mester L. (1997), « Inside the black box : What explains differences in the efficiencies of financial institutions ? », *Journal of Banking and Finance*, n° 23, p. 895-947.

Berger A.N., Humphrey D.B. et Pulley L.B. (1996), « Do consumers pay for one-stop banking ? Evidence from an alternative revenue function», *Journal of Monetary Economics*, n° 28, p. 117-148.

Berger A.N., Demsetz R.S. et Strahan P.E. (1999), « The Consolidation of the Financial Services Industry : Causes, Consequences, and Implications for the Future », *Journal of Banking and Finance*, n° 23, p. 135-194.

Berger A.N., de Young R., Genay H. et Udell G.F. (1999), « Globalization of financial institutions : Evidence from cross-border banking performance », *Working Paper 99-25*, Federal Reserve Bank of Chicago.

Bonnani C., Dermine J. et Röller L.H. (1998), « Some Evidence on Customer « lock-in » in the French Mutual Funds Industry », *Applied Economics Letters*, p.275-279.

Boutitie E., Burnand R. et Marcellier C. (1998), « Banques : taille critique, quelle taille critique ? », *Conjecture BNP*, février.

Boyd J. et Graham S. (1998), « Consolidation in US Banking : Implications for Efficiency and Risk » in *Bank Mergers & Acquisitions*, Amihud et Miller G., éditions Kluwer Academic Publishers.

Canals J. (1993), *Competitive strategies in European Banking*, Clarendon Press, Oxford.

Champarnaud E. et de Perthuis Ch. (1999), « Les Mégafusions, mouvement de fond ou phénomène de mode ? », *Bipe*, septembre.

Chort S., Corgnet B., Faure R. et Sutan A. (2003), « Les fusions-acquisitions transnationales : pourquoi, comment, jusqu'où ? Les F/A bancaires en France», *LARE-efi*, *MAGEFI*, université Bordeaux IV.

Coff R.W. (2002), « Human Capital, Shared Expertise and the Likelihood of Impasse in Corporate Acquisitions », *Journal of Management*, vol. 28, n° 1, p. 115-37.

Colboc S. (1999), « Concentration et création de valeur : les faux amis » *Banque stratégie*, n° 166, décembre, p. 10-12.

Contamin R., Premilleux V., Ben Salem A. et Rossignol J.-Y. (2004), « Consolidation bancaire paneuropéenne : un point d'étape », *Flash Eco*, département des études économiques, Crédit Agricole, décembre.

Cornett M. et Tehranian H. (1992), « Changes in corporate performance associated with bank acquisitions », *Journal of Financial Economics*, n° 31(2), p. 211-234.

Cybo-Ottone A., Murgia M. (2000), « Mergers and shareholder wealth in European banking», *Journal of Banking and Finance*, n° 24(6).

De Long G. (2001), « Stockholder gains from focusing versus diversifying bank mergers », *Journal of Financial Economics*, n° 59, vol. 2, p. 221-252.

DePamphilis D. (2001), *Mergers, Acquisitions, and other Restructuring Activities*, Academic Press, California.

Dermine J. (2002), « European Banking Past, Present and Future », *Working Paper*, INSEAD Fontainebleau, décembre.

Dermine J. et Roller L.H. (1992), « Economies of scale and scope in French Mutual Funds », *Journal of Financial Intermediation*, p. 62-101.

Elsass P.M. et Veiga J.F. (1994), « Acculturation in Acquired Organizations : a Force-field Perspective », *Human Relations*, vol. 47, n° 4, p. 431-53.

Fixler D.J. et Zieschang K.D. (1993), « An Index Number Approach to Measuring Bank Efficiency : an Application to Mergers », *Journal of Banking and Finance*, n° 17(2-3), p. 437-450.

Flannery M.J. (1999), « Comment on Milbourn, Boot, and Thakor », *Journal of Banking and Finance*, n° 23, p. 215-220.

Focarelli D. et Panetta F. (2003), « Are mergers beneficial to consumers ? Evidence from the market for bank deposits », *American Economic Review*, n° 93, p. 1152-1172.

Franks J., Harris R. et Titman S. (1991), « The Post-Merger Share-Price Performance of Acquiring Firms », *Journal of Financial Economics*, n° 29, p. 81-96.

Gilbert R.A. (1984), « Bank market structure and competition », *Journal of Money, Credit and Banking*, n° 16(4), p. 617-645.

Gillian T.W. et Smirlock M.L. (1984), « An Empirical Study for joint production and Scale Economics in Commercial Banking », *Journal of Banking and Finance*, n° 8, p. 67-77.

Hadlock Ch., Houston J. et Ryngaert M. (1999), « The role of managerial incentives in bank acquisitions », *Journal of Banking & Finance*, n° 23, p. 221-249.

Hannan T.H. (1991), « Bank commercial loan markets and the role of market structure, evidence from survey of commercial lending », *Journal of Banking and Finance*, n° 15, p.133-149.

Hannan T.H. et Wolken J.D. (1989), « Returns to Bidders and Targets in the Acquisition Process : evidence from the Banking Industry », *Journal of Financial Services Research*, n° 3, p.5-16.

Haspeslagh P. et Jemison D. (1991), *Managing Acquisitions : Creation Value through Corporate Renewal*, Free Press, New York.

Hawawini G.A. et Swary I. (1990), *Mergers and Acquisitions in the U.S. Banking Industry : Evidence form the Capital Markets*, North Holland, Amsterdam.

Healy P.K., Palepu K. et Ruback R. (1992), « Do mergers improve corporate performance ? », *Journal of Financial Economics*, n° 31, p. 135-176.

Houston J.F. et Ryngaert M.D. (1994), « The overall gains from large bank mergers », *Journal of Banking and Finance*, n° 18(6), p. 1155-1176.

Houston J.F. et Ryngaert M.D. (2001), « Where do merger gains come from ? Bank mergers from the perspective of insiders and outsiders », *Journal of Financial Economics*, n° 60(2,3), p. 285-331.

Humphrey D. et Vale B. (2004), « Scale economies, back mergers and electronic payments : a spline function approach », *Journal of Banking and Finance* n°62.

Jensen M. et Meckling W. (1976), « Theory of the Firm : Managerial Behavior, Agency Costs and Ownership Structure », *Journal of Financial Economics*, n° 3(4), octobre, p. 305-360.

Kane E.J. (2001), « Incentives for Banking Megamergers : What Motives Might Regulators infer from Event-Study Evidence ? », *Journal of Money, Credit & Banking*, n° 32(3), p. 671-705.

Kaplan N.S. (1999), « Mergers and productivity », *NBER Conference Report Series*, University of Chicago Press, Chicago et Londres.

Kohers T., Huang M.H. et Kohers N. (2000), « Market perception of efficiency in bank holding company mergers : the roles of the DEA and SFA models in capturing merger potential », *Review of Financial Economics*, n° 9.

Lajoux A.R. (1998) *The Art of M&A Integration*, New York McGraw-Hill, p. 8.

Lubatkin M. (1983), « Mergers and the Performance of the Acquiring Firm », *Academy of Management Review*, vol. 8, n° 2, p. 218-25.

Mélone H.P. et Contamin R. (2002), « Les fusions et acquisitions bancaires en Europe : un enjeu de taille », *Flash Eco*, département des études économiques et bancaires, Crédit Agricole.

Milbourn T., Boot A. et Thakor A. (1999), « Megamergers and expanded scope : theories of bank size and activity diversity », *Journal of Banking and Finance*, n° 23(2-4), p.195-214.

Mitchell M. et Mulherin H. (1996), « The impact of industry hocks on takeover and restructuring activity », *Journal of Financial Economics*, n° 41, p.193-229.

Peristiani S. (1997), « Do mergers improve the X-efficiency and scale efficiency of U.S. banks? Evidence from the 1980s», *Journal of Money, Credit and Banking*, n° 29(3), p. 326-337.

Perrut D. (1999), « Questions sur les mégafusions bancaires », *Banque stratégie*, n° 166, décembre, p. 6-9.

Pilloff S.J. (1996), « Performance changes and shareholder wealth creation associated with mergers of publicly traded banking institutions », *Journal of Money, Credit, and Banking*, n° 28, p.294-310.

Pilloff S. et Santomero A. (1998), « The value effects of bank mergers and acquisitions », *in* A.N. Berger, *Bank mergers and acquisitions*, Kluwer Academic Publishing, New York University Salomon Centre Series in Financial Markets and Institutions.

Prowse S. (1997), « Corporate control in commercial banks », *Journal of Financial Research*, n° 20(4), p. 509-527.

Radecki L., Wennigner J. et Orlow D. (1997), « Industry Structure : Electronic Delivery's Potential Effects on Retail Banking », *Journal of Retail Banking Services*, n° 19, p. 57-63.

Ravenscraft D. J. et Scherer F.M. (1988), « Mergers and managerial performance » *in* Coffee, éditions J.C. Lowenstein, L. et S. Rose-Ackerman, *Knight, Raiders, and Targets*, Oxford University Press, New York, p. 194-210.

Rhoades S. (1993), « The efficiency effects of horizontal bank mergers », *Journal of Banking and Finance*, n° 12(2), p. 411-422.

Rock M., Rock R. et Sikora M. (1994), *The Mergers & Acquisitions Handbook*, 2e édition, New York, McGraw-Hill, p. 51.

Shleifer A. et Vishny W. (2003), « Stock Market Driven Acquisitions », *Journal of Financial Economics*, n° 70, p. 295-489.

Van Beek L. et Rad A. (1997), « Market Valuation of bank mergers in Europe », *Financial Services*, Amsterdam.

Vander Vennet R. (1996), « The effects of mergers and acquisitions on the efficiency and profitability of EC credit institutions », *Journal of Banking and Finance*, n° 20.

Vander Vennet R. (2002), « Cost and profit efficiency of financial conglomerates and universal banks in Europe », *Journal of Money, Credit and Banking*, n° 34, p. 254-282.

Wasserstein B. (1998), *Big Deal : the Battle for Control of America's Leading Corporations*, Warner Books, New York.

Zhang H. (1995), « Wealth effects of US bank takeovers », *Applied Financial Economics*, n° 5(5), p. 329-337.

Publications et rapports :

Bain & Company, 1999.

Bank for International Settlements (BRI), « Report on consolidation in the financial sector », Group of Ten, janvier 2001.

Commission européenne, 1997.

European Central Bank, « Possible Effects of EMU on the EU Banking Systems in the Medium to Long Term », 1999.

Federal Reserve Bank of New York, 1997.

http://www.fenetreeurope.com/actu/1999/02/

Les Echos, mai 2001.

Rapports de la BRI, 1998 et 1999.

Rapport du comité de supervision bancaire du système européen des banques centrales (SEBC), 1999.

Rapports de Retail Banker International, 1999 et 2001.

Rapports de l'OCDE, 2000 et 2001.

PARTIE 1

La gestion des risques : impacts stratégiques et organisationnels

Les nouvelles réglementations et pratiques récentes en matière de gestion des risques bancaires influencent l'organisation des banques et leurs décisions stratégiques. La réforme de Bâle II affecte non seulement les méthodes d'évaluation du risque de crédit, mais elle entraîne également la prise en compte des risques opérationnels dans l'évaluation des fonds propres réglementaires. Au-delà de l'évaluation financière, les systèmes d'information, les processus et les procédures vont devoir évoluer et s'adapter à ces nouvelles exigences. Les décisions en matière de choix de clientèle, de pays ou de types de produits devront être prises au regard de ces nouvelles exigences et de leurs conséquences potentielles.

Chapitre 1

Quelques implications stratégiques des accords de Bâle II

Jean-Marc Figuet
Université Montesquieu-Bordeaux IV, LARE-efi

Le 31 décembre 2006, les accords de Bâle II devront être appliqués par les banques internationales des pays membres du comité de Bâle[1]. Le texte définitif a été adopté le 26 juin 2004. En Europe, les établissements de crédit des 25 pays de l'Union devront observer cette nouvelle réglementation prudentielle[2]. Les pays qui ne sont pas membres du G10 devraient commencer à l'appliquer à plus ou moins brève échéance. Selon Freeland (2004), l'Afrique du Sud, l'Australie, Hong Kong et Singapour seraient prêts dès la fin 2006, alors que les grands pays émergents (Chine, Inde, Brésil, Malaisie, Mexique) le seront dans quelques années. Les accords de Bâle II ont donc une dimension planétaire.

L'objectif de la réglementation prudentielle est de permettre la résilience aux chocs du système bancaire. Elle permet d'atteindre au moins trois objectifs simultanément :

- Assurer le fonctionnement efficace des systèmes de paiement et de règlement-livraison de titres qui constituent le système nerveux des économies monétaires contemporaines. Toute rupture du système de paiement a le potentiel de dégénérer en crise systémique.
- Concourir à l'efficacité de la politique monétaire : lorsque les banques privées fonctionnent correctement, les orientations de la Banque centrale sont transmises efficacement à la sphère réelle.
- Protéger les déposants : pour la plupart, les clients d'un établissement de crédit sont des créanciers sans pouvoir, incapables d'évaluer les prises de risques des dirigeants. La réglementation prudentielle contribue alors à concilier les intérêts des dirigeants, des clients et des actionnaires.

La réglementation prudentielle permet ainsi de limiter la probabilité de défaillance d'une banque, car la faillite bancaire est un événement fortement déstabilisant pour l'économie. À cette occasion, il y a destruction de l'information privée collectée par l'établissement en raison de la relation de long terme qu'il établit avec ses clients. On sait, en effet, que cette information n'est pas négociable facilement sur le marché. Également,

1. Rappelons que le comité de Bâle est composé de 13 pays : Allemagne, Belgique, Canada, Espagne, États-Unis, France, Italie, Luxembourg, Japon, Pays-Bas, Royaume-Uni, Suède et Suisse.
2. La Commission européenne traduit les accords de Bâle II dans la nouvelle directive sur l'adéquation du capital (C 3D).

dès lors qu'une banque fait faillite, un doute peut apparaître quant à la solidité financière des banques concurrentes. Comme le système fonctionne sur un principe de réserves fractionnaires, c'est-à-dire que la totalité des dépôts n'est pas conservée sous forme liquide, les établissements sont incapables de répondre à la demande de conversion des dépôts, ce qui les conduit à la faillite. Davis (2004) indique que les coûts d'une crise bancaire sont extrêmement élevés puisqu'ils peuvent atteindre 10 % du PIB. Ce fut notamment le cas lors de la faillite des Caisses d'épargne américaines et des systèmes bancaires scandinaves au début des années 1980. Il s'ensuit une forte augmentation du coût de l'endettement qui déprime la croissance économique.

Ce type de situation est fort heureusement rare dans les économies développées. D'une part, l'existence d'une assurance des dépôts, qui garantit les créances des clients, est un facteur de dissuasion de demande de conversion. D'autre part, la Banque centrale peut allouer aux banques en difficulté des liquidités afin de surmonter le choc, à l'exemple de la Réserve fédérale américaine lors du krach boursier d'octobre 1986.

À partir des années 1980, les phénomènes conjoints de désintermédiation, de déréglementation et de décloisonnement des marchés ont conduit à la financiarisation de l'économie. Les établissements de crédit ont progressivement perdu la rente de monopoles qu'ils détenaient sur le financement de l'économie et ont été amenés à développer des opérations de marché, afin de conserver une rentabilité satisfaisante. Ils ont été conduits à adopter des stratégies de plus en plus risquées qui ont amenuisé leur niveau de fonds propres. Or, le capital est le seul moyen d'absorber les pertes d'exploitation. C'est ainsi que, au milieu des années 1980, le niveau moyen des fonds propres dans les systèmes bancaires des pays du G10 était de l'ordre de 4 %, ce qui est très faible en comparaison de la capitalisation des autres secteurs de l'industrie qui tourne aux environs de 20 %. La capacité de résistance aux chocs des établissements de crédit se révélait, par conséquent, très faible.

Face à ce constat, le comité de Bâle a décidé en 1988 de la mise en place du ratio Cooke. Celui-ci fixe à 8 % le rapport entre les fonds propres et les risques pondérés. L'application de ce ratio a été bénéfique pour la stabilité financière et a harmonisé les conditions de concurrence entre les grandes banques internationales. Il n'en demeure pas moins imparfait, notamment du fait de la sophistication croissante de la finance (voir section 1). C'est l'une des raisons qui a poussé le comité de Bâle à proposer une refonte de la réglementation prudentielle, connue sous l'appellation d'« accords de Bâle II », afin de mettre en adéquation le niveau des fonds propres avec l'environnement financier. L'examen du contenu général de ces accords, notamment la mise en place des modèles internes de risque de crédit (voir section 2) nous conduira à nous interroger sur ses conséquences pour l'activité des établissements de crédit dans les années à venir (voir section 3).

1. La réglementation Cooke : un bilan

Dans une première phase, l'objet du ratio Cooke est de faire en sorte que les banques disposent de suffisamment de fonds propres pour couvrir les risques de crédit inhérents à leurs opérations bilantielles. À partir de 1996, avec notamment en Europe l'adoption de la directive sur l'adéquation du capital, les risques de marché ont été pris en compte afin de déterminer le montant des capitaux nécessaires.

Actuellement, le ratio de capitalisation a la forme suivante :

Fonds propres[3] / Risques pondérés $\geq$ 8 %.

Nous analysons le principe de construction du ratio Cooke (voir section 1.1), puis ses avantages et ses inconvénients (voir section 1.2).

1.1. Le ratio Cooke

Nous examinons successivement le mode d'évaluation du risque de crédit et des risques de marché.

Risque de crédit. Le ratio Cooke est un ratio de fonds propres pondéré qui traduit une approche uniforme et arithmétique du risque de crédit. L'approche est uniforme, car la même méthodologie s'applique à toutes les banques, et ce, indépendamment de leur spécialisation (composition du bilan), de leur taille ou de leur degré d'internationalisation. En outre, elle est arithmétique, car le niveau des fonds propres est déterminé de façon strictement quantitative. Les besoins en fonds propres sont calculés en fonction de quatre catégories prédéterminées d'emprunteurs auxquelles est assigné un taux de pondération forfaitaire[4].

Concrètement, la multiplication de la valeur comptable de l'encours avec le taux de pondération correspondant à la nature de l'emprunteur indique l'exigence en fonds propres (voir *infra*, chapitre 2).

Risques de marché. Pour l'évaluation des risques de marché, principalement les risques de taux, les établissements de crédit ont le choix entre deux méthodes. Ce choix traduit une évolution notable de la philosophie de la réglementation. On passe d'une conception rigide, celle appliquée au risque de crédit, à une conception plus souple du calcul des risques. Cette flexibilité est d'ailleurs réaffirmée avec les accords de Bâle II (voir *infra*).

Afin de calculer la charge en fonds propres nécessaires pour couvrir les risques de marché, les banques peuvent appliquer la méthode standardisée (analogue à la mesure du risque de crédit) qui consiste à multiplier les encours bilantiels et hors bilan par des coefficients. Dans de nombreux cas, elles ont préféré utiliser les modèles de *Value-at-Risk* sous ses différentes formes : la méthode des variances/covariances (RiskMetrics de JP Morgan), les simulations de Monte-Carlo (RAROC de Bankers Trust) ou les simulations à partir de données historiques. Dans tous les cas, la VaR consiste à estimer l'exposition du portefeuille aux risques de marché, c'est-à-dire la perte potentielle maximale pour un intervalle de confiance donné (99 %) à un horizon de 10 jours. Cette méthode sera illustrée avec précision dans le chapitre suivant.

---

3. Les fonds propres se décomposent en fonds propres de base (dits également « fonds propres seuls » ou « durs », ou encore « *tier 1* ») et en fonds propres complémentaires (« *tier 2* »). Les fonds propres de base doivent représenter 4 % des engagements.

4. Les coefficients de risques individuels prennent les valeurs suivantes : 0 % essentiellement pour les créances sur les États de l'OCDE ; 20 %, par exemple, pour les créances sur les institutions internationales, les collectivités territoriales et les banques de l'OCDE ; 50 % pour les crédits hypothécaires pour l'habitat ; 100 % pour les autres créances.

1.2. Une évaluation du ratio Cooke

Certes, le ratio Cooke a contribué, de façon décisive, à améliorer la solidité des établissements de crédit et des entreprises d'investissement, et ce faisant de la sphère financière. Dans les années 1990, un nouveau mode de gestion a émergé dans les groupes bancaires, fondé sur la mesure et la gestion des risques. Les fonds propres ne jouent plus seulement un rôle financier, mais assurent également un rôle économique puisqu'ils constituent une protection contre l'occurrence de pertes. Dès lors, les prises de risques ont pu être plus clairement mesurées. Le service de gestion des risques est devenu une infrastructure centrale des groupes bancaires pour déterminer la stratégie en tenant compte de l'environnement. La rémunération du capital est devenue dépendante de la création de valeur de la banque, c'est-à-dire de sa capacité à bien estimer le couple risque-rentabilité des projets à financer.

On peut également remarquer que l'accord de 1988 est devenu progressivement une référence dans le domaine de la gestion du risque de crédit. Aujourd'hui, plus de 100 pays appliquent le ratio de solvabilité, ce qui a pour conséquence immédiate de renforcer la solidité du système bancaire international. Le ratio Cooke a également permis de généraliser la notion d'adéquation des fonds propres vis-à-vis du risque. Il constitue l'une des pierres angulaires de la finance, qui contribue à une concurrence équitable entre les grandes banques internationales.

Malgré tout, la réglementation prudentielle actuelle n'est pas exempte de défauts. L'un des principaux est sans nul doute l'absence de flexibilité. Cette rigidité explique l'incapacité de cette réglementation à prendre en compte les évolutions de la finance au cours de la dernière décennie, ce qui a conduit les banques à la contourner pour réduire leur charge en fonds propres. L'efficacité du contrôle pour assurer la stabilité de la sphère financière en a été négativement affectée. La pondération des encours de risques de crédit répond à une logique de forfait, étant donné qu'elle est conditionnée par la nature des débiteurs, la localisation du risque et la durée des engagements. Les pondérations forfaitaires sont uniquement fondées sur une logique institutionnelle, de sorte qu'elles se révèlent incapables de rendre compte du risque de crédit réellement encouru. Qui plus est, le ratio Cooke ne permet pas d'intégrer les techniques de réduction du risque de contrepartie, notamment la collatéralisation ou encore les dérivés de crédit qui ont connu une croissance explosive au cours des années récentes.

Parmi les contournements réglementaires induits par le ratio Cooke, on peut citer l'exemple emblématique de la titrisation des crédits bancaires. Cette technique permet aux banques de sortir de leur bilan une fraction de leurs crédits et de les convertir, par l'intermédiaire du fonds commun de créance, qui est un véhicule sans personnalité morale, en instruments négociables sur le marché. Cette opération donne aux banques la possibilité d'accéder à une nouvelle source de financement. Selon les termes de la réglementation Cooke, la sortie d'actifs risqués du bilan permet d'alléger la charge en fonds propres. Mais, en réalité, cette réduction du risque de crédit devient fictive lorsque la banque soutient, comme c'est souvent le cas, le véhicule de titrisation pour les émissions mal notées. L'externalisation du risque peut être virtuelle alors que la réduction des fonds propres est réelle.

Un autre défaut de conception du ratio Cooke concerne l'évaluation du risque. En effet, les risques de crédit des différents portefeuilles sont simplement additionnés.

Cela revient donc à considérer que ces risques sont totalement indépendants. Or, comme le notent Dewatripont et Tirole (1994), ce type de mesure « néglige l'interdépendance entre les valeurs d'actifs, c'est-à-dire les covariances, contrairement à la mesure du risque la plus couramment utilisée par la théorie du portefeuille ».

On peut également s'étonner de l'absence de révision des coefficients de pondération, alors que la solvabilité des emprunteurs a sans doute varié dans le temps. Ou encore que certaines créances sur le secteur non bancaire, par exemple celles détenues sur les particuliers (hors crédits hypothécaires), fassent l'objet d'une pondération maximale en fonds propres, alors que statistiquement les pertes inattendues sur ce type d'emprunteurs sont deux fois moindres que celles que détiennent les banques sur les PME. Les classes prédéterminées d'emprunteurs apparaissent trop peu discriminantes pour inciter les banques à une gestion dynamique de leur risque de crédit.

Il s'ensuit une allocation sous-optimale du capital. Les fonds propres réglementaires ne reflètent qu'imparfaitement le profil de risque. Blum (1999) souligne que la réglementation prudentielle n'est pas suffisamment incitative, mais qu'au contraire elle permettrait aux banques d'accroître ces prises de risque. La conséquence est un décalage entre le capital réglementaire et le capital économique. Le ratio Cooke apparaît alors comme une norme de gestion prudentielle *a posteriori* et non un outil de prévision. Or, assurer la pérennité des établissements de crédit et des entreprises d'investissement nécessite l'égalisation des fonds propres réglementaires et des fonds propres économiques. C'est l'un des objectifs centraux de la réforme en cours.

2. Les accords de Bâle II : une analyse du contenu

Depuis juin 1999, le comité de Bâle a engagé une concertation avec la profession bancaire pour rénover la réglementation prudentielle. Après plusieurs années de consultation et de négociation achevées à la mi-2004, les accords de Bâle II devront être appliqués par toutes les banques européennes au plus tard le 31 décembre 2006 et par toutes les banques des pays reconnaissant ces accords.

La sophistication de l'environnement financier dans lequel évoluent les établissements de crédit a conduit à mettre en place une réglementation prudentielle plus complexe que celle en vigueur aujourd'hui. Celle-ci s'articule autour de trois piliers :

- un ratio de solvabilité qui prend en compte l'ensemble des risques bancaires. Ce ratio est appelé « ratio McDonough » ;
- un renforcement de la surveillance prudentielle par les superviseurs nationaux ;
- l'utilisation de la communication d'informations financières, afin d'améliorer la discipline de marché.

Les accords de Bâle II constituent un élément de la nouvelle architecture des relations financières internationales ; les autres éléments étant entre autres la mise en place des nouvelles normes comptables IAS/IFRS, des règles de surveillance des conglomérats financiers ou encore des critères de gouvernance des firmes.

Nous détaillons successivement la composition de ces trois piliers, le pilier central étant le ratio de solvabilité.

2.1. Le ratio de solvabilité

La capitalisation est considérée comme un élément incontournable de la réglementation. Le principe d'un taux de fonds propres supérieur à 8 % des risques pondérés demeure la clé de voûte du système. Le futur ratio de solvabilité baptisé « ratio McDonough » a la forme suivante :

Fonds propres / (Risque de crédit + Risques de marché + Risque opérationnel) ≥ 8 %.

Les fonds propres ont la même composition qu'actuellement et sont découpés en trois catégories (tiers), dont la plus importante reste le noyau dur regroupant les capitaux propres, réserves et résultats ainsi que les fonds pour risques bancaires généraux (FRBG)[5]. L'évolution porte sur le dénominateur du ratio, c'est-à-dire les risques pondérés. L'innovation est perceptible à deux niveaux : d'une part, la définition des risques entrant dans le calcul de la charge en fonds propres, d'autre part, le mode de calcul des risques.

Définition des risques bancaires. Le ratio Cooke considère que les risques bancaires sont exclusivement constitués par le risque de crédit et le risque de marché. Le ratio McDonough intègre certes ces deux classes de risques, mais également une troisième, à savoir le risque opérationnel. Le comité de Bâle (1999) définit le risque opérationnel comme : « le risque de perte directe ou indirecte résultant d'une inadéquation ou d'une défaillance attribuable aux procédures, au facteur humain et aux systèmes, et aux causes externes ». Le risque opérationnel inclut les risques organisationnels, les risques technologiques, les risques humains et les risques découlant des facteurs externes. Le risque opérationnel exclut, par conséquent, le risque stratégique et le risque de réputation. Selon une étude du comité de Bâle, sur un panel de 89 banques internationales, en 2001, une banque a en moyenne été affectée par 528 occurrences du risque opérationnel, majoritairement sur la banque de détail, engendrant en moyenne une perte unitaire moyenne de 10 000 euros. Il s'ensuit une perte brute moyenne de 90 millions d'euros par établissement (pour une analyse détaillée du risque opérationnel, se reporter au chapitre 3. Du point de vue de l'activité bancaire, la prise en compte du risque opérationnel semble légitime[6].

Évaluation des risques bancaires. La mesure des risques de marché n'est guère modifiée par la nouvelle réglementation. Par exemple, dans l'Union européenne, l'évaluation des risques de prix et de taux reste fondamentalement régie par la directive sur l'adéquation du capital élaborée en 1996 et qui est en cours de rénovation.

Hormis le risque opérationnel, l'innovation principale porte sur la mesure du risque de crédit qui constitue actuellement la principale source de risque pour les banques. Notons que la couverture du risque de crédit représente environ 6 % des exigences en fonds propres, soit 75 % du total. Tout d'abord, une distinction est faite entre les pertes attendues (approximées par la moyenne historique des pertes) et les pertes inattendues. Depuis le consensus de Madrid, la charge en fonds propres ne doit couvrir que les pertes inattendues. Les pertes attendues seront couvertes par les provisions. Si les pertes attendues sont supérieures aux provisions, l'écart sera ajouté dans les fonds propres complémentaires.

5. À noter que dans le cadre de l'application des normes IFRS, le FRBG peut ne pas faire partie des fonds propres.
6. Danielson *et al.* (2001) considèrent que le risque opérationnel a une nature idiosyncrasique. Il est donc hors du champ de la réglementation prudentielle.

Si, au contraire, les pertes sont inférieures aux provisions, l'excès sera déduit à parité entre le *tier 1* et le *tier 2*.

Pour évaluer les pertes inattendues, le comité de Bâle a repris la méthodologie appliquée aux risques de marché. Il a, en effet, introduit un degré de flexibilité, puisque les banques auront le choix entre deux méthodes :

- Soit une version révisée de la méthode actuelle.
- Soit la mise en place de modèle interne de risque de crédit (*Internal Rating Based Approach Model*, ou modèle IRB). Le régulateur propose deux types de modèle IRB : un modèle de base et un modèle avancé.

***Méthode standard*.** Les établissements de crédit et les entreprises d'investissement peuvent continuer d'appliquer la méthode standard, à savoir une pondération forfaitaire du risque de crédit à partir de notations externes. Le système de pondérations des contreparties est profondément développé, puisqu'il ne dépend plus uniquement de la nature de l'emprunteur. Il incorpore également son risque spécifique. Ce niveau de risque ne sera pas définitivement fixé comme aujourd'hui. Il fera l'objet de révisions régulières de la part des banques centrales et des agences de notations homologuées par les autorités de contrôle pour tenir compte de l'évolution de la solvabilité des emprunteurs.

Quels enseignements peut-on tirer du tableau 1.1 ?

- Le nombre de coefficients de risques individuels augmente. Une pondération de 150 % est affectée aux créances de très mauvaise qualité quel que soit l'emprunteur.
- La réduction des fonds propres découlant des opérations de titrisation des créances bancaires disparaît. Ces opérations font l'objet d'une provision en capital selon leur notation. Ainsi, celles notées au mieux B+ doivent être intégralement déduites des fonds propres. Les banques soutenant leur véhicule de titrisation pourraient même être obligées par le contrôleur d'affecter du capital supplémentaire à la couverture de ce risque. Par ce biais, la réglementation cherche à restaurer l'objectif initial de la titrisation, c'est-à-dire une source de financement pour les banques.

Tableau 1.1 : Coefficients de risques individuels

Notation	AAA à AA–	A+ à A–	BBB+ à BBB–	BB+ à BB–	B+ à B–	< B–	Non noté
États	0 %	20 %	50 %	100 %	100 %	150 %	100 %
Banques							
Option 1*	20 %	50 %	100 %	100 %	100 %	150 %	100 %
Option 2**	20 %	50 %	50 %	100 %	100 %	150 %	50 %
Entreprises	20 %	50 %	100 %	100 %	150 %	150 %	100 %
Part de titrisation	20 %	50 %	100 %	150 %	Déduction des fonds propres		
Détail				75 %			
Prêts hypothécaires				35 %			

* La pondération des risques est fonction de la pondération de l'État du siège social de la banque.

** La pondération des risques est fondée sur la notation de la banque.

- Tous les États de l'OCDE ne bénéficient plus d'un taux de pondération nul. Ainsi, la Pologne et la République tchèque sont pondérées à 20 %. Le Mexique et la Slovaquie sont pondérés à 50 %. En revanche, Taïwan et Singapour bénéficient d'une pondération nulle, et la Chine, par exemple, est pondérée à 20 % (contre 100 % actuellement).
- Les crédits aux entreprises bien notées (de AAA à BBB–) reçoivent un traitement plus favorable, puisque la pondération varie de 20 à 50 % contre 100 % actuellement. En revanche, les firmes dont la note est inférieure à B– sont pénalisées.
- Les pondérations afférentes aux opérations de détail et aux prêts hypothécaires sont en baisse, dans la mesure où elles seront fixées à 75 et 35 % contre 100 et 50 % actuellement.

Au total, le dénominateur du ratio sera le résultat de la multiplication entre l'encours net de provision et le coefficient de pondération correspondant. Selon le comité de Bâle et les principales fédérations bancaires nationales, la méthode standard ne devrait être appliquée que par un nombre très restreint d'établissements, notamment car elle présente les mêmes inconvénients que la méthode actuelle de par l'absence de diversification des risques. Les banques qui continueront à appliquer l'approche forfaitaire seront pénalisées puisque, à niveau de risque similaire, le montant des fonds propres nécessaires sera supérieur à celui des banques utilisant les modèles internes de risque de crédit. Il s'ensuivra un désavantage pour les premières du point de vue de la tarification de leurs services et de la rentabilité du capital. Par ce biais, le comité de Bâle incite les établissements de crédit à adopter les modèles IRB.

Modèles IRB. Les approches IRB ont pour objectif de mettre en adéquation les fonds propres avec le profil de risque à partir de l'évaluation interne du risque de contrepartie. Le comité de Bâle propose deux approches : la méthode IRB de fondation, qui est la version simple, et la méthode IRB avancée, qui constitue la version complexe au sens où elle requiert la collecte d'informations plus détaillées de la part des banques.

L'estimation du risque de crédit se réalise portefeuille par portefeuille, sachant que le bilan bancaire en comporte sept : détail, entreprises, financement de projets, actions, titrisation, banques et souverains. Le choix de la méthode est à la discrétion de l'établissement, sauf pour le portefeuille détail où seule l'approche avancée est disponible. Le passage d'une méthode à l'autre est possible, mais seulement si l'établissement abandonne la méthode simple pour adopter la méthode complexe. À terme, l'objectif du comité de Bâle est de généraliser le modèle IRB avancé.

L'objet des modèles IRB est d'évaluer le montant des pertes potentielles découlant de la détention d'un portefeuille de crédit au-delà du seuil attendu et pour un niveau de confiance prédéterminé. L'idée consiste, par conséquent, à substituer une approche probabiliste à une approche arithmétique pour calculer le risque de contrepartie. La méthodologie appliquée au calcul du risque de crédit s'inspire des modèles de *Value-at-Risk* pour les risques de marché. Elle est supposée plus efficace que la méthode actuelle, de sorte qu'une convergence des fonds propres légaux et économiques est attendue. Comme elle est fondée sur des données de marché, la charge en fonds propres doit évoluer en fonction de la conjoncture.

L'estimation des pertes inattendues détermine la charge en fonds propres (le capital économique) avec une probabilité donnée (99 %).

L'estimation des pertes inattendues se réalise à partir de quatre grands indicateurs :

- la probabilité de défaut de la contrepartie à un an (PD)[7] ;
- la maturité de l'engagement (M) ;
- l'exposition au moment du défaut (EAD) ;
- l'évaluation du taux de perte au moment du défaut (LGD).

Si la banque adopte le modèle simple, elle devra déterminer la probabilité de défaut, le contrôleur bancaire lui fournissant les autres données. Si la banque implémente le modèle complexe, elle doit disposer de toutes les données, à l'exception de la granularité qui sera communiquée par le contrôleur. Contrairement à la situation actuelle, les collatéraux, les garanties, les dérivés de crédit, la compensation et la sécurisation seront pris en compte pour estimer les différents indicateurs.

Une fois ces indicateurs connus, l'établissement va calculer la fonction de risques pondérés. Cette fonction RW traduit les probabilités de défaut en exigence de fonds propres. Elle a la forme suivante :

(1) $RW = Min(12{,}5 \times LGD; RW_2)$

(2) $RW_2 =$

$$2{,}5 \times LGD \times \Phi\left(\frac{\Phi^{-1}(p) + \sqrt{\rho(PD)}\Phi^{-1}(0{,}001)}{\sqrt{1-\rho(PD)}}\right) \times \left(1 + \frac{b(PD)}{1 - 1{,}5 \times b(PD)} \times (M-1)\right)$$

avec :

$$\rho(PD) = 0{,}24 - 0{,}12 \times \frac{1 - e^{-50\,PD}}{1 - e^{-50}}$$

$$b(PD) = (0{,}08451 - 0{,}05898 \times \ln(PD))^2$$

où :

Φ désigne la fonction de répartition d'une loi normale standard et la fonction inverse ;

$\rho(PD)$ indique que la corrélation est une fonction décroissante de la probabilité de défaut ;

$b(PD)$ stipule que l'ajustement de maturité est une fonction décroissance de la probabilité de défaut.

7. La notion de défaut retenue est identique à celle de la BAFI, c'est-à-dire : dépôt de bilan, incident de paiement à plus de 90 jours, certitude ou forte probabilité de défaillance.

La mise en place des modèles IRB présente de nombreux atouts au rang desquels figurent une mesure du risque de crédit plus différenciée en fonction du risque réel, l'intégration des techniques de réduction des risques. Ces avantages devraient permettre une meilleure détermination et allocation des fonds propres, ce qui contribue à accroître la résilience des établissements de crédit et des systèmes bancaires aux chocs. Cependant, de nombreux travaux pointent les déficiences de cette approche. Par exemple, Bézard (2004) indique que les accords de Bâle II occultent le caractère endogène des risques et les problèmes de liquidité, ce qui implique que « les modèles retenus conduisent à des estimations d'exigence en capital qualitativement imprécises ». Bézard considère également que l'uniformisation de la modélisation du risque débouche sur une uniformisation des comportements des établissements pouvant être dangereuse pour la stabilité des marchés. En outre se pose le problème de la procyclicité du ratio McDonough. De par sa construction, il conduirait les banques à accentuer le cycle économique. En effet, l'horizon des ratings est plus court que l'horizon du cycle économique. Cet écart est sous-optimal, puisque trop de projets peuvent être financés en phase d'expansion et pas assez en phase de récession[8]. Également, l'examen des tendances longues des marchés financiers indique que la volatilité des prix des actifs financiers peut être durablement supérieure à celle de leurs fondamentaux. Par conséquent, la valeur de marché de la créance peut ne pas correspondre à sa valeur fondamentale. Le risque afférent peut donc être mal évalué.

Quoi qu'il en soit, le ratio de solvabilité McDonough sera renforcé par deux autres piliers, à savoir le processus de surveillance prudentielle et la discipline de marché.

2.2. Le processus de surveillance individualisée

Ce processus constitue le deuxième pilier de la future réglementation prudentielle. L'objectif est de s'assurer que les établissements de crédit appliquent des procédures internes efficaces pour calculer l'adéquation de leurs fonds propres sur la base d'une évaluation approfondie des risques réellement supportés. Les banques doivent également avoir une stratégie de maintien des fonds propres.

Ce deuxième pilier permet aux agences de supervision bancaire de déterminer la validité des procédures et d'obliger les contrôlés à les modifier en cas de doute sur leur pertinence. Les contrôleurs ont la possibilité de fixer un niveau de fonds propres supérieurs à 8 % si les risques l'exigent.

Le pilier 2 traite également du risque de taux d'intérêt global dans le portefeuille bancaire. En particulier, les superviseurs devront s'assurer que la valeur économique de la banque n'accuse pas une baisse de plus de 20 % des fonds propres, lorsqu'un choc de taux d'intérêt de 200 points de base se produit.

Le processus de surveillance prudentielle renforcée donne, par conséquent, une plus grande marge de manœuvre aux agences de supervision, en leur permettant de discriminer différents types de banques.

---

8. Il faut noter que le ratio McDonough ne serait pas le seul responsable du comportement procyclique des banques. L'introduction des normes IFRS/IAS, notamment la politique de provisionnement des pertes encourues, favoriserait ce comportement.

2.3. La discipline de marché

L'objectif du comité de Bâle est d'inviter (contraindre ?) les établissements de crédit à améliorer leur communication financière. La transmission d'informations transparentes doit promouvoir la stabilité et la résilience des systèmes bancaires et financiers.

Les banques devront communiquer des éléments qualitatifs et quantitatifs concernant le périmètre de consolidation, la composition des fonds propres, l'évaluation et la gestion des risques, ou encore l'allocation des fonds propres.

Ce troisième pilier vient renforcer l'action des deux premiers en standardisant l'information disponible et en permettant au marché d'y avoir accès. La discipline de marché constitue donc une incitation pour les banques à adopter des stratégies efficaces et sûres. Dans le cas contraire, elles peuvent être sanctionnées par le marché (augmentation du coût de l'endettement, baisse du prix des actions), ce qui peut freiner leur développement et diminuer la rentabilité des fonds propres.

3. Les impacts des accords de Bâle II

La future réglementation prudentielle repose sur une définition plus complexe et plus sensible des risques encourus. Elle incite les établissements de crédit à améliorer leurs techniques et leurs systèmes de gestion des risques, puisque les banques les plus efficaces en matière de différenciation et de gestion des risques seront celles dont la charge en fonds propres sera la plus faible. D'où une amélioration de la rentabilité du capital. L'étude d'impact réalisée par le comité de Bâle (2003) montre que les exigences en fonds propres seraient stables pour les grandes banques internationales et en réduction pour les banques nationales, en raison de la prédominance des activités de détail (voir encadré 1.1).

Encadré 1.1

Quelle évolution pour le capital réglementaire ?

Accenture, Mercer Oliver Wyman et SAP ont conduit en 2004 un projet de recherche pour connaître les prévisions des établissements de crédit quant à l'évolution de leur capitalisation.

Les résultats sont les suivants :

Zone en % du panel	Europe	États-Unis	Australie et Canada	Asie et économies émergentes
Dégradation importante de la position en capital	0	0	0	0
Dégradation modérée	0	6	10	6
Ne se prononcent pas	8	35	50	37
Amélioration légère	49	47	30	15
Amélioration sensible	43	12	10	42

Les établissements européens sont ceux qui anticipent l'impact le plus positif des accords sur leur niveau de capital. Ce résultat peut s'expliquer à la fois par leur niveau d'avancement et par la prédominance des activités de détail.

L'objectif d'une meilleure adéquation des fonds propres et des risques ne sera atteint que si les informations collectées par les établissements, notamment pour l'évaluation du risque de crédit par les modèles IRB (probabilité de défaut, maturité de l'engagement, exposition au moment du défaut, évaluation du taux de perte au moment du défaut), sont fiables. Les banques doivent mettre en place un système d'information susceptible de leur fournir ces données. Par ailleurs, cette réforme est l'occasion d'instaurer une gestion dynamique du bilan. Le couple rendement/risque est au cœur du pilotage stratégique. L'objectif est de limiter les pertes inattendues, car celles-ci impactent négativement le résultat, donc les possibilités de développement.

3.1. La mise en place d'un système d'information performant

Les accords de Bâle II impliquent que les banques disposant de systèmes sophistiqués de gestion des risques devront moins de capital que celles qui auront recours à des systèmes plus rudimentaires. Les établissements doivent impérativement mettre en place un système performant d'informations pour identifier, mesurer et contrôler les risques, mais également disposer d'une organisation efficace où les responsabilités de chaque intervenant au processus de décision sont clairement spécifiées.

L'utilisation des modèles IRB repose sur l'implantation d'un système de notations internes qui permet de calculer la probabilité de défaut de chaque emprunteur, ce qui induit une gestion plus fine du risque de crédit. Comme l'indique l'enquête sur les pratiques bancaires du comité de Bâle (2001), la notation est « un indicateur synthétique du risque de perte en cas de défaut d'une contrepartie, basé sur des informations et des analyses qualitatives et quantitatives ». **La détermination d'un indicateur performant est donc la clé de voûte du système**. Mais la chose n'est pas simple. En 2001, Laurence Meyer, membre du Comité des gouverneurs de la Réserve fédérale, déclarait : « actuellement, compte tenu des systèmes en fonctionnement, aucune banque des États-Unis ne serait qualifiée pour utiliser le modèle IRB avancé ». En mars 2004, KPMG indique qu'environ la moitié des banques britanniques qu'il conseille sont seulement dans la phase de préétude[9].

En effet, calculer la probabilité de défaillance à un an[10] suppose la constitution d'une base de données historiques de trois ans pour les banques qui calculeront le ratio McDonough au 31 décembre 2006. Les établissements qui le calculeront au 31 décembre 2007 auront besoin d'une base de données de quatre ans. Pour ceux qui le calculeront au 31 décembre 2008, la base de données devra recueillir des données sur cinq ans. Tout retard dans la mise en place du système de notations internes peut avoir un impact sur les exigences en fonds propres. Les établissements les plus prompts à créer et à utiliser le système de notations internes profiteront des gains en fonds propres découlant des modèles IRB.

Pour ce faire, un nombre suffisant de critères doit être pris en compte pour déterminer le rating de la contrepartie, et donc sa probabilité de défaut de la manière la plus fiable possible. La pertinence des critères retenus doit être testée pour s'assurer de leur validité et pour estimer la probabilité de défaut. Comme pour les modèles VaR, des tests *ex post*

9. Voir Huber (2004).
10. Cette probabilité est calculée à un horizon de cinq ans pour les financements spécialisés.

doivent permettre de comparer les accidents prévus et les accidents effectivement réalisés au cours d'une période. De même, les indicateurs ne doivent pas être figés dans le temps ; ils doivent être réactualisés périodiquement en fonction de l'évolution de la conjoncture. Le nombre de classes de risque doit être suffisamment élevé pour être discriminant, puisque de la valeur de la probabilité de défaillance dépend la tarification du risque.

L'application des modèles IRB suppose que tous les actifs soumis au risque de crédit soient notés, c'est-à-dire les actifs nouveaux mais également le stock d'actifs. Les notes doivent être révisées annuellement. Les garanties personnelles permettant de calculer l'exposition au moment du défaut doivent être réévaluées périodiquement. Il est en effet impératif que la banque dispose d'informations fiables et actualisées quant aux risques effectivement supportés.

Un changement d'organisation est donc nécessaire. Il repose notamment sur l'indépendance du processus de notation des contreparties et du processus de distribution du crédit. Il passe également par l'homogénéisation et l'intégration des systèmes d'information depuis le contact clientèle jusqu'au contentieux. Plus de la moitié des banques envisagent de recourir à de nouvelles solutions informatiques pour prendre en compte les impacts du ratio McDonough sur les risques de crédit, à savoir l'estimation des paramètres, la notation des contreparties et des transactions, et sur les risques opérationnels, notamment le recensement des incidents et leur gestion. De façon induite, la nouvelle réglementation prudentielle devrait se traduire par un renforcement des services de back-office, puisqu'ils auront un rôle actif à jouer dans la mesure des différents types de risques.

Bien évidemment, la mise en œuvre des accords de Bâle II sera coûteuse pour les établissements de crédit (voir exemple de l'encadré 1.2). Selon la Fédération bancaire française (2004), les banques françaises devraient dépenser au moins 1,5 milliard d'euros pour appliquer la nouvelle réforme prudentielle. L'implémentation des accords de Bâle II impliquent des investissements humains, informatiques et financiers colossaux. À titre de comparaison, le coût du passage à l'euro aurait coûté deux milliards aux établissements français. Dans l'Union européenne, la dépense avoisinerait les 30 milliards d'euros pour le secteur bancaire entre 2002 et 2006 d'après une étude de PriceWaterhouseCoopers.

3.2. Le couple rentabilité/risque

L'application des accords de Bâle II – en particulier la généralisation des modèles internes pour évaluer les risques de crédit, de marché et opérationnels – constitue un outil puissant en matière de pilotage global d'un périmètre (client/produit/métier) en offrant des indicateurs de prises de décisions stratégiques et opérationnelles pour l'ensemble des intervenants dans le processus de gestion.

Pour le risque de crédit, qui est le principal risque bancaire, l'enjeu est d'optimiser le couple rendement/risque de chaque portefeuille. On retrouve ainsi la problématique centrale de la théorie moderne du portefeuille : comment maximiser le rendement pour un niveau de risque donné ? La concurrence dans le secteur bancaire étant de plus en plus vive, une gestion active des risques est un facteur d'avantage concurrentiel.

Encadré 1.2

Coût de mise en œuvre des accords de Bâle II : l'exemple de HSBC

Rares sont les établissements financiers qui publient des chiffres relatifs au coût de mise en œuvre de la réglementation prudentielle.

HSBC fait exception. Sir John Bond, président, indique que son établissement a dépensé 400 millions de dollars en 2003 pour se mettre en conformité avec les obligations prudentielles. Ce coût représente 3 % du profit avant imposition. Il découle de la mise en place d'un service qui s'assure spécialement de la conformité des activités bancaires avec la réglementation. Selon John Bond, HSBC doit disposer d'autant de services que de juridictions où l'établissement réalise des opérations pour tenir compte de l'interprétation que fera chaque régulateur des accords.

Source : *The Banker*, n° 669, 2004.

La réforme prudentielle incite donc les établissements de crédit à s'interroger sur la nature des risques, leur évaluation et leur coût. La liaison entre la notation, la probabilité de défaut, la sévérité de la perte et la charge en fonds propres s'applique à tous les métiers de la banque. Se pose ainsi une question de positionnement des banques.

Des évolutions apparaissent déjà. Ainsi, un certain nombre d'établissements abandonne le domaine du non-coté. Ce type d'activité, considéré comme très porteur jusqu'à récemment, est progressivement délaissé par les grandes banques internationales. HSBC, Nomura, ING viennent de vendre leur activité de *private equity*, car la future réglementation prudentielle devient beaucoup plus exigeante. Elle impose, en effet, une charge en capital quatre fois supérieure à celle en vigueur aujourd'hui. La conséquence directe est un abaissement de la rentabilité du capital. Autrement dit, le couple rendement/risque des activités de non-coté n'apparaît plus optimal. La même question se pose pour l'activité de titrisation dont le statut se modifie fortement dans la nouvelle réglementation prudentielle. De même, le financement bancaire des pays émergents ne sera pas encouragé par les nouvelles dispositions (Figuet, 2004).

En revanche, la réglementation devient plus accommodante avec les activités de détail. Aujourd'hui, le crédit immobilier est devenu un enjeu commercial. Ce crédit fait figure de produit d'appel. Le taux de perte sur ces crédits est faible, et c'est un moyen privilégié de capter une clientèle nouvelle qui, pendant au moins la durée du crédit, va générer du PNB par le biais de ses opérations. La stratégie des établissements est claire. Ils compressent leurs marges sur le crédit immobilier. La faiblesse des taux d'intérêt réels est l'illustration de cette stratégie. Bon nombre d'emprunteurs individuels s'endettent aujourd'hui à un taux plus faible que l'État. La Fédération hypothécaire européenne (2004) estime d'ailleurs que la marge sur ce produit est de plus en plus faible, voire négative, compte tenu des coûts fixes. On peut donc s'attendre à une concurrence accrue dans ce secteur, puisque le marché des particuliers n'est pas indéfiniment extensible (Mercer Oliver Wyman, 2003).

Les PME dont le chiffre d'affaires est inférieur à un million d'euros seront considérées comme un client de la banque de détail, ce qui devrait leur faciliter l'accès aux crédits bancaires. Globalement, « l'introduction de finesse et de précision dans l'analyse des risques est avantageuse pour l'ensemble des entreprises » (*La Lettre de la profession bancaire*, 2004).

L'utilisation des modèles IRB permet de déterminer le profil de risque de chaque activité, et donc l'allocation du capital, de calculer le coût relatif en capital par types de transactions, de clients et de lignes d'activités. Une meilleure différenciation du risque devrait entraîner une meilleure différenciation de la tarification. Concrètement, les bons emprunteurs devraient bénéficier de conditions de financement plus avantageuses qu'aujourd'hui. En revanche, les mauvais emprunteurs risquent de constater une dégradation de leurs conditions de financement, en termes de tarification et de disponibilité.

En outre, jusqu'à présent, les banques géraient leurs engagements un fois qu'ils étaient pris. Les accords de Bâle II ouvrent la voie à une gestion globale et active des risques, puisque la collatéralisation et les instruments de couverture des risques réduisent le montant des fonds propres à immobiliser. Le bilan bancaire devrait être géré de façon plus dynamique dans les années futures.

Conclusion

Les accords de Bâle II visent à améliorer la résilience du système bancaire et financier aux chocs. Un système bancaire et financier solide constitue un élément incontournable de la stabilité macroéconomique.

L'objectif du comité de Bâle est de faire converger les fonds propres économiques et réglementaires. Pour ce faire, la définition et l'évaluation des risques bancaires ont été considérablement améliorées. Le nouveau ratio de solvabilité, le ratio McDonough qui constitue le pivot de la réglementation, est plus exhaustif. L'approche forfaitaire du ratio Cooke est supplantée par une approche statistique reposant sur le calcul de probabilité des pertes inattendues.

Le risque de contrepartie, qui constitue le principal risque bancaire, sera évalué par les modèles IRB. L'utilisation des ratings internes aura des conséquences importantes à la fois en termes d'organisation des établissements de crédit, mais également en termes de positionnement sur certains secteurs puisque l'arbitrage entre le risque et la rentabilité d'une opération sera un critère fondamental. De fait, le ratio de solvabilité devient un outil de gestion du risque qui peut conduire à une concurrence farouche sur des secteurs déjà saturés – la banque de détail – et à l'abandon progressif d'opérations pourtant indispensables au bon fonctionnement de l'économie – le non-coté par exemple. Le paysage bancaire va donc être fortement influencé par l'application des nouvelles normes prudentielles.

Au-delà de la définition et de la mesure du risque de contrepartie, la nouveauté réside dans le fait que le risque opérationnel devient un risque bancaire à part entière. L'exigence de fonds propres au titre de cette classe de risque devrait représenter 20 % de l'exigence totale, soit quatre fois plus que la charge en fonds propres destinée à couvrir les risques de marché. Le risque opérationnel mérite donc une analyse détaillée (voir *infra*, chapitre 3).

Bibliographie

Basel Committee on Banking Supervision (1996), « Amendment to the Capital Accord to Incorporate Market Risks », *Basel Committee Publications,* 24 janvier.

Basel Committee on Banking Supervision (1999), « A New Capital Adequacy Framework », *Basel Committee Publications,* n°50, juin.

Basel Committee on Banking Supervision (2001a), *The New Basel Capital Accord : Consultative Package,* Bank for International Settlements, Bâle.

Basel Committee on Banking Supervision (2001b), *Results of the Second Quantitative Impact Study,* Bank for International Settlements, Bâle.

Basel Committee on Banking Supervision (2001c), *Sound Practices in banking,* Bank for International Settlements, Bâle.

Basel Committee on Banking Supervision (2003), *Results of the Third Quantitative Impact Study,* Bank for International Settlements, Bâle.

Basel Committee on Banking Supervision (2004), *International Convergence of Capital Measurement and Capital Standards,* Bank for International Settlements, Bâle.

Bézard M. (2004), « Bâle II : pièges et faiblesses techniques d'une mise en œuvre directe du nouvel accord », *Banque & Marchés,* n° 68.

Blum J. (1999), « Do Capital Adequacy Requirements Reduce Risks in Banking? », *Journal of Banking and Finance,* n° 23, vol. 5, p. 755-771.

Danielsson J., Embrechts P., Goodhart C., Keating C., Muennich F., Renault O., Song Shin H. (2001), « An Academic Response to Basel II », *Special Paper,* n° 130, Financial Markets Group, London School of Economics.

Davis E.P. (2004), « Financial Stability, Basel 2 and EMU », *NIESR Working Paper.*

Dewatripont M., Tirole J. (1994), *The Prudential Regulation of Banks*, MIT Press, Londres.

Figuet J.-M. (2003), « Le Traitement du risque de crédit dans l'accord de Bâle II : une évaluation », *Revue d'économie financière,* n° 71.

Figuet J.-M. (2004), « Les Accords de Bâle II : quelles conséquences pour les financements des pays émergents ? », *L'Actualité économique.*

Freeland C. (2004), « Basel II Update », *Basel Committee on Banking Supervision Working Paper.*

Huber N. (2004), « UK Banks Face Basel 2 Compliance Problems », *ComputerWeekly.com,* 2 mars.

La Lettre de la profession bancaire, n° 491, 25 juin 2004.

Mercer Oliver Wyman (2003), « Reaping the Rewards of Improved Risk in Management in Retail Banking », *Perspectives,* juin.

Meyer L. (2001), « The New Basel Accord : Challenges for Banks and their Supervisors », *Speech to the risk management association's conference on capital management,* Washington DC.

Chapitre 2

La quantification des risques de marché et de crédit : fondement de l'activité bancaire

Christophe Godowski
Université de Tours – IAE, CERMAT

Le risque est inhérent à l'activité bancaire. Il est inévitable parce que c'est dans la nature de la banque de prendre des risques. Pour autant, ces derniers se doivent de demeurer acceptables dans la mesure où une majorité des ressources est apportée par les déposants et d'autres bailleurs de fonds qu'il conviendra de rembourser à un moment ou un autre. Parce que l'action des équipes dirigeantes des institutions financières est difficilement observable et qu'il existe donc une situation de risque moral, les banques sont incitées, pour ne pas dire obligées, à communiquer sur leur politique de risque, c'est-à-dire à développer des moyens de quantification des risques. Au-delà de cet aspect d'information, les méthodes d'évaluation des risques bancaires offrent aux banques des outils de gestion avancés, notamment en matière de tarification. Enfin, la quantification des risques trouve une justification par rapport à la réglementation prudentielle, imposant aux banques de détenir un niveau minimum de fonds propres pour prévenir un risque systémique et établir de saines conditions de concurrence entre institutions financières. L'enjeu d'une quantification la plus précise possible est de taille dans la mesure où elle déterminera le montant de fonds propres à immobiliser. Or, moins le montant des fonds propres à immobiliser pour couvrir des pertes inattendues est important, plus la banque disposera de ressources pour développer son fonds de commerce. Dans cette perspective, les institutions financières ont développé des techniques de mesure de risques de plus en plus sophistiquées et faisant appel à des outils statistiques avancés.

Sans que nous entrions dans les méandres des instruments statistiques, cette contribution présente les outils utilisés par les banques au début du XXIe siècle afin de quantifier le risque de marché et le risque de crédit. Au-delà de la description des outils, ce chapitre présente en premier lieu le risque de marché et les techniques utilisables pour l'évaluer, plus connues sous le concept anglo-saxon de *Value-at-Risk*. Présenter la quantification du risque de marché préalablement à l'évaluation du risque de crédit est un choix délibéré s'expliquant par le fait que la conception sous-jacente à la *Value-at-Risk* sert maintenant de fondement aux outils de quantification du risque de crédit dans de nombreuses banques. Identifiables sous le vocable de *Risk Adjusted Return On Capital*, ces méthodes ont servi de références pour établir la partie relative à la quantification des fonds propres nécessaires pour couvrir le risque de crédit dans le nouvel accord de Bâle.

Pour la première section consacrée au risque de marché, comme pour la deuxième traitant du risque de crédit, on précisera, dans un premier temps, l'aspect instrumental de la quantification et, dans un second temps, l'enjeu de l'évaluation dans une perspective réglementaire. La troisième section aborde le double défi stratégique et organisationnel auquel les établissements de crédit sont confrontés pour posséder des instruments de quantification efficaces.

1. Le risque de marché : quantification et réglementation

Généralement et de façon assez globale, les risques de marché font référence aux risques résultant d'une volatilité des rendements, des taux d'intérêt, des cours de change et de la valeur des titres ou des matières premières. L'expression « risque de marché » sous-tend donc plusieurs natures de risques pouvant donner lieu à une définition plus fouillée distinguant les risques de premier ordre de ceux de second ordre (Errera et Jimenez, 1999)[1].

Dans un amendement au premier accord de Bâle de 1988 instaurant le ratio Cooke, le comité de Bâle précise que les banques doivent fournir un indicateur du risque de marché traduisant la perte potentielle maximale pour un certain niveau de confiance à une date donnée. Cet indicateur, utilisé par les banques les plus avancées en matière de gestion des risques, doit alors permettre de déterminer le montant des fonds propres nécessaires pour faire face à ces pertes imprévues.

1.1. La quantification des risques de marché

Dans une perspective de gestion des risques et de communication financière, une majorité d'établissements de crédit utilise le concept de *Value-at-Risk* pour quantifier les risques de marché. Plus connu sous l'acronyme de VaR, il est possible de le traduire approximativement par l'expression « valeur en risques » ou « valeur de marché sous risques ». Ce concept exprime la perte potentielle maximale qu'un portefeuille d'actifs peut subir au cours d'une période déterminée et avec une probabilité donnée, suite à une modification des prix du marché. Les risques de marché étant définis comme les risques résultant de la volatilité des rendements, des taux d'intérêt, des cours de change, de la valeur des titres ou des matières premières, leur quantification doit reposer sur un concept autorisant l'étude de la dispersion statistique par rapport à une valeur moyenne.

---

1. Les risques de premier ordre sont ceux qui peuvent affecter la valeur des éléments du bilan ou les flux futurs concernant ces derniers. On différencie généralement parmi les risques de premier ordre :
   - Le risque de taux d'intérêt : par exemple une hausse des taux d'intérêt peut diminuer la valeur des actifs financiers détenus par une banque ou renchérir le coût de ses ressources.
   - Le risque de change : la baisse du cours d'une devise entraîne la dépréciation des actifs détenus dans cette devise.
   - Le risque de prix sur actions : c'est le risque que l'évolution des marchés financiers pris dans leur ensemble entraîne une diminution des cours. Ce risque qualifié de « systématique » résulte de la dégradation des fondamentaux économiques d'un pays, de la contagion d'une crise boursière initiée dans un autre pays ou, en cas de forte hausse des taux d'intérêt, de la fuite massive des investisseurs du marché des actions pour celui des titres de la dette.

   Les risques de second ordre concernent les positions prises par les banques pour compenser une perte potentielle sur le marché au comptant. Les opérations de couverture sur le marché à terme permettent de se couvrir, mais souvent de manière imparfaite (sous-estimation de la couverture), faisant ainsi courir un risque lié à l'inadéquation des résultats de l'opération de couverture.

L'écart type est particulièrement adapté, car il permet de cerner l'amplitude maximale des fluctuations autour du cours moyen attendu dans le cas d'un portefeuille de titres. La perte est donc calculée statistiquement obligeant à définir au préalable une loi de probabilité de la distribution de la variable aléatoire « perte ». Le choix peut se porter sur une approche paramétrique consistant à faire, par exemple, l'hypothèse de normalité ou, au contraire, le concepteur peut recourir à une approche non paramétrique obligeant à adopter une approche générale basée sur une distribution empirique des pertes. Une fois que la banque dispose de la moyenne et de l'écart type des variations de la valeur du portefeuille, on peut calculer la VaR en utilisant l'expression suivante :

$$\text{VaR} = \alpha.\text{écart type} + \text{moyenne}$$

où α représente le facteur lu dans la table de distribution et dépend de l'intervalle de confiance retenu (voir encadré 2.1).

De manière générale, l'outil VaR sous-tend donc un modèle d'évaluation liant le prix ou le rendement des actifs composant le portefeuille aux différents facteurs de risques (indice boursier, taux de change USD/EUR, prix du baril de pétrole…). La problématique de la VaR est donc avant tout une question de valorisation consistant à établir une relation quantifiée entre la variation des facteurs de risques et la variation de valeur d'un portefeuille d'instruments. Pour établir cette relation, le concepteur de l'outil VaR peut faire le choix :

- soit de valoriser exactement avant et après l'application du scénario de marché ;
- soit de simplifier le comportement des instruments financiers en faisant l'hypothèse que la valeur varie linéairement avec les paramètres de risque.

Après avoir établi la relation quantifiée, il faut appliquer un scénario de variation des facteurs de risques. Cela peut se faire en spécifiant *a priori* la loi de distribution des paramètres de marché ou en observant directement sur une période donnée les fortes variations de facteurs de risques.

Encadré 2.1

Exemple numérique de calcul de la VaR

Supposons qu'une banque dispose d'un portefeuille d'actions sur le premier marché d'Euronext pour une valeur de 1 000. Le back-office a estimé l'écart type journalier de la valeur de ce portefeuille sur la dernière année à 10,909 et la moyenne des variations de la valeur de ce portefeuille à 0. La VaR à un jour au seuil de 95 % (pour ce niveau de confiance, la valeur lue dans la table de la loi normale est $\alpha = 1{,}65$) se calcule de la manière suivante :

$$\text{VaR} = \alpha.\text{écart type} + \text{moyenne}$$

$$\text{VaR} = 1{,}65 \times 10{,}909 + 0$$

$$\text{VaR} = 17{,}99$$

Le montant de la perte après un jour dans 95 % des cas sera donc de 17,99. Le lendemain et dans 95 % des cas, la valeur minimale du portefeuille sera donc de 1 000 – 17,99 soit 982,01.

En fonction de la méthodologie retenue pour établir la relation et estimer des scénarios de marché, plusieurs modèles de VaR peuvent être développés (Walter et Feghali, 2000). Généralement, on distingue trois approches : la VaR analytique (ou modèle variances/covariances), la VaR Monte-Carlo et la VaR historique (voir tableau 2.1).

Tableau 2.1 : Différents modèles de VaR

Détermination de la relation entre facteurs de risques et valeur du portefeuille / Estimation des scénarios de marché	Valorisation exacte	Simplification
Spécification	VaR Monte-Carlo	VaR analytique (variance/covariance)
Observation	VaR historique	–

Le modèle de la VaR analytique a été développé par JPMorganChase au travers du logiciel RiskMetrics. La VaR analytique suppose que les rendements de tous les actifs sont distribués normalement (loi normale) et qu'ils s'expriment linéairement à partir des facteurs de risques. Ce modèle tient compte de la diversification des actifs de la banque en calculant leurs corrélations empiriques. Ce modèle est particulièrement adapté au calcul de la VaR sur des portefeuilles d'instruments fermes. Un exemple d'utilisation de la VaR analytique est proposé dans l'encadré 2.2 ci-après.

La VaR Monte-Carlo réfute la thèse selon laquelle la variable aléatoire « pertes » suit une loi de probabilité dont la fonction de répartition est connue *a priori*. Ce modèle repose sur l'estimation de la distribution des variables à l'aide d'un grand nombre d'échantillons choisis aléatoirement et extraits de cette distribution. La VaR Monte-Carlo consiste donc à spécifier le processus stochastique des variables financières ainsi que celui des paramètres (risques et corrélations) pour ensuite simuler les valeurs de l'ensemble des variables. La VaR Monte-Carlo est considérée comme le modèle le plus puissant dans la mesure où il intègre les risques de prix non linéaires, la variation temporelle de la volatilité ainsi que les scénarios extrêmes.

Le modèle de la VaR historique repose sur l'hypothèse selon laquelle l'évolution historique des cours permet de déterminer leur valeur future ; c'est-à-dire que les données constatées dans le passé sont susceptibles de se reproduire dans le futur. Cela suppose que l'on détermine une période d'observation pour estimer la distribution de la variation future d'un portefeuille. Des prix futurs, simulés pour différents scénarios, sont obtenus par l'application des changements historiques des prix au niveau des prix courants.

Les modèles ne sont pas exclusifs l'un de l'autre. Certaines banques utilisent conjointement plusieurs modèles. C'est le cas du Crédit Lyonnais qui, dans son rapport annuel, fait mention de l'utilisation des trois modèles : la VaR historique pour les produits dérivés de taux, les options de change et les produits sur actions ; la VaR analytique pour les produits linéaires de taux et de change ; la VaR Monte-Carlo pour les matières premières.

Encadré 2.2

Exemple de calcul d'une VaR analytique

Raisonnement général.

On suppose que le *profit and loss* d'un portefeuille de marché suit la loi normale centrée réduite. Il est possible d'approcher le *profit and loss* par une combinaison linéaire des variations de facteurs de risques. Pour cela, on décompose le portefeuille en instruments simples à étudier (on parle de positions standardisées) pour lesquels on identifie les facteurs de risques dont ils dépendent. On suppose alors que la variation des facteurs de risques suit une loi normale de moyenne 0 et on estime la volatilité (écart type) et l'interdépendance des facteurs de risques (coefficient de corrélation entre facteurs de risques) pour chaque instrument composant le portefeuille. Il est alors possible de calculer l'écart type de *profit and loss* du portefeuille en utilisant la propriété additive de la loi normale ci-après (pour un portefeuille composé de trois éléments) :

$$\sigma^2\ (portefeuille) = X_1^2\sigma_1^2 + X_2^2\sigma_2^2 + X_3^2\sigma_3^2 + 2X_1X_2\rho_{12}\sigma_1\sigma_2 + 2X_1X_3\rho_{13}\sigma_1\sigma_3 + 2X_2X_3\rho_{23}\sigma_2\sigma_3$$

X_i représente la proportion de l'instrument i dans le portefeuille ;

σ_i représente l'écart type (le risque) de l'instrument i ;

ρ_{ij} représente le coefficient de corrélation entre l'instrument i et l'instrument j.

Enfin, le *Profit and Loss* suivant une loi normale, on multiplie l'écart type par une valeur lue dans la table de la loi normale en fonction du niveau de confiance retenu (pour 95 %, la valeur est de 1,65), ce qui nous donne la VaR mesurant, on le rappelle, la perte maximale encourue sur un horizon de temps donné, assortie d'une probabilité.

Application numérique.

Supposons une banque européenne qui détient un portefeuille d'actions américaines cotées en dollars d'une valeur de 810 $. Cette banque est exposée au risque du marché actions américain en plus du risque de change. On dispose par ailleurs des statistiques suivantes :

- L'écart type journalier estimé de l'indice boursier américain est égal à 13.
- L'écart type journalier estimé du cours du change €/$ est égal à 11.
- La corrélation entre l'indice boursier américain et le cours de change €/$ est égal à 0,2.

La VaR journalière au seuil de 99 % (α = 2,32 d'après la table de la loi normale) est égale à :

$$\text{VaR} = 2{,}32 \times \sqrt{13^2 + 11^2 + 2 \times 0{,}2 \times 13 \times 11} + 0 = \mathbf{43{,}23}$$

La perte potentielle maximale de ce portefeuille est de **43,23 $**. Le lendemain, la valeur de ce portefeuille, soumis au risque de change et au risque de marché américain, est donc dans 99 % des cas supérieure à la valeur du portefeuille minorée de la perte potentielle maximale obtenue par le calcul de la VaR, soit 810 – 43,23 = **766,77 $**.

Source : Adapté de Mikdashi Z. (1998) p. 111.

Cette utilisation conjointe des modèles de VaR s'explique essentiellement par les faiblesses de certaines approches par rapport à la complexité des produits (voir tableau 2.2).

Tableau 2.2 : Avantages et inconvénients des modèles de VaR

	Avantages	Inconvénients
VaR analytique	• Prise en compte de la diversification des actifs de la banque • Facilité pour programmer le modèle, car horizon et probabilités connus	• Pas de prise en compte des scénarios extrêmes comme un krach boursier • Épaisseur de la queue de distribution rendant difficile un calcul précis
VaR Monte-Carlo	• Prise en compte de nombreux facteurs de risques et des scénarios extrêmes	• Difficulté de programmation • Consommation importante de ressources
VaR historique	• Simplicité de la méthode, flexibilité • Moindre consommation de ressources	• Sensibilité à la qualité des données • Inadaptée dans le cas de mouvements de marché irréguliers • Toutes les observations historiques ont le même poids • Problématique de la longueur des historiques

Source : Inspiré de Moumni et Rifaï (2002, p. 54-56).

Depuis 1995, la VaR s'est généralisée dans les banques françaises dans la mesure où plus de 95 % des établissements de crédit procèdent à l'estimation d'une VaR globale (voir tableau°2.3). La VaR a séduit de nombreuses équipes dirigeantes parce qu'elle constitue un outil de communication particulièrement efficace. Elle résume tous les risques d'un portefeuille d'actifs en un seul chiffre, elle offre une base de comparaison homogène entre différentes activités et permet d'allouer les fonds propres économiques à ces activités. La VaR constitue donc un outil pour asseoir le pilotage stratégique et pour communiquer avec les tiers.

Tableau 2.3 : Utilisation de la VaR par types de risques de marché

Banques	Taux d'intérêt	Cours de change	Actions	Matières premières	VaR globale
Groupe Banques Populaires	Oui	Oui	Oui	Oui	Non
Société Générale	Oui	Oui	Oui	Oui	Oui
Crédit Lyonnais	Oui	Oui	Oui	Oui	Oui
BNP Paribas	Oui	Oui	Oui	Oui	Oui
Crédit Agricole	Oui	Oui	Oui	Non	Oui
Groupe Caisse d'Épargne	Oui	Oui	Oui	Non	Oui

Source : *L'Information financière* (2002) – « Les Établissements de crédit », p. 317.

Cependant, et afin que l'outil soit utilisé à bon escient, il convient de bien préciser les paramètres du modèle parce qu'ils sont loin d'être homogènes d'un pays à un autre et même d'une banque à une autre au sein d'une même zone géographique. Le tableau 2.4 ci-après, concernant les paramètres des modèles VaR des principaux groupes bancaires français, met en évidence des différences sensibles. Si l'intervalle de confiance est identique, il existe des différences sur la durée de détention, mais aussi et surtout sur la période d'observation.

Tableau 2.4 : Caractéristiques du modèle VaR dans les banques françaises

Banques	Intervalle de confiance	Durée de détention	Période d'observation
Groupe Banques Populaires	Nc	Nc	Nc
Société Générale	99 %	1 jour	250 jours
Crédit Lyonnais	99 %	1 jour	1 an
BNP Paribas	99 %	10 jours	260 jours
Crédit Agricole	99 %	10 jours	5 ans
Groupe Caisse d'Épargne	99 %	10 jours	Nc

Source : *L'Information financière* (2002) – « Les Établissements de crédit », p. 319.

Au-delà de la problématique des paramètres du modèle, la VaR présente des limites conceptuelles. Rebouf (1997) a mis en évidence l'incapacité de la VaR pour appréhender :

- les risques de positions illiquides : la liquidation des positions à une date donnée peut être plus difficile que prévue en cas de mouvements importants des marchés ;
- les risques de rupture comme les crises financières : dans un contexte de krach boursier, les mouvements de marché deviennent extrêmes (situation de détresse) et ne peuvent pas être anticipés par des données historiques ou analytiques.

Ces limites conceptuelles trouvent leur origine dans le fait que la réalité peut être tout autre que la distribution des variables aléatoires ou les simulations théoriques de celles-ci. Le futur ne réplique pas nécessairement les expériences antérieures.

Ces limites de la VaR obligent donc les banques à développer des dispositifs complémentaires. Parmi ceux-ci, nous pouvons mentionner celui reposant sur des scénarios catastrophiques répondant à la dénomination anglo-saxonne de « *stress testing* ». Il s'agit de simulations financières pluriannuelles mettant en évidence des zones de risques, c'est-à-dire les zones pour lesquelles la variabilité des résultats est nuisible. Tous les actifs sont réévalués en fonction d'un scénario subjectif (impact d'une variation uniforme des taux de x points de base, impact de la pentification de la courbe des taux de telle amplitude, impact d'une baisse de x % de la bourse…). En multipliant les scénarios et en affectant à chacun une probabilité de survenance, on crée une distribution des rendements des portefeuilles à partir de laquelle la VaR peut être mesurée.

De surcroît, le recours à des paramètres fondés sur des analyses et/ou statistiques internes impose une vérification de la performance du modèle lui-même. Les banques procèdent ainsi à une analyse *ex post* en comparant la VaR théorique (donnée par le modèle) à la VaR réelle (celle réellement obtenue) visant à établir les performances et la qualité du modèle. Ce dispositif permettant une analyse *ex post* répond au nom de « *back testing* ».

Le modèle de la VaR constitue l'outil de référence pour définir le montant des fonds propres réglementaires relatifs aux risques de marché depuis l'amendement au ratio Cooke de 1996.

1.2. La couverture des risques de marché : aspects réglementaires

Les actions du comité de Bâle sur le contrôle bancaire témoignent d'un souci croissant de saisir et mesurer les risques autres que les risques débiteurs. Selon les accords de Bâle amendés de janvier 1996 et la directive européenne Capital Adequacy Directive (CAD) 93/6/CEE, en sus du risque de crédit lié aux créances bancaires, les établissements de crédit doivent notamment constituer des fonds propres pour couvrir les risques de marché concernant leur portefeuille de négociation. Par activité de négoce, on entend les positions propres en instruments financiers détenus en vue de leur revente et/ou qui sont prises dans l'intention de profiter à court terme des écarts entre leurs prix d'achat et de vente ainsi que les positions obtenues en vue de couvrir d'autres éléments du portefeuille. L'amendement au ratio Cooke porte donc sur les éléments du portefeuille de transaction au sens comptable du terme, auxquels s'ajoutent tous les engagements de hors-bilan relevant de la même activité, ainsi que le portefeuille de placement et ses opérations éventuelles de couverture[2].

Pour les exigences en fonds propres liées aux risques de marché d'un portefeuille de négociation d'instruments financiers appartenant à un établissement bancaire, les autorités réglementaires membres du comité de Bâle laissent la possibilité à une banque de choisir entre :

- des méthodes standardisées ou forfaitaires proposées par le comité de Bâle (voir tableau 2.5) ;

Tableau 2.5 : Méthodes standardisées en fonction de la nature du risque

Catégorie de risque	Périmètre de calcul	Méthodes forfaitaires
Risque de taux	Portefeuille de négociation	• Positions nettes • Risque de taux
Risque sur titres de propriété	Portefeuille de négociation	• Positions nettes • Risques sur titres de propriété
Risque de change	Ensemble des opérations, qu'elles appartiennent ou non au portefeuille de négociation	• Position nette globale

2. Le portefeuille de négociation est défini précisément par l'article 5 du règlement 95-02 modifié par le règlement 99-02 du 21 juillet 1999.

Tableau 2.5 : Méthodes standardisées en fonction de la nature du risque *(suite)*

Catégorie de risque	Périmètre de calcul	Méthodes forfaitaires
Risque sur matières premières	Ensemble des opérations, qu'elles appartiennent ou non au portefeuille de négociation	• Position nette globale
Risques optionnels	Options associées à chacune des catégories de risques précédentes	• Méthode du delta plus • Algorithme par scénarios

Source : Commission bancaire (2003), *Modalités de calcul du ratio international de solvabilité (actualisation au 1er janvier 2003*, Bulletin de la Commission Bancaire, p.34. Document disponible à l'adresse www.commission-bancaire.org.

- un calcul individualisé des fonds propres, fondé sur des modèles mathématiques internes plus adaptés au profil des risques de marché du portefeuille de négociation de l'établissement concerné. L'utilisation de cette option est soumise à une validation par la Commission bancaire du modèle interne. À fin 2003, cinq groupes bancaires ont vu leur modèle interne validé par l'autorité de tutelle du système bancaire français.

L'exigence globale minimale de fonds propres est donc composée :

- des exigences relatives au risque de crédit fixées dans l'accord de Bâle de 1988 ;
- des exigences pour risque de marché :
  - si les méthodes standardisées sont utilisées, le calcul des exigences est réalisé pour toutes les catégories de risques (risque de taux, risque sur titre de propriété, risque de change, risque sur matières premières, risques optionnels), qui sont additionnées arithmétiquement ;
  - si les modèles internes sont utilisés, les fonds propres à allouer au portefeuille de négociation doivent atteindre la valeur la plus élevée des deux sommes suivantes : soit la perte potentielle pour le jour précédent, soit la moyenne des pertes potentielles sur les soixante derniers jours ouvrés multiplié par 3 pour les modèles capables de capter tous les aspects pertinents des risques de marché et par 4 pour les autres.

L'amendement précise que la perte potentielle doit être calculée quotidiennement avec un intervalle de confiance de 99 %, une durée minimale de détention des instruments de dix jours ouvrés et un historique de données d'au moins un an.

Les modèles internes sont avantageux parce qu'ils peuvent produire des primes « réduction de fonds propres » par comparaison à l'utilisation de la méthode standardisée formulée par le comité de Bâle. Cependant, les frais de développement d'un modèle sont si élevés qu'ils ne se justifient que par un grand volume d'instruments traités dans le portefeuille de négociation de l'établissement bancaire concerné.

L'établissement optant pour l'approche modèle interne doit satisfaire certains critères de qualité (systèmes de mesure et de contrôle), garantissant la bonne conception et l'utilisation optimale du modèle. Cette vérification répond au principe de prudence afin d'éviter un risque de modèle.

Le comité de Bâle peut appeler à un complément de fonds propres si la capacité prédictive du modèle utilisé par la banque s'avère *a posteriori* inadéquate. Ce complément sera calibré en fonction du degré de divergence entre les résultats effectifs (calculés sur des périodes récentes) et la valeur prédictive du modèle VaR de la banque concernée.

L'exigence relative aux risques de marché doit être au plus égale au solde en fonds propres disponibles après couverture de 8 % des risques de crédit[3]. Le nouvel accord de Bâle devant entrer en vigueur à l'horizon de 2006 reprend à l'identique les dispositions de l'amendement de 1996 au ratio Cooke intégrant le risque de marché dans l'assiette des risques et recommandant un calcul de la VaR pour déterminer le montant des fonds propres. En complément et relativement aux piliers 2 et 3 de ce nouvel accord de Bâle, il existe une incitation pour les établissements à fournir une information plus précise sur les paramètres du modèle et les systèmes de contrôle (périmètre couvert par le modèle, les résultats quotidiens des activités de négoce associés aux VaR quotidiennes, la description du processus de *stress testing*, les éléments permettant le *back testing* et l'analyse des principaux écarts). De surcroît, le comité de Bâle présente une définition élargie du portefeuille de négociation qui comprend une plus grande variété d'instruments de *trading*, avec pour corollaire une recommandation de prudence dans la valorisation de ce portefeuille.

2. Le risque de crédit : quantification et réglementation

Généralement, l'observateur a du risque de crédit une perception assez limitative dans la mesure où il le restreint au risque de défaillance de l'emprunteur, encore appelé « risque de contrepartie ». Cependant ce risque n'est pas propre à la finance indirecte, il est également présent dans le cadre de l'intermédiation financière notamment dans des opérations complexes négociées sur des marchés financiers de gré à gré. Par exemple, un *swap* de taux d'intérêt présente un risque de crédit dès lors que la banque est supposée encaisser des flux de paiement en provenance d'un cocontractant. Cela impose de considérer une définition élargie du risque de crédit intégrant le risque de contrepartie inhérent aux deux circuits de financement (finance directe et finance indirecte)[4].

La pertinence d'une approche *Value-at-Risk* pour estimer les risques de marché a incité les banques à développer de telles méthodes pour quantifier le risque de crédit, qui est de loin le risque le plus important dans les banques. En prenant appui sur l'idée de calculer la dévalorisation maximale potentielle que peut subir un portefeuille de crédit, elles ont

3. De façon à calculer le ratio synthétique et à donner sa cohérence au calcul des exigences en fonds propres pour risques de crédit et risques de marché, un lien numérique explicite a été créé consistant à multiplier la mesure des risques de marché par 12,5 (soit l'inverse du ratio minimal de fonds propres), permettant de maintenir la norme minimale à 8 % sur la base de la même échelle que le ratio Cooke originel.

4. Cette dualité dans le risque de défaillance donne lieu la plupart du temps à une structure organisationnelle duale pour l'appréhender. Le risque de contrepartie sur le portefeuille financier est placé sous la direction des marchés financiers et/ou la gestion actif/passif (*Asset Liabilities Management*), alors que le risque de contrepartie sur le portefeuille commercial est placé sous la tutelle de la direction des engagements ou des risques. Pour être exhaustif sur les éléments composant le risque de crédit, il est possible d'inclure le risque pays, mais il constitue une forme particulière ; en ce sens qu'il est indépendant de la situation des débiteurs. Il provient de l'incapacité ou du refus d'un pays à fournir les devises nécessaires pour satisfaire les engagements financiers externes de l'État ou des agents économiques privés solvables opérant dans ce pays. Là encore, le risque pays est présent au niveau des différentes formes de financement, qu'il s'agisse de créances non négociables ou de titres de portefeuilles d'investissement ou de négoce.

développé des approches *Risk Adjusted Return On Capital*, identifiables sous l'acronyme RAROC. Au-delà de la quantification du risque, ces approches permettent aussi de définir la rentabilité ajustée au risque, offrant ainsi un outil de négociation au réseau commercial de la banque. Les approches RAROC, qui ont servi de référence à l'élaboration du nouvel accord de Bâle sur le risque de crédit, seront successivement présentées avant de voir les conséquences pour l'organisation des établissements.

2.1. La quantification du risque de crédit

L'exposition au risque de contrepartie se mesure dans de nombreux établissements de crédit français par des procédures assez classiques d'évaluation de la qualité des créances au regard des incidents de remboursement qu'il enregistre. Ainsi, chaque banque dispose d'outils comme la cotation, le *scoring* ou la segmentation lui permettant de mesurer *a priori* la qualité du risque. À cette dimension instrumentale de l'exposition au risque s'ajoute une dimension organisationnelle consistant à définir de la manière la plus transparente possible le périmètre d'activité de chaque intervenant de la chaîne octroi de crédit. Si ce genre de dispositif a fait ses preuves en matière de sécurité, la dimension rentabilité demeurait assez abstraite. Les établissements de crédit français se sont donc tournés vers des méthodes développées dans les pays anglo-saxons permettant de développer une stratégie axée à la fois sur la sécurité et la rentabilité d'un portefeuille de créances.

Depuis les années 1970, la Bankers Trust développe la méthode RAROC, présentée comme un instrument assurant un meilleur pilotage de la rentabilité et susceptible d'optimiser la charge en fonds propres réglementaires. La première application de la méthode RAROC en France a été réalisée par le Crédit Lyonnais sous le nom OR2, pour optimisation risque/rentabilité, sur un segment pour lequel il est difficile d'estimer le risque de crédit : celui des PME. L'introduction de cette méthode au sein du Crédit Lyonnais répond à un processus de rationalisation suite aux conséquences désastreuses de la politique d'expansion effrénée menée par cet établissement entre 1989 et 1993.

Principes de la méthode RAROC. La méthode RAROC a cette spécificité de permettre une bonne évaluation du coût du risque ainsi que l'élaboration d'un système d'allocation des fonds propres au plus juste. La méthode RAROC se place donc dans une optique d'optimisation du couple rentabilité/risque en privilégiant deux notions clés :

- La prise en compte du coût moyen du risque : pour éviter que pour une même rémunération le risque encouru puisse fluctuer de manière disproportionnée comme c'est souvent le cas dans les PME, il est nécessaire, dès la prise de décision, de quantifier la probabilité de non-remboursement, c'est-à-dire la valeur actuelle d'un coût futur et aléatoire ;
- L'évaluation des fonds propres économiques : la méthode repose sur le principe que les pertes maximales (c'est-à-dire les pertes inattendues déviant de la perte moyenne) liées aux crédits octroyés doivent être couvertes par des fonds propres qui sont qualifiés de « fonds propres économiques » (par opposition aux fonds propres comptables). Allouer des fonds propres économiques vise à maintenir l'activité bancaire dans un climat difficile avec un haut niveau de sinistralité et un contexte concurrentiel tendu.

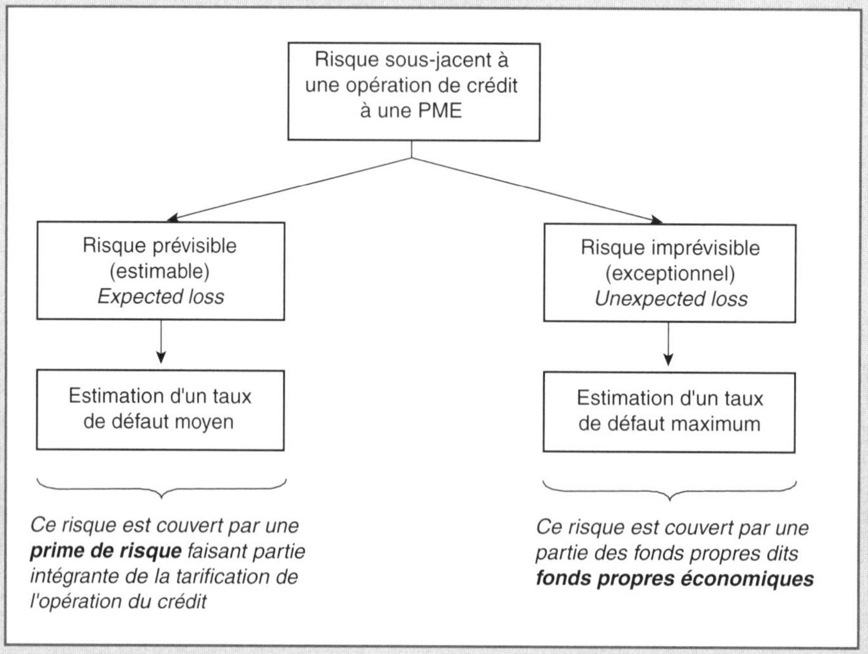

Figure 2.1 – La dissociation du risque de crédit par la méthode RAROC.

Finalement, la méthode RAROC consiste à dissocier le risque sous-jacent à une opération de crédit en un risque prévisible et un risque exceptionnel (au sens d'inattendu) (voir figure 2.1).

Comme l'évoque JM Figuet (voir chapitre 1), le risque prévisible correspond à un défaut moyen auquel il faut s'attendre par rapport à un taux de sinistralité constaté sur le segment de clientèle auquel est rattachée l'opération de crédit étudiée. Cette perte moyenne a pour vocation d'être couverte *ex ante* par les revenus générés par le crédit. En d'autres termes, elle doit être incluse dans la tarification du crédit en question, afin que les flux provenant du remboursement permettent de couvrir cette perte. Le risque imprévisible au sens où il n'existe pas de raison *a priori* qu'il surgisse correspond à des pertes inattendues, déviant de la moyenne. Il s'agit pour la banque d'affecter un montant de fonds propres permettant de couvrir la différence entre le montant de cette perte maximale et le montant de la perte moyenne.

Une première difficulté dans l'utilisation de la méthode RAROC réside dans l'estimation du risque prévisible et plus précisément de la perte moyenne associée. Cette dernière se doit d'être constatée de manière statistique sur un type de client donné pour un type de crédit déterminé. Il s'agit ici d'un premier niveau de difficulté. La banque se doit d'avoir à sa disposition une base de données historiques très riche et constituée au fil du temps. Les coûts associés sont très importants pouvant inciter à une construction moins rigoureuse donnant naissance à des biais statistiques dans l'estimation du taux de défaut moyen par segment de clientèle.

La perte moyenne se calcule à partir des trois probabilités : *Expected Default Frequency, Exposure at Default, Loss Given Default* (voir Figuet, *supra*). Elle peut être exprimée en valeur ou traduite en points de base qui devront être ajoutés au taux d'intérêt moyen auquel la banque se refinance ainsi qu'aux frais d'exploitation sous-jacents. Cela s'inscrit dans le cadre de la recommandation du CRBF 97-02 selon laquelle les banques doivent tarifer en prenant en compte l'ensemble des coûts liés à une opération de crédit, soit le coût de la ressource (taux moyen de refinancement), le coût du risque et les charges de gestion ou coûts opérationnels.

L'estimation du risque imprévisible (c'est-à-dire de la perte inattendue) constitue la seconde difficulté et apparaît encore plus complexe dans la mesure où la banque est dans l'obligation de mêler les approches historiques (bases de données internes) et paramétriques (identification de la loi de distribution des pertes). L'estimation de la perte maximale exige également la définition d'un seuil de confiance donné et accepté, comme dans le cadre de la VaR. Alors que pour représenter le risque de marché la loi normale est communément utilisée, son utilisation dans le cadre de la quantification du risque de crédit est délicate. En effet, la propriété de la loi normale assignant des probabilités faibles aux valeurs extrêmes ne se retrouve pas dans les lois décrivant le risque d'un portefeuille de crédit ; au contraire pour des pertes très lourdes, les probabilités restent élevées (de Servigny et Zelenko, 2003). Cette caractéristique est le résultat d'un marché du crédit imparfait (problème d'illiquidité) et/ou inefficient (asymétrie d'information).

Utilisations de la méthode RAROC. Les approches de la méthode RAROC peuvent se faire à deux niveaux : au sein d'une cellule de risque ou auprès de la sphère commerciale. Quelle que soit l'approche, elles reposent toutes les deux sur la formule

$$RAROC = \frac{Recettes - Perte\ moyenne}{Fonds\ Propres\ \acute{E}conomiques}$$

- La méthode RAROC peut constituer un outil de gestion actif/passif (*Asset Liabilities Management*) pour gérer le risque. L'approche est alors globale et qualifiée de financière. Utilisée par les cellules de management du risque (*Risk Management*), elle porte sur un segment de clientèle, un secteur d'activité, une agence ou une division. L'approche repose fortement sur les apports de la théorie moderne du portefeuille de Markowitz appliquée au bilan bancaire. L'objectif de la méthode est de mesurer la contribution d'un engagement au risque du portefeuille compte tenu du profil de risque de la banque. La logique d'une utilisation globale de la méthode RAROC est fidèle au principe ayant régi sa construction : évaluer les risques et les confronter à la rentabilité générée pour décider d'une réallocation différente des risques. Cependant, l'existence d'une opération insuffisamment rentable peut très bien se justifier. Cette opération peut constituer une couverture en vertu du principe de diversification. Des actifs peuvent être négativement corrélés et permettre une diminution du risque global dans la mesure où la variation ne répond pas aux mêmes causes. Au risque de vulgariser cette pratique, il semble nécessaire pour une banque d'avoir dans son portefeuille crédit aux PME une partie concernant des entreprises ayant une activité traditionnelle et une autre partie centrée sur les nouvelles technologies. Au-delà de l'application du principe de diversification, la cellule *Risk Management* peut utiliser des techniques de gestion active de portefeuille afin de réduire la consommation de fonds propres, en ce sens que ces techniques permettent de réduire, voire d'éliminer, les pertes exceptionnelles en cas de survenance. La titrisation synthétique ou le recours à des dérivés de crédit ont pour objectif de rapprocher le portefeuille de créances bancaires de la frontière efficiente, c'est-à-dire d'optimiser le couple rentabilité/risque.

- L'autre utilisation est plus locale. Il s'agit d'une approche transactionnelle en ce sens que la méthode RAROC est mise à disposition de la sphère commerciale. L'objectif de l'instrument est de donner des informations concernant le risque et la rentabilité prévisionnels au moment de l'examen du dossier de crédit (Bourdon, Chaptal et Roger, 1997). La méthode RAROC à l'usage du promoteur commercial vise donc à plus de rationalité dans la procédure d'octroi de crédit en rendant plus transparente la négociation. Il y a de fait une meilleure gestion des fonds propres dans la mesure où le calcul systématique de la rentabilité prévisionnelle nette de risque permet d'ajuster la rentabilité des fonds propres en priorité au niveau de l'opération sollicitée, mais aussi de tenir compte de tous les engagements du client. Dès lors que la seule activité de crédit est difficile à rentabiliser, les autres revenus et le potentiel de développement futur de la relation sont pris en compte.

Encadré 2.3

Illustration de la méthode RAROC

	Entreprise A	**Entreprise B**
Marge commerciale	0,50 %	0,20 %
RAROC = (Recettes – Perte moyenne) / Fonds propres économiques	5,55 %	10,75 %

Le calcul de la rentabilité prévisionnelle nette de risque met en évidence l'intérêt de l'opération avec l'entreprise B par rapport à celle avec l'entreprise A. Concernant cette dernière opération (entreprise A), le chargé d'affaires, s'il estime la rentabilité insuffisante, peut tenter de diminuer l'exposition nette en prenant par exemple des garanties ou augmenter la marge commerciale.

Source : Adapté de Mikdashi Z. (1998), p. 191.

2.2. La couverture du risque de crédit

Le risque de crédit a été le premier risque bancaire et financier placé au centre de la réglementation prudentielle. En 1988, le comité de Bâle sur le contrôle bancaire recommande aux institutions financières de respecter le ratio de solvabilité Cooke, selon lequel le rapport entre fonds propres réglementaires sur actifs pondérés doit être d'au moins 8 %. Avec l'évolution du système financier, l'approche mécanique et quantitative du ratio Cooke a donné lieu à des aberrations générant des situations de dissonance entre capital économique et capital réglementaire. Dès 1998, le comité de Bâle a lancé des groupes de travail sur la réforme de ce ratio avec comme objectif sous-jacent une convergence entre le capital économique et le capital réglementaire. La préoccupation du comité de Bâle a été d'aligner le dispositif prudentiel sur les meilleures pratiques de la profession bancaire, notamment en matière d'estimation du risque de crédit. La méthode RAROC a ainsi servi de référence à l'élaboration du nouvel accord de Bâle concernant la couverture du risque de crédit. Des limites techniques n'ont pas permis d'atteindre l'objectif de laisser à chaque établissement la liberté de construire sa formule d'estimation des fonds propres prudentiels, comme c'est le cas pour le risque de marché (Santos, 2000). Finalement, les approches *Full Models Approach* (extension aux risques de crédit de l'approche par les modèles internes, agréée pour les risques de marché) et *PreCommitment Approach* (engagement *ex ante* de chaque banque à un niveau de perte maximum, avec pénalité en cas de constat *ex post* d'un dépassement) ont été repoussées pour consacrer l'approche *Internal Rating Based Approach* (IRBA).

Les approches Notations internes se rapprochent des modèles d'allocation de capital économique développés par les banques les plus avancées. Conformément au principe de la VaR, elles permettent de déterminer le niveau des fonds propres nécessaires pour qu'une banque ne fasse pas défaut sur un type de crédit à un horizon de temps fixé (un an) et avec un intervalle de confiance déterminé (99,9 %). Il existe une similitude entre les approches Notations internes concernant le risque de crédit et l'approche VaR pour les risques de marché sans pour autant qu'il y ait équivalence dans la mesure où l'IRBA n'autorise pas l'utilisation de modèles internes.

Tout comme pour le traitement des risques de marché à l'aide des modèles internes, l'utilisation des approches Notations internes est susceptible de procurer une prime « réduction de fonds propres » aux établissements en mesure de les mettre en œuvre. Étant donné que les approches Notations internes s'appuient sur des données produites en interne qui sont intégrées aux fonctions de pondération de Bâle II, leur mise en œuvre se fera forcément de manière variable. Pour garantir des comparaisons significatives entre banques, le Comité a établi des critères minimaux pour être admis à utiliser les approches NI, qui recouvrent l'exhaustivité et l'intégrité des capacités internes d'évaluation du risque de crédit par les banques.

3. Le double défi stratégique et organisationnel de la quantification des risques de marché et de crédit

La réforme de la réglementation prudentielle avec l'application à partir de 2006 des accords de Bâle II met au cœur de la maîtrise des risques la *Value-at-Risk* pour le risque de marché et la méthode RAROC pour le risque de crédit. En effet, le fait de ne pas posséder de tels instruments peut se révéler préjudiciable pour un établissement en termes de compétitivité (voir section 3.1). Néanmoins, si posséder des techniques analytiques appropriées de mesure des risques est une condition nécessaire, elle est loin d'être suffisante. Pour qu'elle soit performante en matière de maîtrise des risques, les établissements se doivent de veiller à ce que ces instruments, aussi complexes soient-ils, fassent l'objet d'une appropriation par les acteurs de l'organisation, c'est-à-dire qu'ils soient utilisés pour structurer leurs actes de gestion au quotidien (voir section 3.2).

3.1. Les instruments de quantification : un facteur de compétitivité

Dans le cadre des accords de Bâle II, le choix est laissé aux établissements de recourir soit à une approche forfaitaire du montant des fonds propres réglementaires, soit à une approche prenant appui sur un modèle interne pour le risque de marché et sur des notations internes pour le risque de crédit. Retenir l'une ou l'autre approche n'est pas neutre en termes de compétitivité pour un établissement, dans la mesure où le comité de Bâle a doté le choix des meilleures pratiques d'une structure incitative forte. En effet, l'utilisation d'un modèle interne pour le risque de marché et d'une méthode de notation interne pour le risque de crédit peuvent permettre aux établissements de crédit de bénéficier d'une « prime » – réduction de fonds propres réglementaires (Delarue, 2002) ; réduction qui pourra être affectée au développement de stratégies commerciales plus agressives en vue d'accroître les parts de marché. Par exemple dans le cadre de l'évaluation du risque de crédit et selon une étude d'impact de la Commission bancaire, les estimations des exigences en fonds propres relatives seraient inférieures de 2,5 % pour les banques adoptant l'approche Notations internes simple et de 5 % pour celles optant pour l'approche Notations internes complexe par rapport à l'utilisation de la méthode standard révisée.

Derrière cette structure incitative forte prônant l'adoption des techniques les plus sophistiquées pour quantifier les risques existe un risque d'éviction du jeu concurrentiel pour certains établissements. Les banques disposant des moyens nécessaires pour développer ou se doter des techniques les plus sophistiquées bénéficieront d'un avantage comparatif fort. Elles pourront affecter l'économie de fonds propres réalisée au développement du fonds de commerce en déployant de nouvelles activités et en accroissant de manière sensible la rentabilité. En revanche, les banques recourant aux méthodes de calcul forfaitaire des fonds propres, faute de moyens suffisants pour adopter les meilleures pratiques, verront leur activité plafonnée, car elles seront moins énergiques dans leur négociation et plus adverses aux risques liés aux emprunteurs les moins liquides. Ces dernières deviendront alors des proies faciles pour les grands établissements, et il devrait en résulter une refonte du paysage bancaire français avec une accélération du processus de concentration du secteur (fusions, acquisitions ou adossements à de grands réseaux bancaires).

Le fait de posséder des instruments de quantification, tels que la VaR pour le risque de marché et la méthode RAROC pour le risque de crédit, constitue donc un avantage concurrentiel si l'on considère que toutes les banques ne seront pas en mesure de les mettre en œuvre à l'aune de 2006 – date d'entrée en vigueur du nouvel accord de Bâle. Néanmoins, cette affirmation se doit d'être modérée. Le fait de posséder de tels instruments de quantification est une condition nécessaire à la maîtrise des risques mais certainement pas une condition suffisante.

3.2. Une nécessaire appropriation des instruments : la banque face à un défi organisationnel

L'efficacité des instruments de gestion, c'est-à-dire leur capacité à répondre à des problèmes auxquels les acteurs sont confrontés dans leurs actes de gestion, dépend de l'aptitude des acteurs à se les approprier. Toute organisation se doit d'aller au-delà de la simple possession de l'instrument pour l'intégrer au sein de l'action organisée.

Pour posséder des instruments de quantification des risques, tels que la VaR ou la méthode RAROC, les établissements ont globalement deux solutions. Soit ils ont recours aux services de sociétés commerciales spécialisées dans le développement de tels instruments, soit ils les développent eux-mêmes. La première solution est risquée en termes d'appropriation par les acteurs. En effet, les sociétés commerciales proposent des solutions « standard » applicables à un grand nombre d'établissements. Le risque sous-jacent est que l'instrumentation soit perçue par les acteurs comme manquant de transparence quant aux principes ayant régi sa construction et aux résultats produits. Il peut en résulter son détournement, voire un rejet dans le pire des cas. Ce risque est d'autant plus grand dans le cas des instruments de quantification des risques que sont la VaR et la méthode RAROC. En effet, la complexité de leurs modèles sous-jacents les rend rigides et offre peu de latitude aux utilisateurs pour modifier des paramètres qu'ils trouvent insatisfaisants. Cette opacité est compréhensible dans la mesure où les sociétés commercialisant ces instruments souhaitent dissimuler de nombreux aspects de leur méthodologie, afin d'éviter le plagiat par des concurrents ou par les banques elles-mêmes. Dès lors, il peut exister un sentiment de frustration chez les acteurs conduisant à une sous-utilisation de l'instrument.

Afin d'éviter une telle situation, le choix d'un développement interne des instruments de quantification des risques apparaît comme une meilleure solution en matière d'appropriation de ceux-ci par les acteurs de l'organisation. Le déploiement de tels instruments suppose que l'ensemble des banques, quelle que soit leur taille[5], se dote d'un département « risques » aux compétences élargies. Ce département aurait pour finalité la gestion du risque global bancaire (*Global Risk Management*), ce qui sous-tend comme missions de produire avec une certaine périodicité des rapports d'évaluation sur les composantes du risque global bancaire, de doter l'établissement d'instruments de quantification des risques nécessaires, d'assurer une communication ascendante et descendante en matière de résultats vis-à-vis du respect des limites de risques et de vérifier la fiabilité des modèles de quantification. Un tel élargissement permettrait de doter le département « risques » d'équipes quantitatives (mathématiciens, statisticiens) capables de développer avec les informaticiens des instruments de quantification propres à la structure. Dans le cadre de campagnes régulières de communication, les gestionnaires du département pourraient alors expliquer leur construction et leurs principes dans le détail tant au niveau du modèle sous-jacent qu'au niveau de la production des résultats. Une telle organisation permettrait de faire en sorte que la maîtrise du risque devienne une procédure cognitive collective au sein de l'établissement et pas le seul fait d'individus plus sensibilisés à la question (Lamarque, 2003).

Au-delà de son appropriation par les acteurs, l'efficacité de la VaR et de la méthode RAROC dépend des données qui sont intégrées dans le modèle, donc des méthodes d'historisation des données sous-jacentes. Il est alors impératif pour les banques de développer un système d'information susceptible de centraliser au sein du département « risques » l'ensemble des données nécessaires à la quantification et à la gestion des risques bancaires. Le développement d'un *data warehouse* semble constituer la solution

5. Dans le cas d'établissements de taille trop modeste pour mettre en place un tel département, il est recommandé de mutualiser les services avec d'autres établissements de taille comparable et proches géographiquement.

la plus pertinente car, en plus de répondre au besoin de centralisation de l'information, le système permet de diffuser à l'ensemble des services des informations homogènes sur la base d'une évaluation du capital cohérente à toute la banque. Dans la mesure où le système d'information sera principalement alimenté par les données recueillies par le front-office, l'idéal est de construire un *data warehouse* pouvant également servir de support transactionnel. Les applications des personnels du front-office devraient directement fonctionner sur l'entrepôt global de données. Cela suppose des contrôles fréquents sur la pertinence des informations saisies et sur le respect des schémas délégataires en matière de risques, afin que la base de données ne soit pas polluée par des informations non pertinentes remettant en cause les modèles sous-jacents aux instruments.

Conclusion

La sophistication et la complexité des instruments de quantification des risques bancaires placent les banques devant un double défi stratégique et organisationnel. Il leur sera très rapidement impératif de se doter d'instruments de quantification tels que la VaR pour le risque de marché et la méthode RAROC pour le risque de crédit. Mais de tels instruments ne pourront apporter un avantage concurrentiel que dans la mesure où les acteurs auront les capacités de se les approprier. L'appropriation place les banques devant un défi organisationnel de taille : créer un département « risques » aux compétences élargies et doter l'établissement d'un système d'information reposant sur un *data warehouse* à application transactionnelle. L'enjeu est de taille et ne sera pas un aboutissement puisqu'il restera alors à mettre le système sous contrôle, grâce notamment à des études d'impact et à un développement des missions des services de contrôle interne.

Bibliographie

Banque de France (1998), *Livre blanc sur la mesure de la rentabilité des activités bancaires*, Commission bancaire, Banque de France.

Bourdon A., Chaptal P. et Roger C. (1997), « L'approche RAROC s'adapte à la clientèle PME », *Banque*, n° 585, p. 31-33.

Chaptal P. et Preteseille P. (1999), « Méthode RAROC. De la théorie à la pratique », *Banque Magazine*, n° 605, juillet-août, p. 52-54.

De Servigny A. et Renault O. (2003), « Modèles de portefeuille de crédit : un succès en demi-teinte ? », *Banque Magazine*, n° 653, décembre, p. 48-49.

De Servigny A. et Zelenko I. (2003), *Le Risque de crédit. Nouveaux enjeux bancaires*, 2e édition, éditions Dunod.

Errera J.M. et Jimenez C. (1999), *Pilotage bancaire et contrôle interne*, éditions Eska.

Godowski C. (2004), « Le nouvel accord de Bâle est-il porteur d'un risque d'éviction ? », *Banque Stratégie*, n° 217, juillet-août, p. 12-17.

Lamarque E. (2003), *Gestion bancaire*, éditions Pearson Education France.

Mikdashi Z. (1998), *Les Banques à l'ère de la mondialisation*, éditions Economica.

Moumni N. et Rifai A. (2002), « La Pertinence du contrôle interne du risque de marché : portée et limites de la VaR », *Banque et Marchés*, septembre, p. 52-60.

Walter C. et Feghali R. (2000), « Value-at-Risk. Du modèle de risque au risque du modèle », *Banque Magazine*, n° 614, mai, p. 30-33.

Chapitre 3

Le risque opérationnel : quelle stratégie pour les banques ?

Frantz Maurer[1]
Université Montesquieu-Bordeaux IV, Creff, Ifrege

Les organisations du secteur bancaire sont confrontées à des challenges d'importance dans leur quête de solutions efficientes afin de mieux gérer et contrôler le risque opérationnel. Les événements de septembre 2001 aux États-Unis ont marqué un tournant dans la prise de conscience de la réalité du risque opérationnel. L'attaque terroriste du World Trade Center a également révélé la vitesse de propagation de ce type de risque. Les nombreux dysfonctionnements et/ou défaillances du système bancaire américain qui s'ensuivirent (Bank of New York's Government Securities Settlement Systems) ont en effet impacté un nombre considérable d'institutions financières à travers le monde. Aujourd'hui, le risque opérationnel a largement dépassé le cadre restreint de l'organisation bancaire, et concerne désormais le secteur financier dans sa globalité. Ce changement d'échelle s'accompagne inévitablement d'une montée en puissance des risques opérationnels, en particulier ceux liés à l'erreur humaine, la fraude, et l'environnement légal et réglementaire.

Dans le même temps, la nécessité d'adopter des mesures plus strictes de surveillance et de contrôle du risque fait l'objet d'une attention croissante de la part des autorités de régulation, entraînant de fait une exigence accrue vis-à-vis des établissements bancaires. L'action simultanée de ces différentes sources de pression devrait contraindre les institutions financières à choisir dans les prochaines années une approche intégrée et robuste du risque opérationnel. Bien que la BIS (Bank for International Settlements) ait repoussé à fin 2006 la date de mise en œuvre effective du nouvel accord de Bâle (Bâle II), les institutions financières devraient considérer ce délai supplémentaire comme une véritable opportunité d'implémenter une approche plus stratégique de la gestion du risque opérationnel.

Les institutions financières devront choisir l'une des trois approches définies par l'accord de Bâle II, afin de déterminer leur capital réglementaire. Cependant, la version actuelle de cet accord contient peu d'indications sur la manière d'évaluer ce montant concrètement. Parmi les trois approches disponibles, celle de l'indicateur basique (*Basic Indicator Approach*) est uniquement disponible pour les petites organisations et n'est pas autorisée

---

1. L'auteur souhaite remercier les consultants du département Risk Management and Basel II d'IBM pour avoir mis à sa disposition un nombre important de documents internes. Ce texte a en outre bénéficié de nombreux commentaires de leur part tout au long de sa rédaction.

pour les institutions financières actives sur le plan international. L'approche standardisée (*Standardised Approach*) exige une décomposition du risque par segments d'activité, et le calcul du capital réglementaire est basé sur le revenu brut par segments d'activité pondéré d'un facteur de risque fixe. Enfin, l'approche de la mesure interne (*Internal Measurement Approach*, IMA), la méthode la plus sophistiquée, est encore, pour le moment, en phase d'élaboration et donc susceptible d'évoluer notablement. De structure identique à celle de l'approche standardisée, l'approche IMA adopte un indicateur de risque, non pas fixe mais basé sur une mesure quantifiée du risque. Dans ce chapitre, nous envisagerons principalement les challenges liés à l'implémentation de l'approche IMA, tant il est probable que la plupart des banques importantes l'adopteront tôt ou tard.

Mesurer précisément le risque opérationnel est assez complexe. Par exemple, comment tenir compte d'un désastre naturel qui peut survenir une fois par siècle ? Et quels types de données faudrait-il alors recueillir ? La qualité du modèle dépend étroitement de la qualité de la stratégie de recueil des données. Sur ce point, l'une des difficultés majeures est de relier gestion des données et mesure du risque opérationnel. La gestion dynamique de cette « dépendance circulaire » entre le modèle et les données est cruciale dans le cadre de l'implémentation d'un programme efficient de gestion du risque opérationnel.

Bien que le choix d'une méthodologie de quantification du risque opérationnel fasse encore l'objet de nombreux débats, un consensus semble émerger autour de l'utilisation d'une méthode fondée sur la modélisation de la perte (*loss modelling method*). Les modèles associés sont dérivés d'un historique de données de pertes dues au risque opérationnel. Afin de se conformer aux exigences de l'approche avancée définie par l'accord de Bâle II, les institutions financières devront rassembler des données sur un intervalle de temps raisonnable (Bâle II recommande trois années d'historique). Cela signifie que les banques doivent initier sans délai un processus de recueil des données si elles veulent pouvoir utiliser leurs modèles internes en 2006.

La dépendance circulaire entre les données et le modèle de risque doit également être prise en compte lorsqu'il s'agit de développer une méthodologie globale de mesure du risque opérationnel. Le passage de la mesure à la gestion d'ensemble du risque opérationnel n'est pas une tâche aisée. La question de la mesure du risque réglée, l'étape suivante consiste à automatiser tous les processus IT liés à la gestion du risque opérationnel. La collecte et le stockage des données, la mesure et la gestion active du risque opérationnel ainsi que le développement d'un reporting efficace doivent s'intégrer dans un ensemble structuré et cohérent.

La gestion efficiente du risque opérationnel impose donc d'appréhender le problème globalement, en intégrant l'organisation de l'établissement financier, les processus de gestion de ses activités et l'ensemble des données relatives au risque opérationnel. Les institutions financières doivent donc abandonner leur vision fragmentée en termes de « silos fonctionnels » et s'investir dans une approche plus intégrée du risque opérationnel. Certes, mais définir et implémenter une stratégie globale de gestion du risque opérationnel est probablement l'un des défis les plus difficiles que les organisations bancaires devront relever dans un avenir proche. À cet égard, on peut dénombrer trois principaux challenges pour les institutions financières :

- identifier et traiter les données du risque opérationnel ;

- mesurer le risque opérationnel ;
- implémenter une stratégie de risque opérationnel.

Ce chapitre considère successivement ces trois aspects.

1. L'identification et le traitement des données du risque opérationnel

Les pertes « opérationnelles » ou générées par la réalisation d'un risque opérationnel proviennent d'un grand nombre de causes différentes. Dans un premier temps, il est par conséquent essentiel d'identifier celles auxquelles la banque sera le plus probablement exposée et les données qu'il faut recueillir. Une fois les différents risques opérationnels identifiés et les données associées rassemblées, il est possible de construire un véritable historique de données du risque opérationnel, dans la plupart des cas, en combinant données internes et externes.

1.1. Les différents risques opérationnels

Les exemples suivants illustrent les principales réalisations du risque opérationnel :

- erreurs de transaction ;
- défaillance de systèmes ou processus ;
- perturbation ou interruption d'activité ;
- violation d'information ayant trait à la sécurité, l'intégrité ou la confidentialité ;
- falsification d'identité, piratage et transactions non autorisées ;
- actes ou omissions intentionnels et involontaires ;
- fraude et vol commis par des employés ou des personnes externes ;
- trading délictueux ;
- menaces et attaques terroristes ;
- catastrophes naturelles.

L'examen des principales pertes résultant du risque opérationnel (voir figures 3.1 et 3.2) indique que les plus fréquentes proviennent de pratiques frauduleuses ou de contrôles inadéquats au sein de l'activité commerciale (*retail banking*) des banques. Dans certains cas, ces pertes ont un impact très négatif sur la réputation de la banque concernée, entraînant sa faillite (la Barings en est l'exemple le plus fameux) ou une OPA suite au déclin avéré de son cours de Bourse. Cependant, la fraude ne se limite pas au trading et aux activités non autorisées. D'autres exemples existent.

Détecter le blanchiment d'argent et le financement d'activités criminelles ou terroristes sont désormais des priorités urgentes pour tous les gouvernements. Et il ne fait aucun doute que ces derniers feront pression sur les banques, afin qu'elles renforcent la détection du financement d'activités criminelles, en particulier lorsqu'elles sont liées au terrorisme. De plus en plus de moyens financiers devront être consacrés à la surveillance et au renseignement.

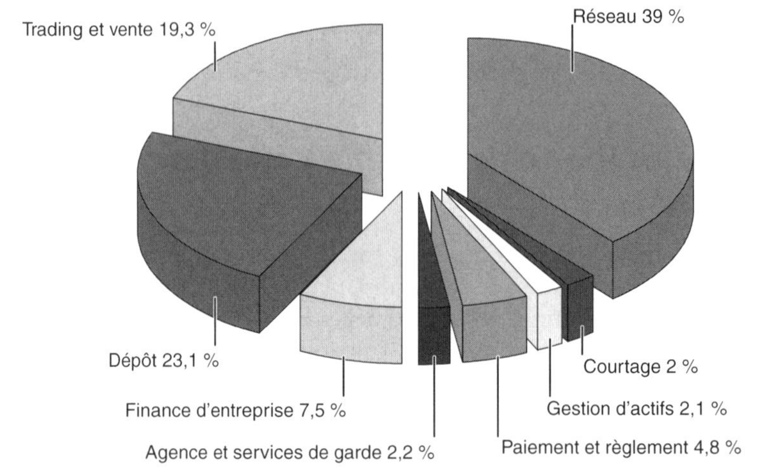

Source : Bank for International Settlement, Quantitative Impact Study (janvier 2002).
Pertes excédant 10 000 euros – 30 banques – Historique de 3 ans.
Perte totale brute : 2 581 987 euros.

Figure 3.1 – Ventilation de la perte totale brute par lignes d'activité, toutes catégories d'événements confondues.

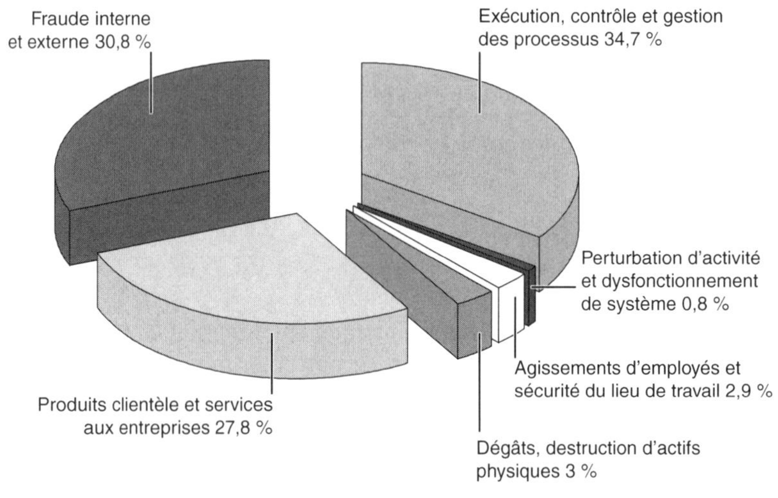

Source : Bank for International Settlement, Quantitative Impact Study (janvier 2002).
Pertes excédant 10 000 euros – 30 banques – Historique de 3 ans.
Perte totale brute : 2 581 987 euros.

Figure 3.2 – Ventilation de la perte totale brute par types d'événements, toutes lignes d'activité confondues.

Une autre source significative du risque opérationnel est associée à des erreurs d'exécution et à des processus inefficients. La plupart des problèmes liés à la gestion des risques qui impactent significativement le fonctionnement des institutions financières est provoquée par les insuffisances/faiblesses des processus de contrôle basiques et/ou des ambiguïtés organisationnelles relatives à l'exercice de la responsabilité et à la propriété. Elles incluent, notamment, les procédures d'agrément, de révision, de signature et de surveillance de la conformité des opérations. Les organisations financières ont besoin d'outils et de méthodes pour implémenter ces différentes procédures. Elles doivent disposer d'une méthodologie globale permettant de faire le lien entre les décisions prises par le management et la réalité quotidienne des processus à l'œuvre au sein d'une structure organisationnelle complexe.

Enfin, le risque opérationnel est également lié à la technologie. L'exigence croissante en matière de vitesse de traitement et de transmission des volumes de trading toujours plus importants, une gestion des données intensive, des temps de réponse toujours plus faibles et des contraintes de sécurisation de plus en plus lourdes sont quelques exemples révélateurs des nouveaux défis en termes d'infrastructure et de technologie que les banques vont devoir relever très prochainement. Lorsque le facteur technologique est en surtension, les accidents surviennent.

Une fois identifiés, les facteurs de risque opérationnel doivent être catégorisés dans différents groupes. Cette classification facilitera l'agrégation des pertes et du risque entre les segments d'activité. Cette catégorisation est à l'évidence spécifique à chaque organisation. Il est cependant vraisemblable qu'une classification générique des données du risque opérationnel émerge dans un proche avenir. À titre d'illustration, la figure 3.3 présente la catégorisation des risques opérationnels retenue par l'association des banques britanniques.

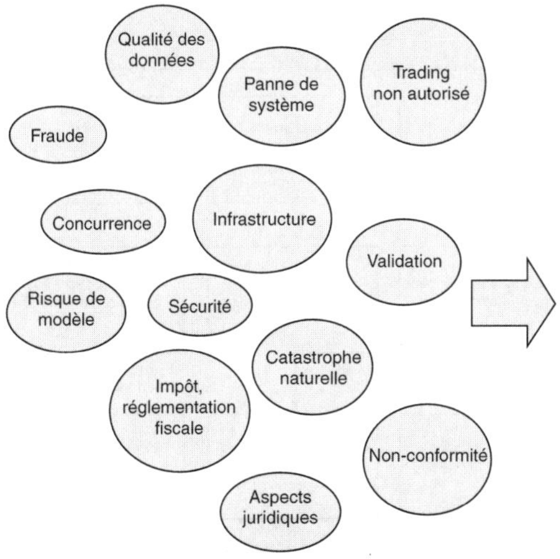

Employés	Fraude/dommage/sabotage
	Activité/trading non autorisé/action délictueuse
	Législation du travail
	Perturbation/interruption de l'activité du personnel
	Changement d'équipe dirigeante
	Perte ou manque de personnel clé
Processus	Paiement/risque sur opérations de liquidation
	Risques de contrat
	Valorisation/pricing
	Reporting et conformité interne/externe
	Risque de projet
	Risques liés à l'activité commerciale
Système	Risque lié à l'investissement technologique
	Implémentation de systèmes et développement
	Capacité des systèmes
	Défaillance des systèmes
	Violation des sécurités de systèmes
Externe	Responsabilité juridique/judiciaire
	Activités/actions contraires aux lois
	Risque lié à l'externalisation
	Risque lié à l'insourcing
	Sinistres et défaillance de l'infrastructure réseau
	Risque réglementaire
	Risque gouvernemental/politique

Figure 3.3 – Catégorisation du risque opérationnel.

Source : « IBM's Risk Management and Basel II Practice », document interne.

1.2. Les données du risque opérationnel

Le recueil des données relatives au risque opérationnel ne va pas sans poser un certain nombre de difficultés, notamment en raison d'un volume de données à rassembler considérable. La catégorisation des données du risque opérationnel facilite grandement la tâche des institutions financières qui souhaitent identifier plus précisément ce type de risque.

Difficultés liées au recueil des données. L'objectif ultime de n'importe quel programme de gestion des risques est d'estimer l'exposition potentielle à des événements futurs et incertains et de permettre une prise de décision informée, basée sur ce programme, afin de réduire ces risques. L'évaluation précise des sources de risque opérationnel et de leur impact sur l'activité d'une banque exige un ensemble de données très vaste. Par exemple, estimer la probabilité d'occurrence d'une déperdition d'énergie au sein d'une institution financière requiert d'intégrer des données sur la fiabilité du fournisseur d'électricité, des données sur le plan d'urgence adopté par la banque dans cette situation et des données relatives aux conséquences de ce type d'incident/accident sur le fonctionnement de cette institution.

Une représentation graphique de la séquence de recueil des données du risque opérationnel est proposée à la figure 3.4. Premièrement, les facteurs clés du risque opérationnel doivent être identifiés et catégorisés. Deuxièmement, les données du risque opérationnel (incluant les données de pertes et toutes autres données pertinentes susceptibles d'expliquer ces pertes) doivent être réunies. Troisièmement, le modèle de données doit être spécifié, afin de représenter le plus exactement possible les relations de cause à effet. Quatrièmement, un historique des pertes opérationnelles doit être créé. Enfin, les modèles de risque opérationnel doivent être dérivés de l'analyse statistique de ces données. La prise en compte de la dépendance circulaire entre ces différentes étapes est probablement la difficulté majeure qui se pose lorsqu'il s'agit de définir et d'implémenter l'infrastructure d'une gestion robuste des données du risque opérationnel.

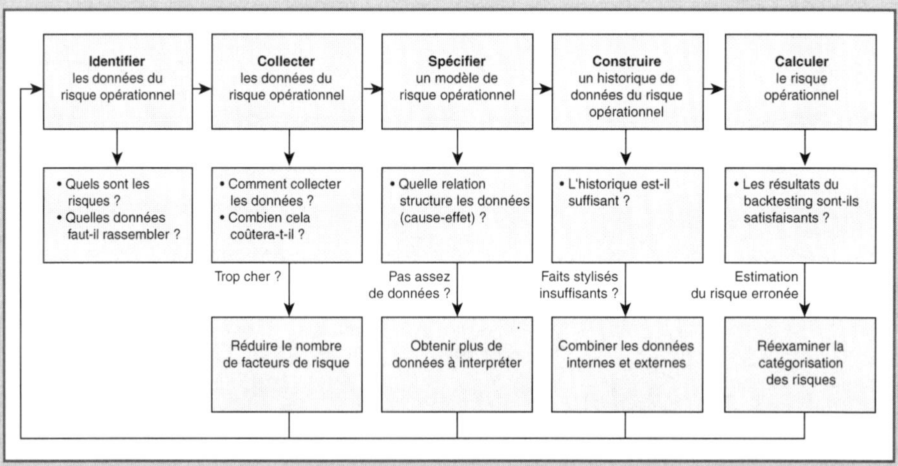

Figure 3.4 – Séquence de recueil des données du risque opérationnel.

Source : « IBM's Risk Management and Basel II Practice », document interne.

Une autre difficulté liée au recueil des données du risque opérationnel est qu'il nécessite de réunir des inputs d'origines multiples et rattachés à différents domaines d'expertise. Bien qu'un volume important d'informations utiles soit déjà en place dans les systèmes bancaires typiques (par exemple, les systèmes de risque de crédit et de risque de marché), il est virtuellement impossible de recenser manuellement toutes les sources pertinentes du risque opérationnel. Le nombre de systèmes actifs au sein d'une institution financière est en effet trop important. Pour certains d'entre eux, on ne dispose d'aucune information, ce qui rend l'identification manuelle de ces sources particulièrement difficile et le processus de recueil des données extrêmement coûteux.

Les institutions financières vont devoir faire des arbitrages. Inévitablement, toutes les données ne seront pas aisément disponibles. Lorsque les données sont difficiles ou chères à obtenir, il faut envisager de revoir l'analyse afin de parvenir au meilleur compromis entre le coût des données et l'efficacité de la gestion du risque opérationnel. Une approche pragmatique est indispensable, même si elle induit l'adoption de solutions sous-optimales en termes de précision de la mesure des différents risques. Il est préférable pour les banques de se concentrer sur leurs risques principaux, et de le faire bien, plutôt que d'essayer de prendre en compte tous les risques, et de finir par le faire mal.

Principales catégories de données. Trois catégories principales de données du risque opérationnel sont identifiées (voir figure 3.5) :

- les données de perte : ce sont les données associées aux pertes qui résultent de défaillances opérationnelles ;

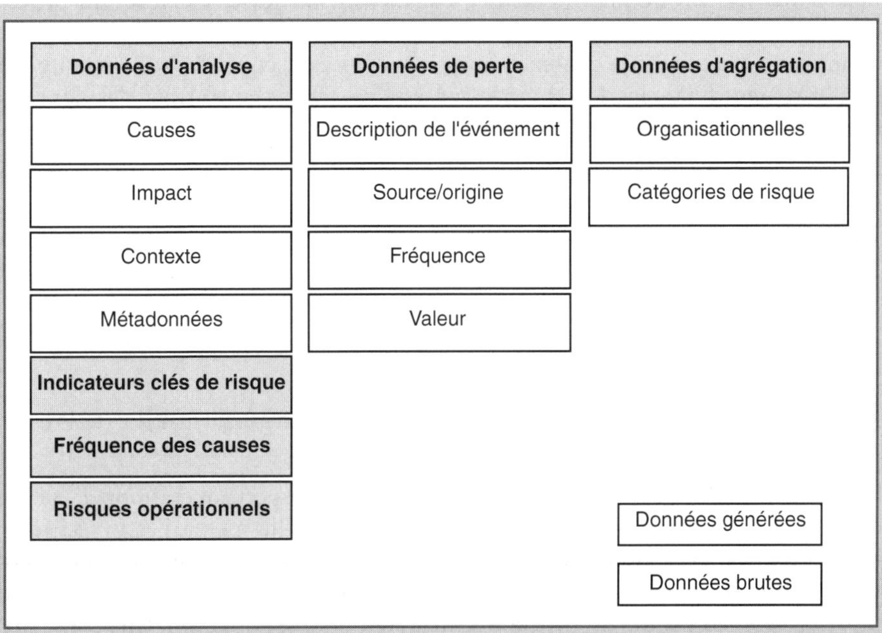

Figure 3.5 – Types de données du risque opérationnel.

Source : « IBM's Risk Management and Basel II Practice », document interne.

- les données d'analyse : ce sont les données nécessaires pour interpréter et analyser les pertes. Elles sont également indispensables afin de lier l'information sur le risque opérationnel à son contexte d'activité et d'assurer une prise de décision optimisée ;
- les données d'agrégation : ce sont les données qui vont permettre une agrégation et un reporting efficaces des résultats relatifs au risque opérationnel.

Données de perte. C'est à partir de ces données de pertes dues au risque opérationnel que sont générées les séries chronologiques et les distributions statistiques. Elles constituent un élément clé du processus de recueil des données et de la détermination du modèle de mesure du risque opérationnel. Il existe quatre types principaux de données de perte :

- la description des pertes causées par la réalisation du risque opérationnel (description de l'événement de perte) ainsi que tous les facteurs explicatifs associés ;
- la valeur de la perte réalisée. Ces données intègrent également le seuil en valeur à partir duquel les pertes doivent être renseignées et enregistrées en vue d'être collectées ultérieurement ;
- la source ou l'origine de la perte. Ces données permettent de situer l'occurrence de la perte dans le système global de gestion du risque. Elles sont donc particulièrement utiles dans le but d'obtenir des informations plus précises sur la perte elle-même ;
- la fréquence des pertes, dérivée de l'historique des données de pertes liées au risque opérationnel.

Données d'analyse. Les données d'analyse constituent un levier essentiel du processus global de décision managériale. Mesurer le risque opérationnel en tant que tel n'a pas grand intérêt si on occulte le contexte, les causes et les conséquences sur l'activité même de l'établissement financier. Les données nécessaires pour transformer des données de perte en information pertinente incluent :

– **Les données sur les causes :** les causes détaillées de la réalisation d'une perte opérationnelle doivent être expliquées, et il est important de distinguer les symptômes (tels qu'une défaillance humaine) des causes *stricto sensu* (telles que l'absence ou l'insuffisance de processus de contrôle adéquats). Par exemple, si une perte est due à une erreur humaine, il est essentiel de comprendre l'ensemble des causes distinctes ayant conduit à cette erreur. La chaîne causale peut être de la forme suivante :

{Perte provoquée par une erreur humaine × Volume d'activité mal maîtrisé (tel le trading) × Processus mal définis × Absence ou insuffisance des systèmes de contrôle}.

– **les données d'impact :** dans certains cas, l'effet d'une perte opérationnelle peut être beaucoup plus important que le montant de la perte elle-même. Les années récentes fournissent un certain nombre d'exemples où les pertes réalisées suite à une erreur de pricing du portefeuille de trading ont provoqué simultanément une chute de près de 20 % du cours du titre et une dégradation de la notation. Une conséquence supplémentaire est l'accroissement du coût d'obtention des ressources financières (causé par la dégradation du rating) et, par voie de conséquence, une politique de développement (comme la stratégie d'acquisitions) et d'investissement ralentie.

L'impact sur la réputation de l'institution financière, quoique difficilement quantifiable, est un autre vecteur pouvant avoir un impact critique sur la performance et la continuité de l'activité.

Une méthodologie robuste de gestion du risque opérationnel ne doit pas se focaliser sur la quantification du risque, mais doit permettre également d'évaluer son impact sur l'activité de l'institution financière. Il faut donc inclure une estimation des impacts financiers du risque opérationnel sur l'activité dans cette catégorie de données d'impact. Ces données pourront être dérivées des corrélations existantes entre les risques opérationnels et leur impact financier. Cependant, spécifier précisément ce type de relations est assez complexe. Il est donc préférable d'envisager dans un premier temps de développer uniquement des relations simples (comme la corrélation entre pertes opérationnelles et mesures globales de rentabilité).

– **Les données de contexte :** il est indispensable de compléter les données de risque avec toute information additionnelle facilitant leur interprétation. Par exemple, il peut être nécessaire pour un responsable du risque opérationnel de comprendre si certains facteurs indirects ont contribué à l'occurrence de la perte, tels qu'une augmentation soudaine du niveau d'activité (comme des volumes de trading plus importants), une modification des conditions économiques (comme un marché baissier), une réorganisation totale de la salle des marchés, un changement radical on non dans la structure de responsabilité du département, etc. Il est aussi important de comprendre comment la perte a été détectée, quelles étaient les procédures de contrôle en place lors de l'occurrence de cette perte et quelle stratégie de protection contre le risque opérationnel était à l'œuvre. La liste exhaustive de ces facteurs explicatifs ou données de contexte dépend bien évidemment de chaque organisation et du niveau de détail de l'analyse souhaité.

– **Les indicateurs clés de risque :** dans certains cas, il est possible d'anticiper les risques opérationnels avant qu'ils ne surviennent. Cela suppose de rassembler différents types de données (ressources humaines, exploitation/fonctionnement, comptabilité/audit, conformité/normes, etc.) qui peuvent être directement liées à une perte potentielle due au risque opérationnel. Par exemple, une perte opérationnelle dans le back-office d'une banque d'investissement peut être associée à plusieurs facteurs :

  - le montant des confirmations du trading d'exotiques réalisé durant la journée ;
  - le volume global du trading de dérivés ;
  - une rupture d'interface entre le front-office et le middle-office en charge du risque.

  En saisissant à temps ces informations, il est possible d'identifier un risque potentiel et d'agir en conséquence avant qu'il ne soit trop tard. Les indicateurs clés de risque ont en fait deux utilisations principales. D'une part, ils peuvent servir à prévoir et détecter des pertes potentielles ; d'autre part, ils permettent d'interpréter les pertes opérationnelles et de comprendre les interactions entre ces pertes et les aspects clés de l'activité de l'organisation.

– **La fréquence des causes :** combien de fois une catégorie spécifique de « cause de risque opérationnel » explique-t-elle une perte due au risque opérationnel ? Dans certains modèles de risque opérationnel (comme les modèles bayesiens), la fréquence des occurrences de causes est un input exigé.

– **Les métadonnées :** les métadonnées, considérées comme « des données qui expliquent les données » (par exemple, l'information de référence décrivant les sources et les différentes caractéristiques des données), fournissent un dictionnaire commun et un standard pour l'ensemble des données utilisées au sein d'une méthodologie de risque opérationnel. En réunissant des métadonnées, les organisations comprennent mieux la signification exacte de chaque item de donnée, ainsi que la relation entre ces différents items. Considérons par exemple un item de donnée concernant les violations de sécurité. En se basant sur les dix événements de perte les plus graves, cet item indiquera entre autres choses qu'une institution financière aux États-Unis peut perdre jusqu'à 100 millions de dollars en raison des violations de sécurité.

  Pour réellement comprendre l'information fournie par cet item, l'institution doit pouvoir la replacer dans son contexte : par exemple, connaître la définition d'une violation de sécurité qui a été retenue. Le rôle d'une métadonnée est de fournir tous les facteurs explicatifs nécessaires. Dans notre exemple, elle devrait donc inclure la définition précise de l'événement « violation de sécurité » utilisée dans l'enquête. Bon nombre de défaillances ou violations de sécurité passent inaperçues ; il est donc nécessaire de définir clairement le mode d'identification de ce type d'événements. Il faut également s'attarder sur des éléments plus subtils. Dans l'exemple précédent, plusieurs questions restent en suspens. La méthode de sélection a-t-elle consisté à identifier dans un premier temps les dix violations de sécurité les plus graves, puis à sélectionner celles qui se sont produites aux États-Unis, ou le contraire ? Le choix de l'une ou l'autre de ces deux modalités génère probablement des résultats différents, et donc un item de donnée différent.

  Les métadonnées incluent également un glossaire des données associées aux pertes, une classification détaillée de ces pertes, des standards d'entrée de données en termes de date, devise, localisation et tout autre champ nécessaire dans le processus de recueil des données. À travers la construction d'un modèle de données, l'institution révèle en fait la sémantique de ses propres données. Le fait de les définir, de spécifier leurs interactions et de préciser leurs caractéristiques sont des actions fondamentales pour toutes les organisations. Cependant, leur sens et donc leur utilité peuvent être mal compris si ces données n'ont pas été clairement documentées.

Données d'agrégation. La construction d'une infrastructure de reporting du risque opérationnel exige des données pouvant être présentées et analysées avec beaucoup de flexibilité. Les responsables du risque opérationnel doivent être en mesure d'appréhender ce risque sous différents angles. Ils peuvent souhaiter une approche du risque opérationnel par causes, par segments d'activité, par catégories de risque, par importance de l'impact financier, par dates, par indicateurs clés de risque, par stratégies de réduction du risque, etc. L'ensemble des données organisationnelles, des données de catégories de risque opérationnel et des métadonnées est nécessaire à ces différentes représentations de l'information.

Les données organisationnelles incluent toutes les structures internes de responsabilité associées à la gestion du risque opérationnel dans l'organisation, telles que les domaines/segments d'activité et les unités de contrôle. Les données relatives aux catégories de risque opérationnel reflètent la hiérarchie des différents facteurs de risque qui servira de support à l'analyse de l'information. Elles intègrent également la hiérarchie des causes et effets des événements de risque opérationnel.

1.3. La construction d'un historique de données

C'est à partir de l'historique de données du risque opérationnel que la banque pourra construire sa propre distribution de pertes relatives au risque opérationnel. Dans certains cas, cependant, les données internes dont dispose la banque seront insuffisantes, et il faudra les compléter par des données externes.

La distribution d'une perte opérationnelle. Comme nous l'avons déjà indiqué, l'accord de Bâle II exige des banques un historique de données de trois années minimum. L'objectif des institutions financières lorsqu'elles recueillent des données sur les pertes opérationnelles est de construire une distribution de ces pertes. Bien que la distribution d'une perte opérationnelle soit relativement simple à définir, elle peut se révéler excessivement difficile à construire. Un exemple de distribution idéale d'une perte opérationnelle est représenté à la figure 3.6.

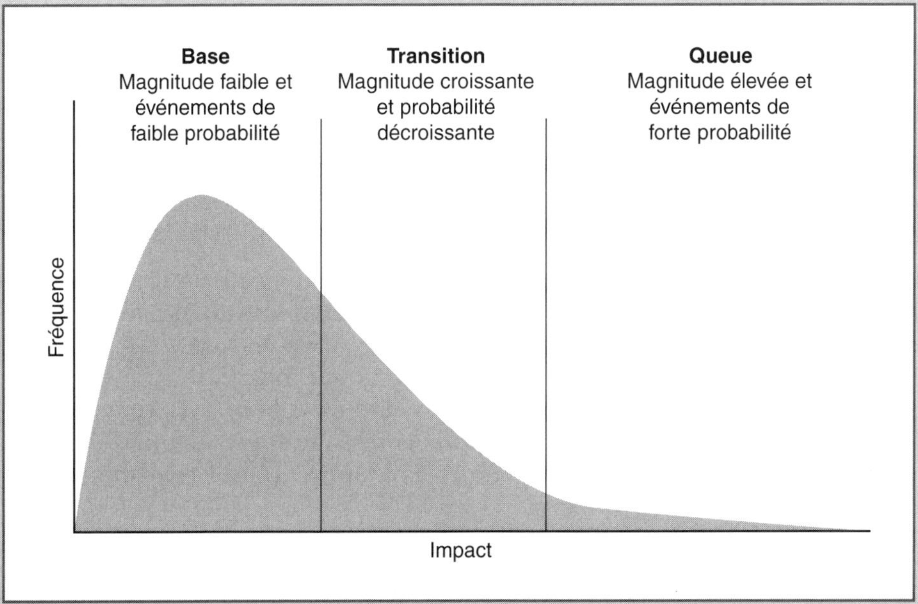

Figure 3.6 – Représentation type de la distribution idéale d'une perte opérationnelle.

Source : « IBM's Risk Management and Basel II Practice », document interne.

Afin de mieux étayer notre propos, la distribution a été divisée en trois régions distinctes. La base est caractérisée par une probabilité d'occurrence élevée et des pertes de faible importance ou dont l'impact est limité. Généralement, la base de la distribution peut se construire sans trop de difficulté à partir des données internes relatives aux pertes opérationnelles d'une institution financière.

La queue de distribution est caractérisée par une probabilité d'occurrence faible et des pertes importantes dont l'impact est très fort. À ce niveau, il est très peu probable qu'une institution soit capable de constituer un échantillon statistiquement significatif, même en couvrant une longue période de temps. Afin de développer la queue d'une distribution de pertes opérationnelles, les institutions financières devront envisager d'autres options permettant de compenser le manque de données internes ou directes concernant les pertes. Parmi ces solutions alternatives, on peut mentionner le recours à des solutions mathématiques et statistiques, l'utilisation de données externes ou une combinaison des deux.

Entre la base et la queue de distribution, on trouve une région de transition caractérisée par une diminution de la probabilité d'occurrence et un accroissement de l'importance et de l'impact de la perte au fur et à mesure qu'on se rapproche de la queue de distribution. Cette région de transition peut nécessiter le recours à des données externes, à l'instar de la queue de distribution, afin de compléter les données internes et obtenir ainsi une taille d'échantillon statistiquement significative.

Pourquoi utiliser des données externes ? Dans certains cas, les données relatives aux pertes opérationnelles existent déjà et sont disponibles sous un format « prêt à l'emploi », mais nécessitent d'être modifiées avant de pouvoir être utilisées. Cependant, la plupart du temps, les données nécessaires n'existeront pas au sein d'une institution financière. Plusieurs raisons peuvent l'expliquer.

L'explication la plus immédiate est que les données n'ont pas été recueillies par le passé. Les données concernant les défaillances et violations de systèmes de sécurité ou de transfert/transmission d'information sont généralement représentatives de ce cas de figure. En effet, très peu d'organisations, sinon aucune, ont collecté des données de cette nature ou ont la capacité de le faire.

Une autre explication possible est que, parmi les institutions financières ayant rassemblé des données de ce type, aucune n'est parvenue seule à constituer un échantillon de taille statistiquement significative pouvant servir de base au développement d'un modèle. C'est le cas notamment des données relatives à la fraude interne. Il en ressort que les institutions financières doivent désormais travailler de concert à la constitution de l'historique de données nécessaires à l'évaluation des risques opérationnels. À cet égard, un effort soutenu doit être consenti tant le peu d'historiques actuellement disponible est insuffisant et inexploitable.

Actuellement, l'approche la plus fréquemment adoptée par les institutions financières pour pallier le manque de données consiste à combiner données internes et externes (c'est-à-dire fournies par des bases de données payantes). Un certain nombre de base de données ont été développées ou sont en cours de développement dans le secteur privé ou au sein d'associations de professionnels du risque (par exemple, GARP). Bien que ces bases de données soient une réelle opportunité de recueillir et répartir entre les institutions financières les données sur les pertes opérationnelles, leur utilisation s'accompagne de certaines difficultés.

1.4. La combinaison de données internes et externes

Différentes possibilités s'offrent aux banques désireuses de recourir à des données externes du risque opérationnel. Si la combinaison de données internes et externes pose certaines difficultés sur le plan pratique, l'approche statistique du problème doit également être envisagée, car elle conditionne fortement la qualité de la distribution des pertes générées.

Principales sources de données externes du risque opérationnel. Les risques opérationnels sont endogènes et le capital réglementaire destiné à couvrir ces risques est fondamentalement une police d'assurance imposée aux institutions financières, autrement dit, une contrainte extérieure pour l'organisation. Ces deux aspects, caractère endogène et capital réglementaire, ne doivent pas être occultés lorsqu'il s'agit de déterminer comment et quand utiliser des données externes. L'utilisation de données externes, bien qu'elle se prête à une approche actuarielle du risque pour un domaine spécifique de l'activité bancaire, ne permet pas d'évaluer aisément le risque opérationnel global d'une institution financière. Cette limite rendra l'utilisation directe et en l'état de données externes extrêmement difficile, sinon impossible, compte tenu de l'hétérogénéité des institutions financières.

Lorsqu'une institution financière a décidé de faire usage de données externes, elle doit choisir quelle(s) base(s) de données utiliser. Afin d'opérer cette sélection correctement, elle doit être informée des différentes options disponibles. Les bases de données externes peuvent être scindées en deux grandes catégories : les bases de données d'événements, dites « publiques », et celles qui sont accessibles sur abonnement, dites « privées ». Les bases de données publiques sont accessibles à partir de nombreuses sources différentes (comme Internet). Elles ont été créées à partir de descriptions d'événements de perte, renseignées par des vecteurs d'information publics, tels que les médias, les archives judiciaires et les transcriptions de tribunaux. Comme ces événements sont disponibles sans restriction, ils ont tendance à surreprésenter les événements de perte de faible probabilité et de magnitude élevée. Cette faiblesse intrinsèque des bases de données publiques, si elles sont utilisées sans modification, aura pour effet de créer des distributions biaisées en faveur des pertes importantes. En revanche, ces bases de données présentent l'avantage de fournir un montant considérable de métadonnées relatives aux données de perte.

L'alternative pour se procurer des données externes est de se tourner vers les bases de données accessibles sur abonnement ou privées. Ces bases contiennent des données fournies par les institutions financières elles-mêmes. En général, ces données ont été apurées préalablement à leur intégration dans la base, afin de préserver la confidentialité de la source. Revers de la médaille, il n'y a pratiquement aucune métadonnée disponible permettant de contextualiser la donnée de perte en provenance d'une institution financière membre de la base. Néanmoins, ces sources privées génèrent un ensemble de données de perte mieux équilibré, et donc moins biaisé, que dans le cas précédent.

Difficultés concrètes liées à la combinaison de données internes et externes. Une fois que la décision d'utiliser des données externes a été prise, les institutions financières sont confrontées à la difficulté d'adapter ces données provenant de l'extérieur (bases de données publiques ou privées) à leur propre organisation et fonctionnement interne. Compte tenu des limites respectives des deux principales sources de données externes, mentionnées précédemment, ce processus d'adaptation ou de mise en accord conduit inévitablement à l'interprétation subjective et la modification des données. Un certain nombre d'aspects critiques doivent être considérés préalablement à toute utilisation de données externes.

Différence de définition. La première situation où une interprétation subjective s'impose la plupart du temps s'explique par une absence de concordance entre la définition de la perte employée par la source externe et celle adoptée par l'institution financière. Ces différences de définition concernant le risque opérationnel et les pertes associées peuvent provoquer des erreurs significatives de mesure et de calcul du risque opérationnel. C'est ce qui se produit généralement lorsque les métadonnées sont indisponibles ou insuffisantes pour permettre la classification ou l'interprétation de la perte, ou lorsque la définition d'une perte ou des catégories de pertes est trop large pour autoriser une interprétation précise et rigoureuse.

Mauvais reporting de l'information. Il est raisonnable de penser qu'un mauvais reporting des données pourra être purement accidentel ou, au contraire, tout à fait intentionnel. Or, il est pratiquement impossible de valider ou vérifier les données issues de sources externes privées. Dans la plupart des cas, il sera donc très difficile de réellement identifier les éléments spécifiques de données qui ont été mal reportés ou qui ont pu être omis. L'expérience aidant, la question de l'intégrité des données est apparue comme un puissant levier de l'évaluation robuste du risque de crédit (*credit risk management*). L'intégrité des données est au moins aussi importante dans le cadre de la gestion du risque opérationnel.

Modification des données. Il est inévitable que le désir de modifier les données se fasse sentir à un moment donné. Un certain nombre de raisons peut expliquer que les institutions financières en arrivent à ce stade. Par exemple, la source externe des données est reconnue et donc supposée fiable, mais elle s'ajuste mal à ce que serait une représentation réaliste de l'information ayant trait aux pertes opérationnelles de l'institution financière concernée. En d'autres termes, elle ne concorde pas, ou en tous cas pas assez bien, avec l'expérience de perte ou le « vécu » du risque opérationnel de l'institution. Les organisations financières désireuses de modifier les données externes, afin de mieux les faire correspondre à leur réalité interne, doivent impérativement adopter un schéma de modifications cohérent, robuste et défendable en termes de risque opérationnel. Les ambiguïtés et approximations sont à proscrire. En particulier, les institutions financières doivent être conscientes des difficultés inhérentes à la combinaison de plusieurs sources de données incomplètes et imparfaites dans la perspective de déterminer le capital réglementaire.

Les institutions financières doivent impérativement s'assurer que des politiques globales de modification et de gestion des données sont définies et mises en œuvre au niveau de chaque segment d'activité. Ce type de stratégie doit s'articuler autour de plusieurs volets : définition du risque opérationnel, conditions requises concernant la source de données, exigence minimale en matière d'intégrité des données, procédures documentées de modification des données et techniques analytiques autorisées. Ces différents aspects, et en particulier le dernier, sont une garantie contre des modifications de données trop fréquentes et décidées de façon isolée au sein des divers secteurs d'activité de la banque.

Combinaison de données internes et externes : une perspective statistique. Comme nous l'avons expliqué précédemment, pour les pertes opérationnelles dont la fréquence d'occurrence est faible (comme la fraude interne), il y aura très peu d'observations disponibles dans une base de données couvrant trois ou cinq ans. Les bases de données internes présentent, en général, un biais favorable aux événements dont la fréquence est élevée et l'impact faible. Il est peu probable qu'elles contiennent un nombre suffisant d'événements de queue de distribution pour permettre une description statistiquement significative de cette région. Par conséquent, les banques seront obligées de compléter leur historique interne de pertes avec des données externes, afin d'associer une probabilité non nulle aux événements rares, potentiellement absents des bases de données internes.

D'un autre côté, les bases de données externes sont biaisées significativement en faveur des événements de faible fréquence et d'impact fort (il est vraisemblable que les pertes importantes feront l'objet d'un reporting minutieux). En outre, les données de pertes dues au risque opérationnel sont renseignées et « enregistrées » lorsqu'elles excèdent un niveau seuil de référence (en général ce benchmark diffère entre banques et n'est pas rendu public), ce qui complique l'estimation des paramètres nécessaires à la modélisation.

Enfin, les données externes proviennent d'institutions financières de tailles très disparates, dont les processus, les contrôles et la culture sont très dissemblables. Fort logiquement, les organisations dont les procédures de contrôle sont inefficaces ou inopérantes subissent des pertes plus élevées. La probabilité qu'elles soient surreprésentées dans une base de données externe est donc plus forte, tout simplement parce que leur historique de pertes est plus important. Actuellement, les bases de données externes ne sont donc pas représentatives d'un profil de risque « moyen », et il y a trop de biais dans les données pour pouvoir les exploiter directement.

L'utilisation directe de données externes relatives aux pertes opérationnelles peut provoquer une déformation de la distribution réelle des pertes de l'institution financière (voir figure 3.6). L'effet de ces données non modifiées est de générer une distribution dissymétrique faussée, telle que celle présentée à la figure 3.7. Dans ce cas, l'utilisation directe de données externes conduit à surestimer la probabilité d'une perte opérationnelle en queue de distribution et, par conséquent, à surestimer le capital requis pour « couvrir » la réalisation du risque.

Dans l'exemple illustré par la figure 3.7, nous avons retenu l'hypothèse selon laquelle l'utilisation de données externes entraîne une surestimation des pertes opérationnelles dans la queue de distribution. Il faut cependant signaler que l'utilisation de ces données peut tout aussi bien conduire à sous-estimer l'exposition réelle de l'institution financière face au risque opérationnel.

En définitive, l'argument principal justifiant l'utilisation d'une base de données externe concerne davantage la qualité (manque d'événements de faible fréquence et d'impact fort) que la quantité. En réalité, il est probable que, après quelques années de collecte, n'importe quelle institution financière disposera d'un volume de données plus important que celui qu'elle pourrait obtenir auprès d'une base externe publique. Néanmoins, dans certaines situations (nouvelles activités, accroissement du volume d'activité, etc.) le recours aux données externes sera toujours utile.

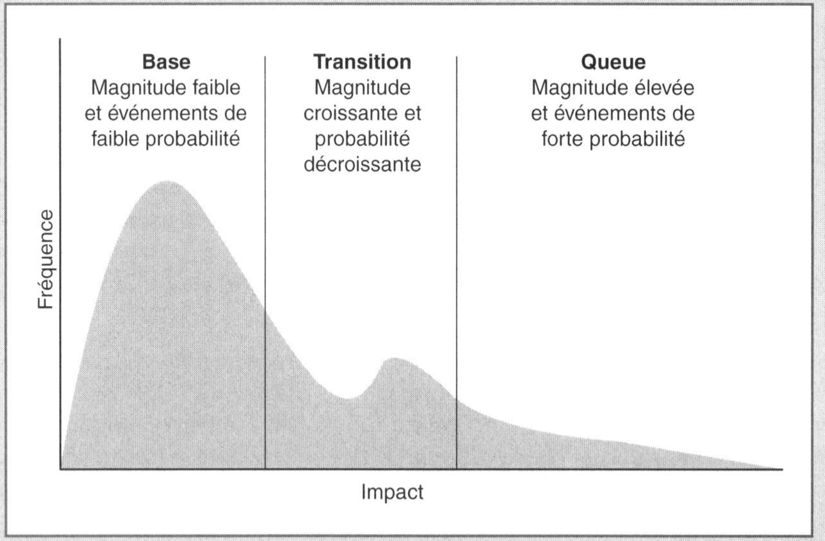

Figure 3.7 – Représentation type de la distribution d'une perte opérationnelle dont la queue est surestimée en raison de l'utilisation de données externes.

Source : « IBM's Risk Management and Basel II Practice », document interne.

2. La mesure du risque opérationnel

Les approches quantitatives de la mesure du risque opérationnel sont au nombre de trois : l'indicateur basique, l'approche standardisée et les méthodes de mesure interne. Nous avons séparé la présentation des méthodes de mesure interne (IMA), qui relèvent de l'approche avancée de la mesure du risque opérationnel, car ce sont les plus sophistiquées techniquement et, à notre sens, les plus intéressantes pour les banques. Ces différentes mesures permettent de calculer le capital économique global nécessaire à la couverture du risque opérationnel de la banque, ou *Capital-at-Risk* (CaR). Enfin, des approches qualitatives de la mesure du risque opérationnel sont également disponibles.

2.1. Les approches quantitatives

Dans le cadre de l'accord de Bâle II, le risque opérationnel est le troisième type de risque (avec le risque de marché et le risque de crédit) qui entre dans le calcul du capital économique d'une institution financière[2]. Le comité de Bâle propose trois approches pour calculer le risque opérationnel. Les institutions financières ont la possibilité de choisir celle qui leur paraît correspondre le mieux à la spécificité de leur activité, mais aussi à leur capacité globale d'action. Elles doivent en effet s'assurer qu'elles disposent de l'ensemble des moyens nécessaires à la mise en œuvre effective de la solution retenue.

2. Le capital économique est le volume de capital permettant de faire face aux pertes potentielles résultant d'aléas non anticipables. Le niveau de sécurité requis par les dirigeants de la banque est calculé pour permettre une mesure précise du volume de capital requis.

Le degré de complexité de chacune de ces trois approches est variable, allant d'une méthodologie grossière jusqu'à des modèles de sensibilité au risque techniquement très sophistiqués. Les trois méthodes de calcul disponibles sont :

- l'indicateur basique (*Basic Indicator Approach*, BIA), basé sur un pourcentage du revenu brut. C'est la méthode la plus simple, mais elle induit un capital économique important ;
- l'approche standardisée (*Standardised Approach*, SA), qui permet de calculer séparément pour chaque segment d'activité le capital économique associé, en se basant essentiellement sur la taille (revenu brut) de l'activité en question. Cette approche permet à la banque d'atténuer, *via* des techniques d'assurance, les pertes dues au risque opérationnel ;
- l'approche avancée (*Advanced Measurement Approach*, AMA), qui est la méthode la plus sophistiquée et la plus exigeante techniquement.

Au moment de la rédaction de ce texte, le comité de Bâle considère que le niveau raisonnable de capital économique afférent au risque opérationnel devrait se situer autour de 12 % du capital réglementaire minimum (MRC). Par ailleurs, il est vraisemblable que la plupart des banques moyennes et grandes choisiront une approche avancée, car le coût supplémentaire par rapport à l'approche standardisée n'est pas si élevé et les avantages potentiels sont conséquents.

Indicateur basique (*Basic Indicator Approach*, BIA). Dans le cadre de cette méthode, la banque calcule le capital économique requis pour faire face au risque opérationnel à partir d'un pourcentage fixe des revenus bruts (GI), soit :

$$K_{BIA} = \alpha \times GI.$$

Le capital économique sous l'approche BIA est basé sur un niveau global de 12 % du MRC, ce qui conduit à un intervalle de valeurs pour alpha de 17 à 20 %. Cette solution est préférable à celle proposée dans les documents consultatifs de 2001, générant un alpha de 30 % basé sur 20 % du MRC. Quoi qu'il en soit, ce sont les autorités de régulation qui fixeront le coefficient alpha[3].

L'approche de l'indicateur basique, comme son nom l'indique, est la plus immédiate. La banque qui souhaite l'appliquer n'a pas l'obligation de se conformer aux critères et exigences définis par les instructions du comité de Bâle concernant les pratiques de gestion du risque opérationnel. Cependant, ce même comité ne compte pas que les superviseurs autorisent les banques actives sur le plan international et celles dont l'exposition au risque opérationnel est significative à utiliser une approche aussi grossière.

Approche standardisée (*Standardised Approach*, SA). Dans le cadre de l'approche standardisée, les activités de l'institution financière sont segmentées en huit lignes distinctes. Le capital économique est calculé pour chacune de ces lignes d'activité et le

3. Voir pour un exemple de calcul de ces coefficients : Basel Committee on Banking Supervision (2001), *Operational Risk*, Consultative Document, janvier.

capital économique global de la banque afférent au risque opérationnel est simplement la somme du capital économique de chaque ligne d'activité, soit :

$$K_{SA} = \sum_{i=1}^{8} \beta i \times GIi$$

où GI_i est le revenu brut de la *i*-ème ligne d'activité. Il s'agit d'un modèle monofactoriel simple dont les coefficients bêta sont définis par les régulateurs locaux.

Le tableau 3.1 présente les résultats de l'étude statistique des données de la QIS2 (*Quantitative Impact Study*, janvier 2002). Une première conséquence de cette étude devrait être la définition de différents niveaux (probablement 12 %, 15 % et 18 %) pour les différents coefficients.

Comparée à l'approche basique, l'utilisation de l'approche standardisée générera un capital économique moins important, puisque les facteurs bêta sont plus faibles que les facteurs alpha (coefficients utilisés dans l'approche basique). En outre, les banques qui emploieront l'approche standardisée auront la possibilité d'utiliser des techniques d'assurance dans le but d'atténuer le risque opérationnel, ce qui aura aussi pour effet de réduire le capital économique requis. Cependant, il n'est pas clairement établi que les avantages liés à l'utilisation de cette méthode surcompensent les coûts relatifs à sa mise en œuvre. Par conséquent, les banques préféreront s'orienter vers les méthodes de mesure interne dont le retour sur investissement est théoriquement plus intéressant.

Tableau 3.1 : Analyse des données QIS – approche standardisée basée sur 12 % du MRC

	Facteur β (%)	**Médiane**	**Moyenne**	**Minimum**	**Maximum**
Finance d'entreprise	β_1	0,131	0,236	0,035	0,905
Trading et ventes	β_2	0,171	0,241	0,023	0,775
Réseau	β_3	0,125	0,127	0,008	0,342
Dépôts	β_4	0,132	0,169	0,048	0,507
Paiement et règlement	β_5	0,208	0,203	0,003	0,447
Agence et services de garde	β_6	0,174	0,232	0,056	0,901
Gestion d'actifs	β_7	0,133	0,185	0,033	0,659
Courtage	β_8	0,113	0,149	0,050	0,283

Source : *QIS2 : Quantitative Impact Study*, n° 2, réalisée par le comité de Bâle.

2.2. Les méthodes de mesure interne (Internal Measurement Approach, IMA)

Le principe général des méthodes IMA est plutôt simple à appréhender. Le « binomial IMA » est un modèle de mesure du risque opérationnel assez intuitif, qui illustre assez bien la philosophie des méthodes de mesure interne. Bien entendu, malgré l'intérêt qu'elle présente pour une banque, l'approche IMA n'est pas exempte de critiques. L'approche par la distribution de la perte (LDA) aborde le problème de la mesure du risque opérationnel sous un angle un peu différent.

Principe général de l'IMA. Avec le document de travail n° 8, le comité de Bâle a adopté le concept d'approche avancée de la mesure du risque opérationnel (*Advanced Measurement Approach*, AMA). Dans ce cadre, le superviseur peut autoriser une banque à utiliser son propre mécanisme d'évaluation du capital économique lié au risque opérationnel (modèles et données), sous réserve de valider certains critères communs.

Toutes les approches avancées du risque opérationnel (AMA) sont fondées sur les données internes de perte de la banque, éventuellement complétées avec des données externes. La banque doit définir des procédures d'utilisation de données externes en supplément de celles concernant ses données internes de perte. Les approches avancées de mesure du risque opérationnel doivent être basées sur un historique d'observation minimum de cinq ans. Durant une phase initiale de transition, un historique de données couvrant seulement trois années devrait être accepté. D'autre part, la banque pourra intégrer dans le calcul des pertes dues au risque opérationnel les corrélations empiriques entre lignes d'activité et événements de perte, sous réserve d'apporter la preuve que son système de mesure des corrélations est robuste et intègre. Un seuil plancher est fixé à 75 % du capital économique déterminé par l'approche standardisé, soit :

$$K = \max\left(K_{ASA}, \frac{3}{4} \times K_{SA}\right).$$

La nouvelle définition des modèles AMA suppose la reconnaissance de l'ensemble des méthodes de mesure interne (IMA) actuellement en cours de développement dans l'industrie bancaire. Ces méthodes peuvent être classées en trois catégories principales :

- l'approche de la mesure interne (IMA) ;
- l'approche de la distribution de la perte (LDA) ;
- l'approche Scorecard.

Les approches IMA, LDA et Scorecard sont un premier pas méthodologique significatif, mais rien n'indique qu'il s'agit de leur forme finale ni qu'elles seront nécessairement approuvées en tant qu'approches avancées (AMA). Cela étant, les banques ont la possibilité de combiner différents éléments de ces trois méthodes stylisées, afin de développer leurs propres méthodologies de mesure du risque opérationnel.

Les calculs IMA se fondent sur un cadre de méthodologie qui supposent un effort supplémentaire en direction d'une mesure affinée du risque : les expositions de la banque au risque opérationnel sont segmentées en une série de lignes d'activité et d'événements de risque opérationnel. Il s'agit des huit lignes d'activité définies précédemment (tableau 3.1) et des sept facteurs de risque définis dans le document de Bâle II.

Dans le cadre de l'IMA, la perte moyenne (*expected loss*) est calculée séparément pour chaque ligne d'activité/événement de perte. Typiquement, les pertes moyennes sont calculées en sommant les estimations de la fréquence des pertes de chaque élément *via* un modèle monofactoriel simple. On peut définir ces éléments de la façon suivante : pour l'élément *ij*, le capital économique est calculé d'après :

$$K_{ij} = \gamma_{ij} \times EL_{ij}$$

où la perte moyenne EL_{ij} est donnée par la relation :

$$EL_{ij} = EI_{ij} \times PE_{ij} \times LGE_{ij}$$

avec :

- EI_{ij}, l'indicateur d'exposition au risque opérationnel ;
- PE_{ij}, la probabilité d'un événement de risque opérationnel de type j pour la ligne d'activité i ;
- LGE_{ij}, la perte moyenne en cas d'occurrence de ce type d'événement.

L'hypothèse de départ dans un modèle de ce genre est qu'il existe une relation linéaire, *via* le facteur gamma (qui doit être calibré), entre la perte moyenne (*expected loss*) et la perte potentielle maximale (*unexpected loss*).

Modèle intuitif : le binomial IMA[4]. Considérons un élément du couple ligne d'activité/événement de perte, pour lequel nous avons : $K_{ij} = \gamma_{ij} EL_{ij}$.

Pour simplifier la présentation, nous omettons volontairement l'indice par la suite. Le but est de calculer γ. On peut alors envisager le modèle suivant :

Soit N, le nombre d'événements susceptibles de générer des pertes dues au risque opérationnel sur l'horizon de temps considéré (disons un an). Par exemple, il pourrait s'agir du nombre de transactions par carte bancaire, et les transactions frauduleuses définiraient l'événement de perte dû au risque opérationnel. Sous ces conditions, le nombre d'événements de risque opérationnel sur l'année est distribué selon une loi binomiale (N, p) :

- p ($= PE_{ij}$) est la probabilité d'un événement de perte ;
- L ($= LGE_{ij}$) est la perte étant donné l'événement. C'est une fonction aléatoire pour laquelle il suffit de connaître la moyenne μ_L et l'écart type σ_L ;
- μ ($= EL_{ij}$) est la perte moyenne, c'est-à-dire la moyenne de la distribution de la perte, et σ est l'écart type de cette même distribution.

Si, dans un premier temps, on suppose que L est constant, la distribution de la perte est également binomiale et il est facile de voir que (p est faible) :

$$\mu = L \times N \times p\ ;$$

$$\sigma^2 = L^2 \times N \times p.$$

4. Voir pour une présentation exhaustive C. Alexander (2002), « Rules and Models », *Risk*, janvier.

Comme dans le cas d'une distribution normale, on peut exprimer la moyenne d'une distribution binomiale sous la forme :

$$K = k\sigma.$$

On sait d'autre part que $k = \gamma \times \mu$; on obtient donc :

$$\gamma = \frac{k}{\sqrt{Np}} \text{ ou } K = kL\sqrt{Np}$$

Il suffit alors simplement de calculer k pour obtenir le coefficient γ et le capital économique.

Si on suppose à présent que L n'est plus constant, il faut modifier certaines des relations précédentes. Un calcul simple donne :

$$\sigma^2 \approx Np\ \mu_L^2 + \sigma_L^2$$

et par suite :

$$K \approx k\sqrt{Np(\mu_L^2 + \sigma_L^2)} \text{ et } \gamma \approx k\sqrt{\frac{1 + (\sigma_L/\mu_L)}{Np}}.$$

Pour les événements de risque opérationnel dont la fréquence est faible mais qui génèrent des pertes sévères (γ très supérieur à 1), le capital économique K devrait être plus important que la perte moyenne : il faut s'intéresser à la queue de distribution de la perte. Pour les événements de risque opérationnel dont la fréquence est élevée mais qui génèrent des pertes faibles (γ très inférieur à 1), le capital économique K devrait être moins important que la perte moyenne : il faut davantage s'intéresser à l'estimation des pertes moyennes qu'à la détermination du capital économique permettant de faire face aux pertes potentielles maximales (queue de distribution de la perte).

Le modèle proposé se généralise facilement à d'autres distributions. Dans tous les cas, cependant, il est nécessaire de calibrer γ lorsqu'on veut calculer k, dont la valeur dépendra plus du type de risque opérationnel à modéliser que du type de distribution que l'on va utiliser.

Critique de l'approche IMA. Comme nous venons de le voir, les modèles IMA fournissent une bonne base pour une première approche de l'analyse du risque opérationnel. Cependant, certains aspects de ces modèles ne sont pas tout à fait satisfaisants.

L'objectif premier du capital économique est d'agir comme un amortisseur face aux pertes potentielles maximales, c'est-à-dire non anticipées. Les pertes moyennes ou anticipées peuvent fort bien faire l'objet d'un traitement distinct, probablement sous la forme d'une provision dans une comptabilité d'engagements. Or, la définition actuelle du capital économique nécessaire à la couverture du risque opérationnel semble considérer que son rôle est d'amortir à la fois les pertes anticipées (*expected losses*) et les pertes non anticipées (*unexpected losses*).

Par ailleurs, il n'y a aucune raison de considérer que les pertes non anticipées sont une fonction des pertes anticipées, ni de faire l'hypothèse d'une relation stable entre ces deux mesures. Malgré le manque d'évidence empirique[5], les modèles IMA se fondent pourtant sur une relation linéaire entre pertes anticipées et non anticipées. Au total, des modèles plus réalistes sont nécessaires si on veut parvenir à un calcul plus rigoureux du capital économique nécessaire à la couverture du risque opérationnel.

Approche par la distribution de la perte (LDA). À l'instar des modèles IMA, le but est de calculer les pertes pour chaque élément de la matrice de risque opérationnel (lignes d'activité et événements de perte), afin d'obtenir la perte globale due au risque opérationnel. Cependant, la façon d'envisager le problème est un peu différente[6].

Dans le cadre du LDA, la modélisation de la distribution de la perte (pour chaque élément) est réalisée en deux étapes (figure 3.8). On considère dans un premier temps une distribution de la fréquence de la perte et une distribution de la sévérité de la perte. À la figure 3.8, la distribution de la sévérité de la perte (loi lognormale) est représentée sur une échelle logarithmique. La distribution de la fréquence de la perte est une loi de Poisson de paramètre 100. En les combinant, on obtient la distribution de la perte agrégée pour l'élément concerné de la matrice de risque. Le capital économique correspondant, qu'on appelle *Capital-at-Risk* (CaR) ou VaR opérationnelle, est calculé en utilisant une méthode similaire à celle de la *Value-at-Risk* (VaR) basée sur un centile très élevé (en janvier 2001, le comité de Bâle proposait 99,9 %). Naturellement, ce calcul est réitéré pour tous les éléments de la matrice de risque opérationnel.

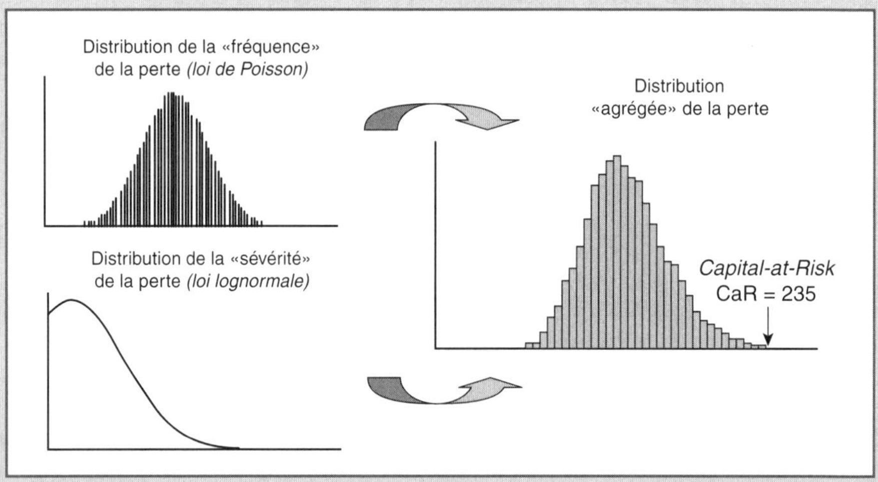

Figure 3.8 – Approche par la distribution de la perte (LDA).

Source : « IBM's Risk Management and Basel II Practice », document interne.

5. Voir pour plus de détails, J. Pezier (2002), « Danger Lurks on the Rocky Road to Basel II », *Risk*, janvier.
6. Sur ce point, nous suivons pour l'essentiel A. Frachot, P. Georges et T. Roncalli, « Loss Distribution Approach for Operational Risk », http://gro.creditlyonnais.fr.

Lorsqu'on dispose du capital économique associé à chaque élément, on peut calculer le capital économique global de la banque. Rappelons que la banque peut intégrer dans ce calcul les corrélations empiriques entre lignes d'activité et événements de perte, sous réserve de faire la preuve que son système de mesure des corrélations est robuste et intègre. En l'absence de corrélations estimées validant ces deux critères, les mesures de risque pour les différentes lignes d'activité et/ou événements de perte sont simplement additionnées pour calculer le capital réglementaire minimum (MRC) nécessaire[7]. Dans ce cas, la banque ne tire aucun avantage de la présence de corrélations entre lignes d'activité et/ou événements de perte (en termes de réduction du MRC).

Encadré 3.1

Illustration de l'évaluation de la LDA

Soient deux types d'événements liés au risque opérationnel (voir figure 3.3) dont les distributions de la sévérité des pertes ζ_1 et ζ_2 sont telles ζ_1~LN (1 ;1) et ζ_2~*LN* (1,25 ; 0,5). Comme indiqué précédemment, les distributions de fréquence suivent une Poisson et sont respectivement *P*(10) et *P*(12). La distribution de la perte totale $L = L_1 + L_2$ ou distribution « agrégée » de la perte (voir figure 3.8a) est représentée pour différentes valeurs de corrélation (ρ) sur la figure 3.8a. Elle est obtenue par simulation de Monte-Carlo. La charge en capital correspondante ou CaR (*Capital-at-Risk*) pour différents quantiles α et les corrélations précédentes est reportée à la figure 3.8b.

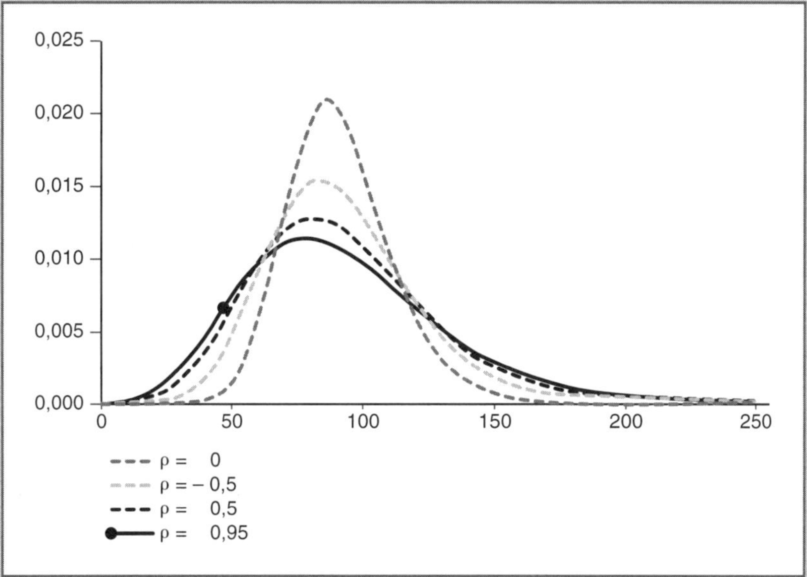

Figure 3.8a – Distribution de la perte totale $L = L_1 + L_2$.

Source : A. Frachot, P. Georges et T. Roncalli, (2001),« Loss distribution Approach for Operational Risk », *Working Paper*, Crédit Lyonnais,http://gro.creditlyonais.fr, p. 35.

☞

7. Voir Basel Committee on Banking Supervision (2001), *Working Paper on the Regulatory Treatment of Operational Risk*, Consultative Document, septembre.

Encadré 3.1

Illustration de l'évaluation de la LDA. ***(suite)***

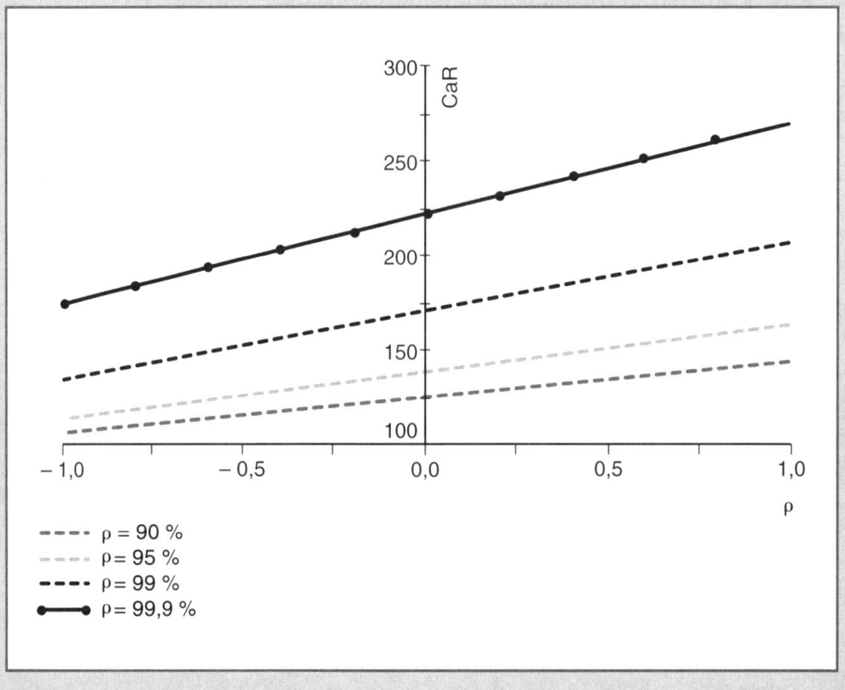

Figure 3.8b – Charge en capital ou CaR (Capital-at-Risk).

Source : A. Frachot, P. Georges et T. Roncalli (2001), « Loss Distribution Approach for Operational Risk », *Working Paper*, Crédit Lyonnais, http://gro.creditlyonais.fr, p. 35.

2.3. Le calcul du Capital-at-Risk (CaR)

Une fois que l'on dispose de la distribution agrégée G_{ij} pour l'élément *ij* de la matrice de risque opérationnel, la valeur de la perte moyenne (*expected loss*) relative à cet élément est donnée par la moyenne de la distribution, tandis que la valeur de la perte potentielle maximale (*unexpected loss*) pour un niveau de confiance de $1-\alpha$ est donnée par l'inverse de G_{ij} au quantile α :

$$EL_{ij} = \text{Moyenne } (G_{ij}).$$

C'est en fait un produit de deux moyennes : celle de la distribution de la fréquence de la perte par celle de la distribution de la sévérité de la perte.

Dans le cadre de la méthodologie de Bâle, le capital économique associé à l'élément *ij* de la matrice de risque opérationnel est défini par la somme de la perte moyenne (*expected loss*, EL) et de la perte potentielle maximale (*unexpected loss*, UL)[8], soit :

$$\text{CaR}_{ij}\,(\alpha) = \text{EL}_{ij} + \text{UL}_{ij}\,(\alpha) = G_{ij}^{-1}\,(\alpha).$$

Cette expression, représentée de façon simplifiée à la figure 3.9, peut se calculer par une simulation de Monte-Carlo. Il suffit de générer un échantillon de nombres aléatoires pour la fonction de répartition G_{ij} et de calculer le centile correspondant.

Finalement, le capital économique global nécessaire à la couverture du risque opérationnel de la banque s'obtient par la relation suivante :

$$\text{CaR}_{ij}\,(\alpha) = \sum_i \sum_j CaR_{ij}\,(\alpha).$$

Naturellement, il s'agit d'une approche *bottom-up*[9].

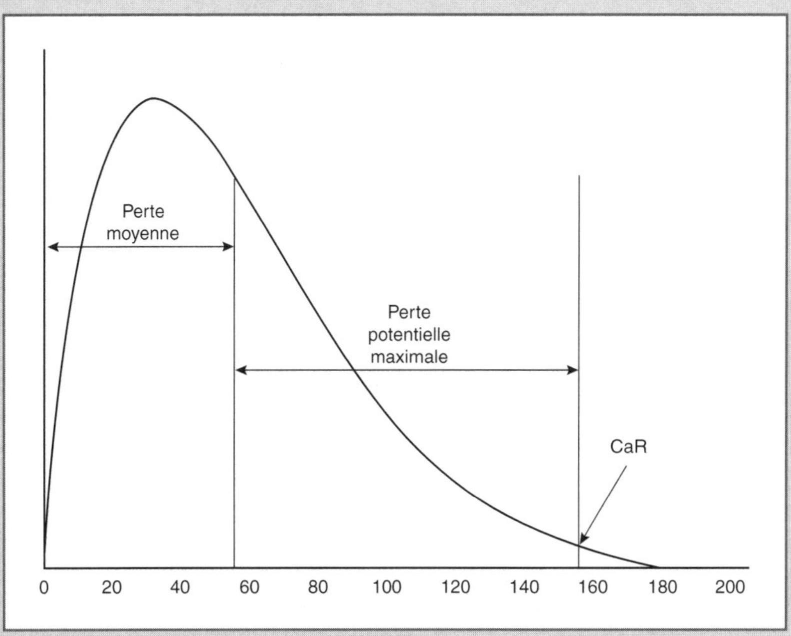

Figure 3.9 – Capital-at-Risk (CaR) et risque opérationnel.

Source : « IBM's Risk Management and Basel II Practice », document interne.

8. Cette définition peut paraître contradictoire : si on veut une méthodologie de mesure du risque opérationnel vraiment sensible au risque, elle devrait être basée uniquement sur la perte potentielle maximale ou *unexpected loss*.
9. Partir d'une réalité atomisée et dégager une synthèse. L'approche *bottom-up* s'oppose à l'approche *top-down*, qui consiste à partir de principes généraux pour chercher à appliquer ces principes à une réalité atomisée.

Sur le plan conceptuel, cette méthode de calcul du *Capital-at-Risk* (CaR) est élégante et confortable. Cependant, elle suppose de maîtriser certains points techniques. Le calcul du CaR n'est pas aussi simple qu'il y paraît. Pour des valeurs d'alpha élevées (en janvier 2001, le comité de Bâle proposait 99,9 %, mais il semblerait qu'alpha soit désormais fixé à 99 %), un nombre très important de simulations est nécessaire (on compte en dizaines de millions : voir Frachot *et al.*) pour chaque élément de la matrice de risque, afin d'obtenir une estimation correcte (c'est-à-dire stable) du capital économique.

À l'heure actuelle, la plupart des banques n'ont pas la possibilité effective de réduire leur capital économique global requis, *via* la prise en compte des corrélations entre lignes d'activité et/ou entre événements de perte. Or, ces corrélations peuvent apparaître entre les variables de sévérité et/ou les variables de fréquence de la perte. Les copules et d'autres outils mathématiques permettent de résoudre le difficile problème de la modélisation des corrélations (voir notamment Frachot *et al.* pour plus de détails). Étant donné la complexité du sujet, il est particulièrement pertinent d'essayer de mieux cerner l'effet des corrélations lors de la définition d'une méthodologie de risque opérationnel, en produisant des études de cas virtuelles. Par exemple, quelles seraient les conséquences pour une banque si elle avait une corrélation parfaite (égale à 1) entre ses différentes lignes d'activité pour le même événement de perte, mais égale à 0 entre lignes d'activité pour différents événements de perte ?

2.4. Les approches qualitatives

Les approches qualitatives présentent l'intérêt non négligeable d'intégrer un facteur d'ajustement qualitatif dans le calcul du *Capital-at-Risk* (CaR) de la banque. La méthode Scorecard est particulièrement représentative de l'approche qualitative de la mesure du risque opérationnel.

Intérêt d'un facteur d'ajustement qualitatif. Une des critiques principales que l'on peut adresser aux méthodologies statistiques précédentes est qu'elles sont tournées vers le passé : elles reposent exclusivement sur des données de perte historiques (internes et/ou externes). Afin de pallier cet inconvénient, une solution intéressante consiste à compléter l'estimation statistique du *Capital-at-Risk* par une évaluation qualitative de l'exposition au risque opérationnel de la banque. Elle doit inclure, en particulier, une appréciation de l'environnement de gestion et de contrôle du risque opérationnel. Bien que largement subjective dans son principe, ce type d'évaluation qualitative peut se traduire par une métrique quantitative intégrable dans le processus de gestion du risque de la banque.

Comme l'explique très justement un document technique de Bâle II (voir Basel Committee, 2001c), l'amélioration de la qualité du contrôle et des processus de gestion du risque peut créer une différenciation significative entre banques, en termes de taux d'événements de perte par lignes d'activité spécifique et types d'occurrence de perte. La probabilité que certains événements de queue de distribution (c'est-à-dire générant des pertes sévères) se produisent à répétition devrait être plus faible, car la banque prendrait alors les mesures nécessaires afin d'améliorer ses procédures de contrôle et ses stratégies de couverture du risque opérationnel. En ce sens, appréhender de manière qualitative les améliorations (ou dégradations) progressives du système de gestion du risque de la banque génère une estimation de la probabilité de s'écarter de configurations historiques observées davantage « tournées vers l'avenir ».

Il ne fait aucun doute que le recours à un modèle éprouvé utilisant conjointement des données historiques de perte et une évaluation qualitative du risque opérationnel doit inciter les *risk managers* à adopter une attitude plus responsable face au risque et, par conséquent, contribuer à réduire l'exposition globale de la banque au risque opérationnel. Intégrer un « facteur d'ajustement qualitatif » (*scorecard*) dans les approches purement quantitatives précédentes, en le faisant agir comme un facteur correctif, participe de cette logique. Cette solution a été proposée par le groupe de travail sur le risque opérationnel de Bâle II pour les trois approches principales (indicateur de base, standard et mesure interne), mais ce n'est pas encore une méthodologie officielle.

Calcul d'un *Capital-at-Risk* ajusté. Dans le cadre des approches BA, SA et IMA, il est fortement probable que le capital économique calculé en appliquant les méthodologies quantitatives soit surestimé, et qu'il soit donc nécessaire de le corriger à l'aide de certains facteurs qualitatifs qui doivent être déterminés par le processus de *backtesting*.

Concernant l'approche par la distribution de la perte (LDA), bien que le capital économique global s'obtienne en sommant le *Capital-at-Risk* (CaR) de chaque élément de la matrice de risque opérationnel, générant ainsi un capital économique estimé fortement majoré, nous avons supposé implicitement que la pire situation (en termes de perte) survenait au même moment pour chaque élément de la matrice. C'est donc à ce niveau que la correction qualitative doit intervenir, pour ensuite l'appliquer aux différentes lignes d'activité/de type d'événement de perte. Pour ce faire, nous devons simplement connaître le poids relatif de chaque élément de la matrice de risque. Pour la ligne d'activité i, le poids s'écrit :

$$\delta_i\,(\alpha)=\frac{\sum_j CaR_{ij}(\alpha)}{CaR(\alpha)}=\frac{\sum_j CaR_{ij}(\alpha)}{\sum_i\sum_j CaR_{ij}(\alpha)}$$

Une fois le capital associé à chaque ligne d'activité calculé, il est facile de déterminer le capital pour chaque type de risque en utilisant de nouveau le poids correspondant. Pour l'élément ij, ce poids est donné par la formule :

$$\delta_{ij}=\frac{CaR_{ij}(\alpha)}{\sum_j CaR_{ij}(\alpha)}$$

Méthode Scorecard. Cette méthode est une composante de l'approche « modélisation avancée » (*Advanced Model Approach*) proposée par le comité de Bâle. Elle doit permettre d'incorporer des éléments « tournés vers l'avenir » dans le calcul du capital économique minimum requis, en identifiant et en hiérarchisant les principaux facteurs initiateurs de pertes dues au risque opérationnel pour chaque ligne d'activité et catégorie de risque[10]. Le capital réglementaire minimum (MRC) se calcule à l'aide de la relation suivante :

$$K = \sum_{i,j} EI_{ij} \times \omega(i,j) \times RS(i,j)$$

où :

- EI_{ij} sont des indicateurs d'exposition définis pour chaque combinaison de ligne d'activité et catégorie de risque, de façon à refléter la mesure la plus appropriée des facteurs initiateurs de risque opérationnel pour chaque combinaison particulière ;
- $\omega(i, j)$ est le facteur de pondération (fixé par le régulateur) pour l'élément *ij* de la matrice de risque opérationnel ;
- $RS(i, j)$ est le score de risque pour l'élément *ij*. Ces scores de risque sont déterminés à partir des réponses *scorecard* et sont normalisés à la valeur 1. Plus la qualité de l'environnement de contrôle du risque est élevée (déterminé à partir des réponses *scorecard*), plus le score de risque est faible et réciproquement (soumis à un seuil plafond/plancher).

3. L'implémentation d'une stratégie de risque opérationnel

La mesure et la gestion du risque sont deux activités très exigeantes en termes de données. Pour les institutions financières, le recours à une solution technologique automatisée est nécessaire afin d'implémenter une stratégie efficiente de maîtrise du risque opérationnel. Là encore, il est peu probable que des solutions ponctuelles résolvent le problème. Dans cette troisième partie, nous précisons les grandes lignes d'une solution globale permettant de relever le défi posé par la gestion du risque opérationnel, à savoir :

- la conversion des données de risque en information exploitable ;
- l'identification des composantes clés d'une stratégie de risque opérationnel ;
- la définition d'une infrastructure de gestion du risque opérationnel ;
- la gestion active du risque opérationnel.

3.1. La conversion de données de risque en information exploitable

Ces dernières années, bon nombre d'institutions financières ont consacré beaucoup de temps et d'argent à la définition et la mise en œuvre effective de procédés de stockage des données de risque (*risk data warehouses*). Cependant, très peu d'entre elles ont cherché à convertir ces données de risque en information utilisable dans le cadre du processus de décision. Un point clé de la gestion de l'information réside dans la difficulté de relier de façon cohérente un ensemble de données provenant de sources multiples, et de faire

10. Voir G. Courage (2001), « Loss Distribution Approach. Capital Allocation for Operational Risk », *GARP Risk Conference*, 14-16 novembre, Boston.

en sorte qu'elles puissent être groupées selon une structure logique et facilement interprétable. La gestion du risque opérationnel d'une banque ou de toute autre organisation financière est soumise aux mêmes contraintes et difficultés.

La qualité de l'évaluation du risque dépendra de la capacité des institutions financières à saisir de façon cohérente tous les différents aspects du risque opérationnel : appréciation qualitative, estimation quantitative, techniques de couverture du risque (*risk mitigation*) et impact potentiel sur le fonctionnement d'ensemble de la banque. Le véritable challenge est d'intégrer ces différentes composantes du risque opérationnel dans un ensemble cohérent et efficient. Une solution globale de gestion du risque opérationnel doit normalement inclure les éléments suivants :

- un outil d'autoévaluation ;
- une base de données des pertes dues au risque opérationnel ;
- un bloc « indicateurs de risques clés » ;
- un bloc « mesure du risque » ;
- un outil de reporting ;
- un bloc « circulation de l'information » (*system workflow*).

Il y a très peu d'applications disponibles sur le marché qui fournissent tous ces éléments sous la forme d'un package intégré. Il est par conséquent essentiel de commencer par définir une architecture qui facilite l'intégration de toutes ces composantes. Si les aspects techniques de cette intégration sont déterminants, il va sans dire qu'il est tout aussi important de s'assurer que la logique d'activité de la banque entre ces différents éléments est préservée. En d'autres termes, il est nécessaire de déterminer comment ces composantes devront interagir. Par exemple, le *system workflow* peut contenir des informations très utiles concernant l'efficacité des processus et l'application de méthodes et/ou décisions. Cette information peut être utilisée à la fois comme un indicateur de risque clé (par exemple, le nombre de processus non achevés à temps par un individu ou une ligne d'activité) et/ou comme une donnée explicative (par exemple, quelle était la cause de cette défaillance ?). Au total, le degré de complexité de l'intégration des différentes composantes dépendra principalement, d'une part, de la solution globale de risque opérationnel que la banque veut adopter et, d'autre part, du nombre d'éléments à intégrer et des synergies potentielles entre eux.

3.2. L'identification des composantes clés d'une stratégie de risque opérationnel

Les composantes clés d'une stratégie de risque opérationnel sont au nombre de six. Chacune de ces six composantes clés joue un rôle essentiel dans le cadre de l'implémentation d'une solution globale de maîtrise et contrôle du risque opérationnel.

- Un outil d'autoévaluation : disposer d'un outil d'autoévaluation constitue un point de départ essentiel pour n'importe quelle organisation financière. L'objectif est de réaliser un examen attentif de tous les aspects relatifs au risque opérationnel. Ce processus d'autoévaluation doit conduire à l'attribution de ratings ou scores appréciant la qualité, mais aussi et surtout les insuffisances des différentes dimensions de la gestion du risque opérationnel à l'œuvre dans la banque. Nous avons défini dans une section précédente consacrée à l'approche Scorecard (approche qualitative du risque opérationnel) des méthodes qui peuvent être utilisées pour dériver des mesures du risque opérationnel à partir de techniques d'autoévaluation.

- Une base de données des pertes dues au risque opérationnel : une base de données de ce type doit inclure l'ensemble des données concernant le risque opérationnel, tel que nous l'avons décrit dans la première partie de ce chapitre.
- Un *system workflow* : il fournit en quelque sorte un retour sur l'ensemble des différentes actions qui conduisent à une réduction des pertes associées au risque opérationnel. Pour être réellement fonctionnel, le *system workflow* doit comprendre les éléments suivants :
  - un *workflow* des défaillances et quasi-incidents ;
  - un *workflow* d'autoévaluation ;
  - un *workflow* d'audit interne ;
  - un *workflow* de collecte des données du risque opérationnel ;
  - un *workflow* du système de risque opérationnel.
- Des indicateurs de risques clés : le bloc « indicateurs de risques clés » joue un rôle très important à la fois au niveau de l'interprétation et de la prévention du risque opérationnel. Ces indicateurs de risques clés proviennent de diverses sources (ressources humaines, systèmes de front-office, etc.) au sein de l'organisation financière et sont étalonnés sur une période de temps déterminée en fonction de mécanismes de déclenchement préspécifiés (*escalation triggers*).
- Des mesures du risque : dans la deuxième partie de ce chapitre, nous avons exposé les différentes méthodologies actuellement disponibles pour mesurer le risque opérationnel. Pour le moment, cependant, très peu de vendeurs de solutions de risque opérationnel « prêtes à l'emploi » ont adopté les méthodes de mesure les plus avancées dont les institutions financières ont pourtant désormais besoin. Le fait qu'il n'existe pas deux institutions financières identiques – qu'il s'agisse des marchés sur lesquels elles interviennent, du type d'opérations qu'elles réalisent ou de la définition du risque opérationnel qu'elles utilisent – explique probablement la lenteur avec laquelle arrivent sur le marché des solutions de risque vraiment efficaces et immédiatement exécutables.

Les limites et insuffisances des solutions disponibles de mesure du risque opérationnel prennent un relief particulier dans le cadre de l'accord de Bâle II, notamment en raison de l'absence d'indications précises dans la version actuelle de l'approche de la mesure interne (*Internal Measurement Approach*, IMA). Comme nous l'avons déjà souligné, les différentes approches du risque opérationnel vont vraisemblablement évoluer de façon significative dans les prochaines années. Les méthodes de mesure du risque, composante essentielle d'une stratégie de risque opérationnel s'il en est, devront s'adapter à une telle évolution, ce qui ne se fera pas sans difficultés du point de vue de l'institution financière.

Le caractère inéluctable de cette évolution signifie que les institutions financières doivent, dès à présent, adopter et mettre en place des solutions de risque robustes et ajustables. À ce titre, le module de mesure d'une solution globale de risque opérationnel digne de ce nom doit permettre à l'utilisateur de réaliser non seulement des analyses historiques et des simulations de Monte-Carlo, mais aussi des analyses de scénarios. De plus, parallèlement à cette évolution du risque opérationnel, la capacité d'évaluer les corrélations et de calculer les effets de portefeuille en relation avec le risque opérationnel et d'autres risques (risque de marché, risque de contrepartie, risque de liquidité…) sera essentielle. Ce dernier point concerne tout particulièrement les institutions financières qui sont autorisées à utiliser des approches internes de détermination du capital économique.

- Un outil de reporting : un outil efficace de reporting est une composante indispensable d'une solution globale de gestion du risque opérationnel. Le reporting peut être divisé en deux catégories principales : le reporting interne, destiné au management, et le reporting externe, destiné aux autorités de régulation. Ces deux catégories sont à l'opposé l'une de l'autre et requièrent par conséquent des fonctionnalités très différentes. Le reporting externe est pour l'essentiel normatif : l'institution financière est dans l'obligation de fournir au régulateur des informations spécifiques sous un format déterminé.

  Le reporting interne, quant à lui, exige beaucoup plus de flexibilité pour être véritablement efficace. Le reporting du risque opérationnel destiné au *head office* d'une banque aura tout intérêt à mêler mesures qualitative et quantitative, de façon à pouvoir intégrer les résultats d'une approche Scorecard, par exemple. D'autre part, les différents niveaux de responsabilité au sein de l'organisation n'exigeront probablement pas le même niveau de détail concernant l'information sur le risque opérationnel. Par contre, ils seront sûrement intéressés par la possibilité de segmenter cette information en fonction de leur propre activité et responsabilité. Comme nous l'avons déjà indiqué, la capacité de réaliser des analyses de scénarios sera également déterminante à ce niveau.

  Les outils de reporting externe, destinés à l'autorité de régulation, vont vraisemblablement perdurer sous la forme de solutions autonomes, compte tenu de leur nature normative et de leur capacité à servir de support au développement de logiciels dédiés. Les outils de reporting interne se destinent plutôt à devenir partie intégrante de solutions de mesure du risque, étant donné le besoin actuel des banques de réaliser des analyses de scénarios. Autrement dit, ils joueront un rôle d'interface active entre les bases de données et les outils d'autoévaluation du risque opérationnel.

3.3. La définition d'une infrastructure de contrôle du risque opérationnel

Le volume considérable de données et les efforts nécessaires pour gérer efficacement le risque exigent une infrastructure technologique robuste, capable d'activer le système de maîtrise et contrôle du risque opérationnel. Cet aspect doit donc faire l'objet d'une attention particulière. L'infrastructure simplifiée d'un système de gestion du risque opérationnel est représentée à la figure 3.10.

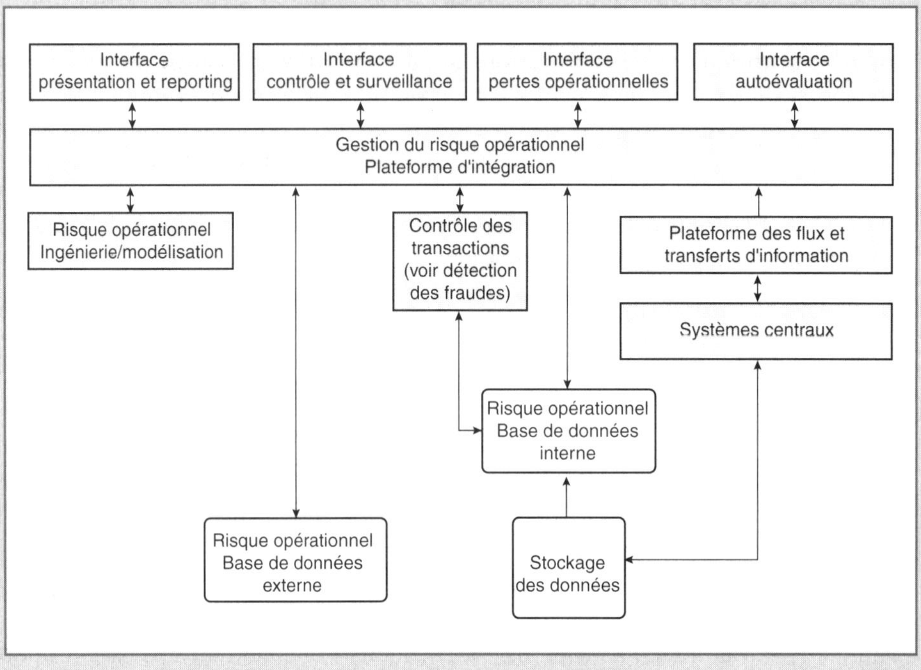

Figure 3.10 – Infrastructure de gestion du risque opérationnel.

Source : « IBM's Risk Management and Basel II Practice », document interne.

L'idée est de faire apparaître les principaux domaines fonctionnels et les sources de données potentielles, qu'il faut nécessairement prendre en compte dans la définition d'une infrastructure de soutien du système de risque opérationnel. Les principaux domaines comprennent : les bases de données et le stockage de données (*data warehouses*) ; les systèmes centraux et les plateformes de flux et transferts d'information/de données ; les indicateurs de risques clés ; l'ingénierie/la modélisation ; la présentation et le reporting ; l'autoévaluation, le contrôle et la surveillance ; et une plateforme d'intégration ou *middleware*. Cette plateforme est tout à fait essentielle, car les données nécessaires à la gestion du risque opérationnel proviennent, dans la plupart des cas, de systèmes et bases de données multiples, qu'ils soient internes ou externes à l'institution financière qui les utilisent.

Un effort significatif doit porter sur la conception et l'implémentation de la plateforme d'intégration du système global de risque opérationnel. Les particularités de l'architecture IT de chaque institution financière doivent bien entendu orienter les exigences spécifiques de cette plateforme d'intégration. Cela étant, indépendamment des caractéristiques propres de la banque, la capacité de collecter, contrôler et surveiller les données d'événement et de transaction à travers toutes les lignes d'activité et tous les systèmes reste prépondérante. À ce titre, les compétences en matière de communication et de surveillance des données tout au long de l'infrastructure technologique sont particulièrement importantes. Les institutions financières appuient en effet leurs systèmes opérationnels sur une infrastructure technologique de plus en plus sophistiquée et complexe. Par conséquent, elles s'exposent de fait à des risques opérationnels intrinsèques à la conception et la performance de leur base technologique.

Parallèlement à la plateforme d'intégration, il faut également prévoir l'intégration d'un processus d'automatisation des flux/transferts de données/d'information dans l'infrastructure de gestion du risque opérationnel. L'identification et l'intégration des processus nécessaires au maintien durable d'une gestion efficiente du risque opérationnel sont deux aspects particulièrement exigeants. Ils imposent en effet de codifier et d'institutionnaliser les flux/transferts de données au sein d'un système d'information capable de fournir aux *risk managers* une base solide en vue d'une analyse continue du risque opérationnel. De plus, un tel système d'information doit être en mesure de générer un état des anomalies et défaillances. Il ne fait aucun doute que les institutions financières seront dans un proche avenir de plus en plus incitées à divulguer (au-delà des obligations légales) le cadre méthodologique et les pratiques de gestion du risque opérationnel qu'elles utilisent. Dans un tel contexte, l'importance des processus de flux/transferts de données ne doit pas être sous-estimée.

3.4. La gestion active du risque opérationnel

La gestion active du risque opérationnel doit aller beaucoup plus loin qu'une simple mesure du risque et un suivi des événements de perte. Elle doit aussi fournir un cadre global de surveillance et de réduction du risque. Nous avons vu précédemment que l'identification et la mesure du risque opérationnel peuvent s'avérer relativement complexes, et qu'il s'agit pour le moins d'une « science » en cours de développement. Un autre défi pour les banques, et peut-être le plus important puisqu'il englobe les deux précédents (identification et mesure), consiste à gérer de façon active et efficiente le risque opérationnel.

La banque doit pouvoir réagir le plus rapidement possible dès qu'un risque opérationnel est identifié. Pour ce faire, une structure adéquate et des processus performants doivent être implémentés. La gestion active du risque opérationnel s'organise alors autour de plusieurs fonctions principales :

- la détection d'un risque opérationnel potentiel, quels que soient sa nature et son reporting « juste à temps », de façon à permettre l'action de mesures correctrices et éviter ainsi la réalisation de pertes ;
- le contrôle du risque opérationnel et la hiérarchisation des risques clés que la banque considère comme critiques pour son activité ;
- le développement de techniques de couverture (*mitigations*) et d'allocation de ressources afin de réduire le risque opérationnel ;
- l'optimisation du ratio risque/rentabilité et le développement d'une culture et d'une attitude vis-à-vis du risque correspondant à la stratégie d'activité en cours au sein de la banque.

La figure 3.11 illustre les relations entre la fonction « contrôle » du risque et les autres piliers du système global de risque opérationnel : détecter/renforcer/optimiser/rétablir. Comme nous l'avons expliqué, la gestion du risque exige le recueil d'information sur le risque en provenance de l'ensemble des différentes composantes de l'organisation.

Depuis le pilier « détecter », la fonction « contrôle » va recueillir de l'information concernant les situations anormales (fraude, erreurs humaines ou défaillances IT), qui doivent être traitées en urgence si la banque veut éviter des pertes dues au risque opérationnel.

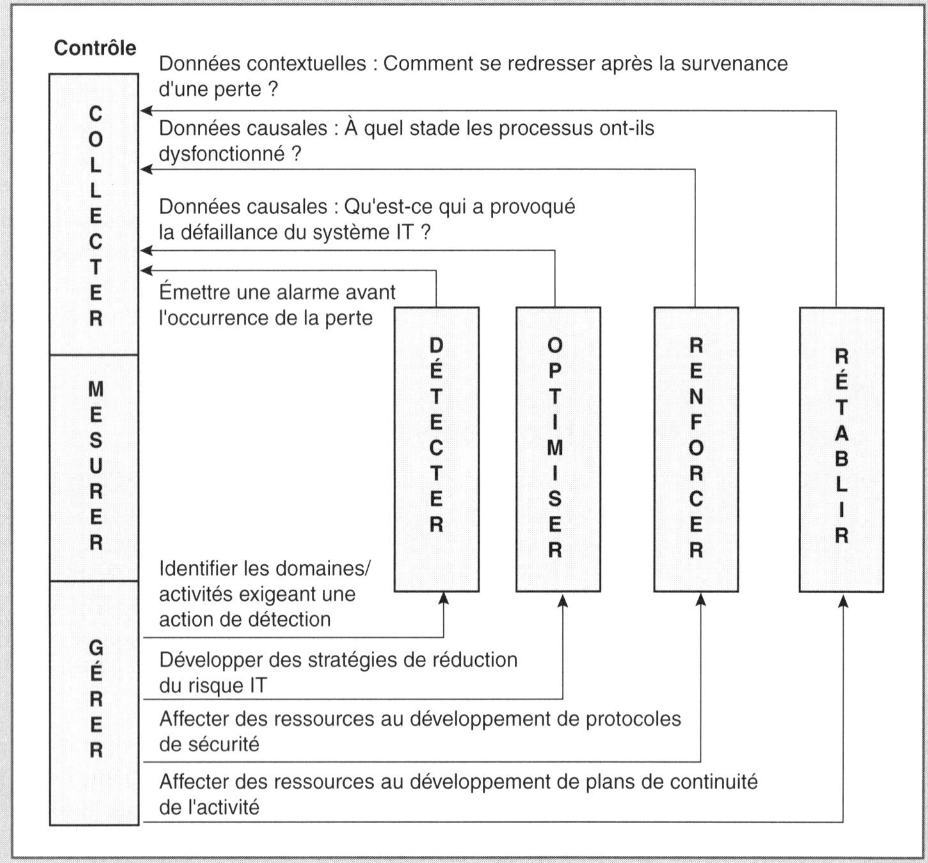

Figure 3.11 – Fonction « contrôle » et gestion du risque opérationnel.

Source : « IBM's Risk Management and Basel II Practice », document interne.

Bien évidemment, même les procédures de contrôle et de détection les plus performantes ne parviendront pas à empêcher l'occurrence de pertes. Il est donc indispensable de rassembler, à partir des autres départements de l'organisation, des données sur les causes des pertes générées par le risque opérationnel, mais aussi sur des situations de risque ayant pu être redressées à temps (comme les quasi-incidents). L'objectif est tout simplement de mettre en œuvre la bonne stratégie, afin de réduire le risque dans le futur.

Une fois que les responsables de la gestion du risque et les autres décideurs clés disposent de suffisamment d'information concernant les sources de risque dans la banque, et que les causes principales du risque ont été clairement identifiées, l'étape suivante consiste à développer et communiquer la stratégie de risque opérationnel au sein de l'organisation.

Dans ce but, des politiques d'entreprise favorisant l'efficience opérationnelle doivent être mises en œuvre. Par exemple, si des erreurs humaines se produisent trop fréquemment en raison de l'inefficience de certains processus d'activité, deux actions simultanées peuvent être envisagées. Il est possible de mettre en place et d'activer des « détecteurs » ainsi qu'un système de surveillance (monitoring), afin de détecter la possibilité d'occurrence d'une perte générée par le risque opérationnel et, par conséquent, d'éviter la réalisation de cette perte. Parallèlement, un reengineering des processus d'activité peut se révéler nécessaire pour simplifier les différentes tâches.

Du point de vue du système IT, l'amélioration des mesures de sécurité est un point de passage obligé. Conjointement avec les différentes fonctions IT de la banque, la fonction gestion du risque opérationnel est responsable de l'allocation du montant adéquat de ressources (humaines et monétaires), afin de développer la stratégie de « sécurité » nécessaire pour la banque. Il peut s'agir, par exemple, de l'installation de mécanismes de prévention de courts-circuits ou de surtensions de systèmes informatiques ou autres.

En définitive, l'identification des risques opérationnels critiques exige un planning spécifique, qui doit permettre à la banque de réagir et de se rétablir très rapidement lorsqu'un événement « opérationnel » survient, ce qui réduit de fait l'impact sur sa rentabilité et son activité clients. À ce niveau, la fonction gestion du risque doit travailler en collaboration étroite avec les responsables de la continuité de l'activité, de façon à les aider à actualiser leur plan/planning de rétablissement/redressement en cas d'occurrence d'événements de risque opérationnel. La fonction gestion du risque doit également définir des priorités et orienter l'engagement de la banque, tant humain que financier, entre les différentes composantes de son architecture IT et de sa structure organisationnelle.

Conclusion

Dans ce chapitre, nous nous sommes intéressés aux nombreuses difficultés posées par la mesure du risque opérationnel et nous avons présenté certaines méthodes disponibles permettant de traiter cet épineux problème. La technologie et l'automatisation jouent également un rôle très important dans la mise en œuvre pratique de ces méthodologies de mesure du risque. Sur ce point, nous avons précisé les grandes lignes du type d'architecture/de système permettant aux institutions financières d'atteindre un niveau d'efficience significatif face au risque opérationnel.

La réforme de Bâle II contraint en effet les institutions financières européennes à mieux comprendre, quantifier et surveiller le risque opérationnel. Alors que les autorités régulatrices exercent une pression permanente afin de disposer d'un volume de données plus important et de meilleure qualité ainsi que de méthodes de calculs plus robustes, les banques doivent faire face, indépendamment de la maturité des solutions et des méthodologies disponibles sur la place. Les institutions financières devraient donc continuer dans les prochaines années à se focaliser sur la collecte des données et les outils analytiques de mesure du risque. La bonne nouvelle est que les vendeurs de solutions de risque opérationnel continuent d'améliorer leur offre, fournissant désormais des interfaces flexibles et faciles à utiliser pour les responsables des différentes lignes d'activités de la banque.

Cependant, il est clair qu'il n'existe pas, et qu'il n'existera probablement jamais, de stratégie « clés en main » face au risque. Simplement, il est indéniable qu'en se focalisant sur la compréhension et la quantification du risque opérationnel sous toutes ses formes les banques font un pas de géant vers une gestion du risque plus performante. Puisque la capacité d'évaluer précisément les différents aspects du risque opérationnel est devenue une condition *sine qua non* de la réussite et de la survie de l'institution financière moderne, c'est sans doute là la seule stratégie possible pour elle.

Bibliographie

Alexander C. (2002), « Rules and Models », *Risk*, janvier.

Basel Committee on Banking Supervision (2001), *Operational Risk*, Consultative Document, janvier.

Basel Committee on Banking Supervision (2001), *Working Paper on the Regulatory Treatment of Operational Risk*, Consultative Document, septembre.

Basel Committee on Banking Supervision (2001), *Sound Practices for the Management and Supervision of Operational Risk*, décembre.

Courage G. (2001), « Loss Distribution Approach. Capital Allocation for Operational Risk », *GARP Risk Conference*, 14-16 novembre, Boston.

Frachot A., Georges P. et Roncalli T., « Loss Distribution Approach for Operational Risk », http://gro.creditlyonnais.fr.

Pezier J. (2002), « Danger Lurks on the Rocky Road to Basel II », *Risk*, janvier.

PARTIE 2

La gestion de la relation client au cœur des stratégies concurrentielles

Le management de la relation client constitue une deuxième voie de compétitivité que les banques ont été amenées à explorer. Les stratégies de fidélisation, la mise en œuvre d'un véritable marketing relationnel, la construction de relations de partenariat supposent là encore la maîtrise des processus organisationnels orientés client.

Au regard des résultats de certaines études et de l'observation des modèles relationnels dans la pratique, il s'agira d'évaluer les conditions de leur efficacité et surtout des contraintes organisationnelles qu'ils supposent.

Chapitre 4

La relation banque-entreprise : état des lieux et perspectives

Siham Bikourane
Université Montesquieu-Bordeaux IV, Creff, Ifrege

Éric Lamarque
Université Montesquieu-Bordeaux IV, Creff, Ifrege

Isabelle Maque
Université de La Rochelle, Institut de gestion, Creff, Ifrege

Les relations banque-entreprise font l'objet de multiples analyses, réactions et discours. Ces relations revêtent une importance d'autant plus grande qu'elles mettent en présence deux partenaires d'un poids économique non négligeable. Le banquier, par sa contribution au financement de l'entreprise, par sa participation éventuelle dans le capital, occupe une place centrale dans le système de gouvernance. Mais la nature des rapports qu'il va entretenir directement avec le dirigeant et avec les actionnaires le place souvent en situation d'influencer les décisions d'investissement et de politique financière. Ainsi, dans l'esprit des dirigeants, le banquier est perçu de manière très différente :

- Le banquier : un mal nécessaire. La relation de l'entreprise avec sa ou ses banques est souvent considérée comme risquée, générant un sentiment de méfiance partagée. Elle est porteuse d'une certaine ambiguïté qui peut se résumer par la remarque souvent entendue du côté du banquier : « lorsque tout va bien pour l'entreprise, celle-ci n'hésite pas à mettre en concurrence les banques, mais lorsque des difficultés apparaissent le dirigeant sollicite un soutien plus affirmé ». Pour le dirigeant de la PME, le banquier constitue une contrainte et un recours incontournable, ce qui alimente parfois un sentiment de résignation. Il a ainsi l'impression de n'être perçu que comme un « risque » finançable ou pas. Son sentiment est que tant que son entreprise se porte bien il n'y a jamais de problèmes avec son banquier. Mais lorsque sa situation se complique, le soutien attendu n'est pas au rendez-vous. De même, les grandes entreprises, dès qu'elles réalisent des profits, cherchent le plus souvent à réduire leur endettement. La relation apparaît ainsi dominée par l'opportunisme de chacun des acteurs dans une logique client-fournisseur. Dans cette optique, la coopération est limitée, voire inexistante, avec comme seule perspective pour le dirigeant de minimiser le coût et les contraintes liées au financement.

- Le banquier : un contre-pouvoir du dirigeant. Dans le cadre de la politique financière, la présence forte de la banque dans le passif de l'entreprise la conduit naturellement à gagner en influence dans le processus de prise de décision. Celle-ci s'exerce principalement dans deux types de situation.

  Tout d'abord, lorsque le banquier est un actionnaire. Dans cette situation, il en possède les prérogatives et, par sa présence dans le conseil d'administration, il est en mesure de contrôler le dirigeant. Il possède ainsi une information privilégiée qui ne lui est pas accessible quand il est simple créancier. Lorsqu'il s'agit d'une entreprise de taille plus modeste, la présence du banquier au capital est possible au travers de ses filiales de capital-investissement. Il a été clairement observé que celui-ci avait un droit de regard et surtout un droit d'amendement sur les projets développés par les entreprises qu'il soutenait.

  Ensuite le banquier, en tant que prêteur, exerce son influence sur le dirigeant et son conseil d'administration lorsque la situation de l'entreprise devient très risquée. Ce phénomène peut être illustré par le cas Vivendi lors de l'éviction de J.M. Messier. Il apparaît clairement que les banques ont, avec d'autres, exercé des pressions sur le conseil d'administration pour obtenir son départ face au niveau de risque atteint. Pour les plus petites structures, la situation est du même ordre. Face à un risque de faillite avéré, et sachant que la banque ne sort jamais sans dégâts d'un processus de liquidation, celle-ci contraint le dirigeant à prendre les mesures nécessaires pour redresser la situation.

- Le banquier : un allié du dirigeant. Dans le système de gouvernance, le dirigeant occupe une position charnière entre les actionnaires et les autres parties prenantes. Dans cette position parfois inconfortable, il est à la recherche d'alliés pour exercer un contre-pouvoir face aux propriétaires (actionnaires). Le banquier constitue alors un recours possible. Pour que les actionnaires ne soient pas une nouvelle fois sollicités lors de la recherche de nouveaux financements, le recours aux banques apparaît comme une bonne alternative qui semble satisfaire l'ensemble des acteurs de la politique financière. Le dirigeant diversifie les sources de son financement et il peut ainsi mieux maîtriser le coût du capital de l'entreprise. Les actionnaires sont satisfaits de ne pas être sollicités de nouveau et considèrent, dans un premier temps, que le recours au financement bancaire obligera le dirigeant à gérer convenablement son entreprise (au moins pour assurer le remboursement du banquier). Si l'entreprise est de bonne qualité, le banquier trouvera un débouché sûr pour son offre de crédit avec une marge bénéficiaire. Cette perspective favorable se traduit souvent par une hausse du cours de Bourse lors de l'annonce du recours au financement bancaire par une société cotée.

La vision du banquier comme partenaire est présente également chez certains dirigeants de PME qui constatent parfois que sans le soutien d'une banque ils n'auraient pas pu mener à bien leur projet. Ils conviennent assez bien également du rôle important du banquier lors d'opérations complexes (développement à l'international, introduction en Bourse, financement complexe…).

Par conséquent, les économistes se sont depuis longtemps interrogés sur la manière dont ces agents coordonnent leur activité. Ces relations sur les continents européen et américain recouvrent des disparités importantes dues notamment à la diversité des structures économique, politique et sociale des différents pays, aux niveaux inégaux de la concurrence et à la plus ou moins grande importance de la dimension financière et bancaire.

En effet, dans certaines économies, les acteurs refusent de s'engager dans une relation durable pour conserver la liberté de choix quant aux opportunités futures. L'adaptation à l'incertain s'effectue au fur et à mesure des événements qui surviennent. Autrement dit, ce type de contrat, dit « discret » ou « transactionnel », possède deux avantages pour les parties contractantes : d'une part, l'incertitude environnementale étant forte, le contrat à court terme, flexible, permet la réversibilité des engagements. La banque comme l'entreprise peuvent décider à tout moment de cesser la relation, en cas d'irruption d'événements non anticipés. D'autre part, un contractant dupé par un comportement opportuniste de la part de l'autre contractant (non-respect de l'engagement initial) peut sortir rapidement de la relation sans que son désengagement entraîne des coûts irrécupérables. Dans ce cas, la banque diversifie sa clientèle et l'entreprise ses sources de financement.

Or, l'évolution des relations d'échange semble avoir amorcé une inflexion. Ces évolutions sont la traduction d'une orientation plus relationnelle de l'échange (Kumar, 1996) qui opère ainsi une mue : d'un état transactionnel et statique, il se métamorphose pour prendre un caractère relationnel et dynamique (MacNeil, 1978 ; Dwyer, Shurr et Oh, 1987). En effet, le rôle des banques a poussé les entreprises à concentrer leurs efforts et leurs ressources sur l'établissement de liens relationnels durables. En outre, la prolifération des services bancaires, à côté des contrats de crédit, a conduit à complexifier la relation et donc les contrats liant les deux acteurs.

Comme l'explique McNeil (1978), le contrat classique soulignait que l'échange était transactionnel et séparé de toutes les relations passées et futures. Les parties ne sont pas concernées par la transaction, le but de l'échange est à court terme, spécifique et limité au contenu de la transaction à un point donné dans le temps. Tous les événements ou conflits imprévisibles sont résolus à travers des règles légales et externes ; et la conclusion du contrat est liée à l'échange des biens. Désormais, l'approche par les contrats ne suffit plus à gouverner les échanges, spécialement sur le long terme.

Les parties s'engagent souvent à long terme, dans des échanges coopératifs et interactifs où la relation est importante et où l'on s'attend à ce qu'elle génère dans le futur des bénéfices mutuels. Les contrats relationnels représentent le pôle opposé des contrats transactionnels et sont caractérisés par des relations personnelles, une communication relativement dense et extensive et des éléments significatifs d'une satisfaction personnelle non économique.

Deux systèmes traditionnellement opposés illustrent ces deux approches : les pays anglo-saxons où le système bancaire est qualifié de transactionnel et dans lesquels les marchés financiers sont extrêmement développés et l'Allemagne ou le Japon où le système bancaire est qualifié de relationnel et dans lesquels les marchés financiers sont beaucoup moins développés. Cette opposition permet d'étudier deux systèmes bancaires, l'un où les relations sont peu développées et l'autre où ces mêmes relations sont très développées et importantes. Face à ces deux pôles, une voie intermédiaire est-elle possible ? Ne faudrait-il pas plutôt regarder au sein de chacun des acteurs les modes d'organisation permettant d'optimiser cette relation ?

1. L'opposition traditionnelle : transactionnel/ relationnel

À travers la littérature, il apparaît que deux niveaux d'analyse bien différents coexistent : celui de la transaction et celui de la relation. Le premier renvoie à l'analyse du contrat *stricto sensu*, conçu alors comme mécanisme de coordination destiné à assurer la réalisation d'une transaction (ou d'une série de transactions rigoureusement identiques), indépendamment des autres interactions que l'entreprise a avec ses partenaires. Le second renvoie à l'analyse de la relation dans son ensemble. Cette analyse intègre l'étude de l'ensemble des « dispositifs de coordination ». Il s'agit des mécanismes contractuels et non contractuels assurant la régulation des relations interentreprises tissées à travers plusieurs transactions indépendantes (voir tableau 4.1).

Tableau 4.1 : Caractéristiques des approches transactionnelle et relationnelle dans le secteur bancaire

	Approche transactionnelle	Approche relationnelle
Objectifs	Rentabilité d'une transaction individuelle	Rentabilité de toute la relation client
Stratégies	Volume de nouvelles transactions Accent mis sur le crédit	Pénétration des clients actuels Ventes multiples de services, de crédits et autres
Marketing	Utilisation du produit Accent mis sur le crédit	Connaissance du produit Accent mis sur le marketing
Fonctions	Vente Chacun pour soi	Gestion des relations internes et externes Coordination des efforts

Source : Adapté de Moriarty, Kimball et Gay (1983).

1.1. L'analyse comparée des deux modèles

Après avoir présenté les principaux fondements des deux modèles, on s'attachera à proposer une évaluation des forces et des faiblesses de chacun d'eux.

Définitions et caractéristiques. Comme mentionné précédemment, **l'approche transactionnelle** renvoie à l'analyse du contrat *stricto sensu* conçu comme mécanisme de coordination destiné à assurer la réalisation d'une transaction. Le contrat est généralement synonyme de froide rationalité. On le perçoit comme un instrument défensif, un mode de protection derrière lequel les parties contractantes pourront se retrancher au moment opportun. Cette conception du contrat tire ses origines de la théorie juridique classique, selon laquelle le contrat se définit comme un accord de volonté destiné à créer des effets juridiquement obligatoires. En d'autres termes, le contrat équivaut à l'ensemble de promesses, légales et licites, pour l'inexécution desquelles la loi prévoit des sanctions judiciaires.

Les contrats formels représentent une promesse ou une obligation d'exécuter des actions particulières dans le futur (Macneil, 1978). Plus le contrat de crédit est complexe, plus grande est la spécificité des promesses et des obligations. Par exemple, un contrat complexe détermine en détail les rôles et les responsabilités particulières, précise les procédures de contrôle et les pénalités en cas de non-respect, et surtout détermine la nature du produit ou service livré. Selon la logique de l'économie des coûts de transaction, la tâche du banquier est de mettre au point un arrangement avec un minimum de coûts, de manière à assurer l'octroi du crédit ou service aux prix et qualité requis par l'emprunteur.

L'économie des coûts de transaction fait référence à trois catégories de hasards liés à l'échange, qui nécessitent des précautions contractuelles : la spécificité des actifs, la difficulté de mesure de la performance et l'incertitude. La spécificité des actifs émerge quand la relation exige des investissements spécifiques relationnels considérables, humains ou physiques. La présence de ces actifs spécifiques transforme la nature de l'échange. On passe de contrats classiques dans lesquels l'identité des partenaires est inconnue à des contrats néoclassiques dans lesquels l'identité des partenaires est centrale (Williamson, 1991). Interrompre la relation entraîne pour la banque une perte de la valeur des investissements spécifiques. Pour faciliter la longévité de la relation, les banquiers recourent donc aux contrats formels en y spécifiant non seulement les actions à entreprendre en cas d'infraction, mais aussi une structure pour résoudre les conflits.

La difficulté de mesurer la performance des projets des emprunteurs constitue aussi une source de hasard. Quand la performance est difficile à mesurer, les parties peuvent limiter leurs efforts dans l'accomplissement de l'accord. Les banquiers mettent en place des contrats très complexes qui servent à contrôler le comportement de l'emprunteur. Par exemple, les clauses peuvent spécifier les modalités de contrôle, l'obligation de présenter les documents nécessaires justifiant la qualité du projet, et, si possible, l'identification de repères pour mesurer la performance du projet du débiteur.

L'incertitude est au centre des problèmes relationnels. Les parties doivent faire face aux problèmes de hasard moral et de sélection adverse, et ce, à travers un contrat formel très complexe.

En somme, les problèmes d'incertitude, en plus de la difficulté à mesurer la performance des projets et de la spécificité des actifs, rendent les contrats plus aléatoires (Williamson, 1985). L'incertitude peut particulièrement décourager la banque à faire des investissements spécifiques quand les modalités de contrôle appropriées sont absentes. Un raisonnement similaire s'applique à la difficulté de mesure.

Dans la pratique, ce modèle est souvent qualifié de « banque à l'acte » et illustre une relation purement transactionnelle limitée dans le temps (Lamarque, 1994). En effet, le recours au banquier ne se fait que pour des opérations ponctuelles ne favorisant pas l'établissement de relations stables avec les clients. La relation de clientèle apparaît comme le moyen d'éviter les stratégies opportunistes de l'emprunteur. D'ailleurs, plusieurs approches, y compris la théorie des coûts de transaction, ont observé que la gouvernance des échanges interorganisationnels implique plus qu'un contrat formel : le contrat relationnel.

Les **approches relationnelles** considèrent des échanges répétés à caractère relationnel, c'est-à-dire des échanges ayant une orientation à long terme délibérée. Elles mettent en exergue le rôle des phénomènes d'interaction dans les échanges et s'intéressent à l'ensemble de la relation entre les partenaires et non seulement à un accord spécifique. À ce stade, l'unité d'analyse n'est plus la transaction ; c'est la relation. Le contrat relationnel se différencie en abordant la relation et sa coordination comme un phénomène bilatéral où des adaptations et des ajustements ont lieu en permanence. Ces ajustements reposent sur des attentes et des normes de comportement partagées qui peuvent différer d'un contexte à un autre. Ainsi, le contrat relationnel place l'interaction entre les individus au cœur des mécanismes des échanges. Selon Macaulay (1963), les entreprises fonctionnent fréquemment avec des normes informelles et sur des pratiques habituelles au secteur d'activité dans lequel elles opèrent. Ces normes permettent la bonne réalisation du contrat sans avoir besoin d'un recours systématique au système juridique. Elles assurent également une certaine flexibilité en évitant de s'enfermer dans les termes d'un contrat. Selon cette approche, la notion de contrat est prise dans un sens très large comprenant un ensemble de règles informelles, de normes et de pratiques. Une théorie plus récente synthétise parfaitement cette approche, la théorie du contrat social élaborée par MacNeil (1980).

Le contrat relationnel est un accord tacite qui permet à la banque de gouverner ses relations avec ses clients en se fondant sur les valeurs et processus convenus, trouvés dans les rapports sociaux. Ce modèle est dit « à l'engagement » (Lamarque, 1994). Les banques cherchent à favoriser l'établissement de relations stables pour réduire l'incertitude grâce à une meilleure circulation de l'information et l'instauration de la confiance.

Le contrat relationnel exige des normes de flexibilité, de solidarité et d'échange des informations. La flexibilité facilite l'adaptation aux événements imprévisibles. La solidarité permet une approche bilatérale pour résoudre les problèmes, créant un engagement pour joindre les actions à travers un ajustement mutuel. Le partage de l'information facilite la résolution des problèmes parce que les parties peuvent partager des informations privées, y compris leurs objectifs à moyen et long termes. Comme les parties adhèrent à certaines normes, la mutualité et la coopération caractérisent le comportement qui en résulte.

Les contrats relationnels permettent aux banques d'atténuer les hasards liés à l'échange, précisés par les contrats formels. L'espérance de continuité qui accompagne le contrat relationnel génère la motivation de s'investir dans un échange spécifique. Cet investissement est protégé par les coûts de rupture élevés qui peuvent s'ensuivre. De manière similaire, l'espérance de longévité minimise le besoin de préciser une mesure de performance sur le court terme. Les deux partenaires espèrent que le manque de performance sur le court terme sera corrigé sur le long terme.

Les mécanismes à travers lesquels le contrat relationnel atténue les hasards liés à l'échange peuvent être de nature économique et sociologique. Les économistes mettent l'accent sur l'origine rationnelle de la gouvernance relationnelle, particulièrement sur les attentes futures de l'échange. Les sociologues, quant à eux, mettent l'accent sur les normes et les liens sociaux qui peuvent émerger d'un échange. La confiance est considérée comme un trait qui se renforce lors d'un échange relationnel.

Intérêts et limites de ces approches. L'intérêt de l'approche transactionnelle est qu'elle met l'accent sur les problèmes de gouvernance dans un contexte où les divergences d'intérêts entre les parties sont un problème majeur à résoudre. Canaliser et harmoniser les intérêts constituent une dimension fondamentale des structures de coordination, dimension qui est à tort largement ignorée dans certaines branches de la littérature (Brousseau, 1995) et qui conduit à considérer qu'une fois les raisons de coopérer réunies le processus lui-même n'engendre pas de problèmes.

L'approche transactionnelle fournit en outre un cadre unifié pour établir un lien entre les caractéristiques des problèmes, les dispositifs de gestion (gouvernance) et les résultats de la coordination. Cette approche met l'accent sur les problèmes de gouvernance des relations interentreprises, plutôt que sur les problèmes de construction et d'organisation des relations. La notion de contrôle contractuel est omniprésente. Néanmoins, il ne faut pas ignorer que le contrat reste la première source de coopération et c'est un mécanisme qui permet d'instaurer la confiance.

D'un autre côté, l'approche relationnelle procure de nombreux avantages à ses utilisateurs (Perrien, Filiatrault et Ricard, 1991). Comme le mentionne, entre autres, Johnson (1981), il existe un besoin pour des relations économiques à long terme. Ce type de relation, lorsque utilisée à bon escient, a de nombreux avantages pour les deux parties. L'instauration de liens affectifs (Heide et John, 1990) permet aux entreprises de se prémunir contre l'opportunisme.

L'adoption d'une approche relationnelle procure des avantages pour les deux partenaires. Pour les entreprises, l'approche relationnelle peut présenter plusieurs avantages :

- la simplification des processus de gestion des services financiers ;
- l'accès plus rapide au crédit : la relation banque-entreprise peut augmenter la disponibilité du crédit (Stiglitz et Weiss, 1981 ; Petersan et Rajan, 1994), réduisant ainsi le problème du sous-investissement (Myers et Majluf, 1984) ;
- la diminution du risque associé à l'achat de nouveaux produits (confiance accordée au directeur de comptes) ;
- l'aide plus évidente en cas de crise ;
- la personnalisation du produit/service.

L'approche relationnelle permet aussi le transfert de la propriété de l'information, l'engagement de continuer la collaboration. La relation bancaire peut être définie à travers deux dimensions. La première, est **le temps** : l'importance de la relation peut dépendre de la durée de l'interaction entre le client et la banque. Wood (1975) pense que la relation existe quand « l'étendue des emprunts actuels affecte les demandes de crédits futures ». La seconde dimension est **l'échelle** qui se rapporte à l'ampleur des services offerts par la banque.

Dans sa forme la plus simple, une relation de clientèle est la reconnaissance que les deux partenaires peuvent améliorer leurs bénéfices en maximisant la rentabilité de leur relation à travers le temps, plutôt que de tirer le maximum de profit à partir d'une transaction instantanée.

Dans sa forme la plus développée, une relation bancaire implique l'établissement d'une relation interpersonnelle et psychologiquement complexe à travers plusieurs niveaux fonctionnels. Ces liens multiples constituent une relation institutionnelle qui peut durer de longues années. Une relation de clientèle implique non seulement plus de rentabilité de l'échange, mais elle inclut la perception d'une dépendance mutuelle entre les deux parties. Ainsi, les diverses interactions sont institutionnalisées. L'interdépendance perçue entre les partenaires est fondée sur la confiance mutuelle, l'ouverture, les objectifs communs et l'engagement sur le long terme.

Les relations de clientèle sont avantageuses pour les banques. D'une part, elles leur permettent d'améliorer l'évaluation du risque des emprunteurs. En donnant naissance à une information spécifique, les banques acquièrent un avantage concurrentiel. D'autre part, la relation de clientèle permet d'améliorer le contrat de crédit. En effet, lorsque la banque engage une relation avec un emprunteur, elle va adapter les conditions de crédit à la situation de ce dernier. Les banques optent donc pour des contrats de crédit qui s'adaptent à la situation des emprunteurs plutôt que pour des contrats de dette standard et rigides qui ne prennent pas en compte l'aspect temporel et dynamique de la relation de crédit.

Cependant, les contrats n'interdisent donc pas toutes les manifestations possibles d'opportunisme. Parce qu'il existe des failles dans le contrat, le bon fonctionnement des relations ne peut reposer que sur la confiance, comme le souligne Charreaux (1990).

1.2. L'illustration par l'opposition traditionnelle : modèle allemand/modèle anglo-saxon

Easterbrook (1997) argumente, lui, que les systèmes financiers sont avant tout le reflet des différences d'efficience des marchés des capitaux. Les États-Unis ont un marché des capitaux important, efficient où les capitaux peuvent circuler librement… Quand les marchés financiers sont moins efficients, un substitut doit être trouvé. Ainsi, il affirme que les banques jouent ce rôle. Du coup, les stratégies bancaires à l'égard des entreprises sont assez nettement différenciées.

Les banques américaines ont passé de nombreuses années (années 1980) à investir dans les technologies de l'information et à rationaliser leurs masses salariales. Elles se sont détournées de l'approfondissement des relations[1] avec leurs clients actuels au profit de l'acquisition de nouveaux clients. Lors de ce processus, les banques ont annihilé une grande partie de leur avantage concurrentiel. Il n'a plus été question d'un accroissement de la qualité du service, l'activité de conseil a disparu ainsi que le contact avec le client qui permettait d'obtenir de l'information concernant le marché. Les banques américaines ont volontairement adopté une stratégie d'échanges « transactionnels » et non pas « relationnels ». Elles ont choisi une stratégie de volume ainsi que le prix et la facilité d'accès comme attrait concurrentiel… et leurs clients ont découvert que d'autres acteurs financiers ou produits pouvaient répondre à leurs besoins financiers de manière tout aussi satisfaisante en matière de prix et de facilité d'accès.

1. « Client cultivation ».

Encadré 4.1

Émergence du secteur bancaire américain

Depuis le milieu du XIXe siècle, les lois fédérales des États américains ont contraint la croissance et les activités des plus grandes institutions financières. Les banques commerciales américaines ont connu des restrictions géographiques, les privant ainsi de la taille et du réseau d'informations nécessaires au financement requis par les grandes entreprises naissantes de la fin du XIXe. Les contraintes ont également concerné les produits et portefeuilles bancaires. Les banques ont aussi été exclues des marchés financiers et des prises de participation dans le capital d'entreprises non financières.

Roe (1994) explique que deux forces majeures ont sous-tendu ces restrictions : le populisme américain, profondément méfiant vis-à-vis du pouvoir accumulé par d'importants acteurs privés, et des groupes d'intérêts, tels que les banquiers locaux*, qui ont bénéficié de la fragmentation du tissu financier. La structure actuelle du système financier américain reflète en partie les forces politiques qui ont contraint la taille et les activités des banques commerciales américaines, les compagnies d'assurance et les autres intermédiaires financiers.

Il explique également que la plupart des personnes font remonter les restrictions de l'activité bancaire aux États-Unis à la législation du New Deal des années 1930 et plus particulièrement au Glass-Steagall Act qui a séparé les banques commerciales des banques d'investissement… mais que les restrictions les plus sérieuses étaient déjà en place bien avant, c'est-à-dire avant la fin du XIXe. Le Glass-Steagall Act n'a fait qu'enraciner l'existant. Par conséquent, le paysage bancaire américain est resté largement fragmenté par rapport à celui de beaucoup d'autres pays, notamment européens.

Le Glass-Steagall Act a été progressivement allégé pour ne plus exister aujourd'hui**. Les banques américaines peuvent donc exercer actuellement l'ensemble des activités bancaires.

Le paradoxe est que, à côté de cette fragmentation du secteur, les plus grandes banques mondiales sont avant tout américaines et britanniques. On peut s'interroger sur cette contradiction apparente et le rattrapage, en cours de réalisation, sur ce marché.

* Leurs intérêts faisant poids parce que rejoignant l'opinion populaire.

** Les banques avaient néanmoins trouvé bien avant sa fin le moyen de contourner la législation, afin d'exercer toute la palette des activités bancaires.

À l'inverse, les banques allemandes ont investi massivement dans le capital humain et l'architecture organisationnelle de ces ressources humaines nécessaires à la poursuite d'une stratégie basée avant tout sur de fortes relations banque-entreprise. Les banques ont offert à leurs clients une activité de conseil et de service de grande qualité et la commodité d'un seul interlocuteur pour l'ensemble de leurs besoins financiers ; les liens étroits avec leurs clients leur ont également permis de s'adapter aux évolutions du marché. Elles ont su conserver leur avantage concurrentiel. Keltner (1995) précise ainsi que même si les produits offerts ne l'étaient pas au meilleur prix, la relation dans son ensemble n'avait pas d'égal.

Encadré 4.2

Émergence du système bancaire allemand

Il faut remonter à l'après-Seconde Guerre mondiale pour expliquer en partie l'importance des banques dans le système financier allemand. Les banques sont venues compenser le sous-développement des marchés financiers allemands ; elles étaient le lien entre les épargnants individuels et les entreprises ayant besoin de ressources financières.

Les banques allemandes ont rapidement adopté le qualificatif de banques universelles, car leurs opérations couvraient et couvrent toute la palette des opérations bancaires existantes : gestion des besoins courants des entreprises (ouverture et tenue de comptes, gestion de trésorerie...), mais aussi gestion d'ouvertures de capital d'entreprises, courtier dans le placement de titres financiers, exercice des droits de vote par procuration confiés par leurs clients, émetteur d'emprunts et investisseur au sein d'entreprises. L'étendue de ces activités bancaires est bien résumée dans les expressions « banque à arrêt unique »*, « médecin de famille financier »** ou « tout pour tout le monde partout »*** désignant les banque allemandes (Rita Esen, 2001). Elles ont acquis un pouvoir important sur les entreprises clientes en étant non seulement la source principale de financement externe, mais aussi en exerçant une multiplicité de rôles.

La fonction de créditeur permet à la banque d'exercer un contrôle sur la gestion de l'entreprise par l'importance de sa créance ainsi que par son pouvoir de renouveler ou non les crédits. La multiplicité des rôles lui permet de développer une relation de proximité et de connaissance approfondie de son client en lui offrant une vision à long terme de l'entreprise... notamment une fonction de soutien à l'entreprise en détresse financière.

L'importance du système des procurations des droits de vote exercées par les banques au nom de leurs clients est également très souvent soulignée et étudiée. La multiplicité des rôles joués par les banques était regardée comme un élément de motivation pour celles-ci à contrôler activement ces entreprises ; les actionnaires individuels comptaient donc sur les banques pour contrôler au mieux la gestion de ces mêmes entreprises. Baums (1992) rapporte que la totalité des banques réunies représentait en moyenne 80 % de tous les droits de vote des différentes assemblées. À une exception près, elles avaient toujours au moins la majorité (plus de 50 %) des votes présents. Les banques avaient donc le pouvoir d'élire les membres des conseils de surveillance élus par les actionnaires****. Les banques allemandes ont souvent placé certains de leurs membres dans les conseils de surveillance, leur offrant ainsi une place de premier choix dans l'obtention d'informations sur le fonctionnement de ces entreprises.

Enfin, Rita Esen (2001) rappelle les liens privilégiés des banques allemandes avec le gouvernement. Elle cite trois grandes banques, la Deutsche Bank, la Dresdner Bank et la Commerzbank, qui, assurées du soutien du gouvernement allemand, ont pris davantage de risques que les banques anglo-saxonnes.

Les banques allemandes ont eu et ont une influence et un rôle bien plus importants dans la vie de leurs entreprises clientes au point de se poser la question de l'optimalité de la gouvernance des entreprises allemandes grâce au rôle joué par le système bancaire allemand.

* « One stop banking ».
** « Financial family doctor ».
*** « Everything for everybody everywhere ».
**** Les employés prennent part au vote de certains conseils.

La relation entretenue avec la clientèle des PME illustre ces stratégies différenciées. Rappelons d'abord que ce segment de clientèle est à l'intersection des besoins de la clientèle de particuliers et des besoins des entreprises ; il est donc généralement traité comme une catégorie spéciale de clients. Keltner (1995) développe le traitement caractéristique des petites entreprises[2] américaines et allemandes.

Aux États-Unis, dans les années 1980, la tendance a été de les gérer comme n'importe quel autre client. Au début des années 1990, ces clients étaient donc traités, dans la plupart des banques, comme la clientèle de particuliers. Un chargé d'affaires leur était rarement assigné pour les conseiller dans leur gestion, les opérations d'investissement et de dépôt suivaient les mêmes canaux que ceux des particuliers et l'évaluation des dossiers de prêts de ces entreprises consistait en une opération centralisée en back-office, sans aucun contact ou connaissance de leurs secteurs d'activité. Les banques accordent leurs crédits de façon procyclique. Quand les banques disposent de beaucoup de capital, elles sont généreuses dans l'octroi de crédit mais, lorsque la récession survient, elles coupent de façon drastique leur offre de crédit.

À l'opposé, les banques allemandes après avoir délaissé ce segment au profit notamment des Caisses d'épargne, ont passé, depuis le début des années 1980, du temps à améliorer leurs compétences relationnelles avec les petites entreprises. Le « branch manager », directeur d'agence, conseille le chef d'entreprise tant au niveau professionnel que personnel.

Selon les cadres de ces banques, l'utilisation de programmes de scoring est une aide dans l'évaluation du risque, mais l'automatisation des décisions de crédit reviendrait à ignorer les facteurs contextuels qui déterminent la réussite ou l'échec des projets évalués.

Cette distinction se retrouve pour le « middle-market » américain ou le « mittelstand » allemand, c'est-à-dire le marché des « moyennes entreprises » ayant un chiffre d'affaires annuel allant de 1 à 250 millions de dollars. Elles dégagent un besoin de ressources financières, mais aussi un besoin de conseils pointus sur leurs investissements et la gestion de trésorerie et si elles exportent, comme c'est le cas de la majorité d'entre elles, elles ont également besoin de services bancaires à l'international.

Keltner (1995) précise que sur ce segment de clientèle les banques américaines parlent de « gestion relationnelle »[3] pour signifier qu'elles souhaitent s'éloigner de leur stratégie générale de volume et de relations transactionnelles. Il souligne que les grandes banques américaines dépensent des fortunes pour la formation de leurs cadres (chargés d'affaires) à la vaste palette des besoins de ce type d'entreprise… Mais dans les faits leur gestion se caractérise bien davantage par la recherche de volume que par une approche relationnelle. Ainsi, le temps passé à trouver de nouveaux clients serait bien supérieur à celui passé avec les anciens et la plus grande partie des crédits accordés le sont à court terme. Les banques accordent leurs crédits de façon procyclique.

En Allemagne, la gestion relationnelle reste dominante. Les crédits bancaires offerts le sont davantage à long terme, ce qui encourage la banque à soutenir l'entreprise en cas de problème.

2. Professions libérales, commerçants, artisans…
3. « Relationship management ».

Les cadres des banques soulignent aussi que c'est avant tout la gestion de l'entreprise et ses forces qui sont prises en compte lors de l'octroi d'un crédit.

Enfin, le temps accordé aux clients actuels de la banque est une priorité, particulièrement au début de la relation, où trois à quatre rencontres la première année représentent une fréquence courante. Chercher de nouveaux clients ne concerne vraiment que les chargés d'affaires seniors, et là encore la méthode diffère de celle pratiquée aux États-Unis, cette recherche se faisant surtout sur recommandations ou par des approches informelles et non par des appels spontanés[4].

La stratégie de volume des banques américaines a quelque peu détourné les entreprises de cette source de financement. Ne trouvant plus d'activité de conseil ou de compétences distinctives, elles se sont orientées vers les marchés financiers leur offrant de meilleures conditions, notamment de prix… Les petites entreprises préférant dorénavant l'autofinancement ou des financements privés jugés plus stables quand l'activité économique se dégrade.

Au contraire, si les grandes entreprises allemandes se sont davantage tournées vers les marchés financiers, les PME continuent de faire largement appel aux banques, leur permettant notamment de trouver auprès d'elles l'expertise financière que leur taille ne leur permet pas d'acquérir.

2. Peut-on converger vers un modèle unique ?

La période récente marque une évolution dans les modèles traditionnels. Le secteur bancaire allemand est actuellement en train de traverser une crise structurelle. Les résultats financiers des banques allemandes ont chuté de façon spectaculaire. Les nouvelles technologies de l'information ont accru la transparence des marchés, rendu l'entrée de nouveaux concurrents plus facile, affaibli la traditionnelle relation entre la banque et son client et ont très fortement intensifié la concurrence entre banques ainsi qu'entre banques et non-banques.

Les banques ont commencé à faire des ajustements structurels importants. Les PME allemandes demeurent le cœur de métier du marché « entreprises ». Les établissements sont conscients de l'importance des relations établies avec leurs clients, mais elles affirment dorénavant que « aucune banque ne peut maintenir indéfiniment une relation qui ne dégage pas suffisamment de revenu… Nous essaierons de mieux segmenter les entreprises en fonction de leur niveau de risque »[5].

Le modèle de banque universelle allemand est même malmené. Le président de l'association des banques allemandes (2003) affirme qu'il faut faire sortir les avantages inhérents au modèle de la banque universelle, les banques allemandes doivent s'affiner et se concentrer sur les activités cœur de métier, se repositionner sur une culture de ventes[6] centrée sur les activités proches du client. Engagées dans la rationalisation salariale, elles font toutefois attention à préserver le modèle relationnel. Les relations établies avec leurs clients sont primordiales tout comme les compétences de leurs employés, contact principal de la clientèle et spectateur privilégié des évolutions du marché.

---

4. « Cold calls ».
5. Association des banques allemandes, *Banking Survey* (2002).
6. « Sales culture ».

Les banques américaines et anglo-saxonnes se tournent davantage vers la connaissance des clients. Afin de consolider leurs positions concurrentielles, elles investissent depuis une dizaine d'années dans la relation client en développant des programmes de formation à destination de leurs ressources humaines.

Au regard de ces deux séries d'évolution, la question de la convergence est posée. L'émergence d'un modèle intermédiaire apparaît aujourd'hui comme une possibilité réelle et l'exemple de la France peut illustrer ce phénomène. Cependant, cette convergence ne va pas de soi et il apparaît aujourd'hui qu'un regard sur les organisations elles-mêmes, dans leurs processus de décision et d'organisation de la relation, incite chacun des acteurs à améliorer ou à construire un dispositif permettant de gérer les contrats bancaires, qu'ils soient relationnels ou transactionnels.

2.1. Entre convergence et substituabilité des modèles de relation

La littérature sur les relations de clientèle bancaire a généralement considéré le contrat relationnel et le contrat formel comme substituts. La présence de l'un, en particulier le contrat relationnel, dispense de la présence de l'autre (Larson, 1992 ; Gulati, 1995 ; Dwyer *et al.*, 1987). En effet, la confiance réduit les coûts de transaction. Dwyer et Singh (1998) estiment que les arrangements informels supplantent souvent le contrôle formel caractérisant le contrat formel. Gulati (1995) a explicitement estimé que les contrats et la confiance fonctionnent comme substituts : « La confiance élimine les coûts liés aux contrats, diminue le besoin de contrôle et facilite l'adaptation contractuelle. La confiance atténue la peur d'un comportement opportuniste et donc est susceptible de limiter les coûts de transaction associés à l'échange. »

De façon similaire, Uzzi (1997) estime que le renforcement de l'échange dans des structures sociales permet d'économiser le temps consacré à la renégociation des contrats.

Le contrôle social informel élimine le contrat formel. Un raisonnement de substitution émerge : si la banque a confiance en son client, il n'y a qu'un besoin minime pour spécifier les actions contractuellement. D'ailleurs, dans la littérature managériale, la notion de confiance est fréquemment présentée comme antinomique de celle de contrat (Ring et Van de Ven, 1992). Il est vrai que tenter d'enfermer l'intégralité du processus relationnel dans un contrat complet et exécuté au pied de la lettre est à la fois inefficace et générateur de méfiance réciproque.

Dans les situations où le hasard est élevé, la combinaison entre le contrat formel et les arrangements informels peut permettre une meilleure performance de la relation bancaire que le contrat relationnel isolé. La présence de termes contractuels clairs, de remèdes et de processus de résolution des conflits ainsi que des normes relationnelles de flexibilité, de solidarité et de continuité inspire la confiance et la coopération.

Le contrat relationnel dans le modèle économique (Klein, 1996 ; Baker *et al.*, 2002) insiste sur le rôle des échanges répétés dans la création d'une coopération de long terme. Dans ce modèle, la probabilité d'une rentabilité future de l'échange dissuade de la poursuite de gain à court terme qui menace la longévité de la relation de clientèle. Les contrats formels non seulement permettent la spécification formelle des engagements à long terme, mais ils stipulent clairement les sanctions en cas de comportement opportuniste. La réduction des gains à court terme permet d'améliorer les possibilités de coopération en cas d'échange relationnel. Au contraire, l'absence de clauses contractuelles augmente les incitations à l'opportunisme et baisse donc la probabilité de coopération (Baker *et al.*, 1994). La spécification de protections contractuelles incite l'autre partie à adopter un comportement coopératif et complète et pallie ainsi les limites informelles du contrat relationnel. Le contrat formel assure la réussite des premières étapes, assez critiques de la relation.

Le processus de contractualisation peut lui-même encourager la coopération et promouvoir par conséquent une relation de clientèle durable. La création d'un contrat de crédit complexe requiert que la banque et l'emprunteur s'engagent mutuellement dans le processus de coopération, en tenant compte des changements inattendus, des sanctions en cas de conflits. Ainsi, le processus de développement de contrats complexes en réponse aux hasards liés à l'échange affectent positivement la performance des relations futures à travers le développement de relations sociales.

La complémentarité des relations entre le contrat relationnel et le contrat formel peut fonctionner à l'inverse.

Sans tenir compte de la durée de la relation, les dimensions larges de l'échange sont difficiles voire impossibles à spécifier et à cerner contractuellement. Les banquiers sont contraints d'utiliser leurs capacités pour prévoir clairement et contractuellement la résolution future des problèmes potentiels. Il en résulte que, lorsque des événements imprévus apparaissent, les contractants sont incapables de maintenir la continuité de la relation.

Le contrat formel contribue donc à établir des garde-fous (Brousseau, 1996) qui encadrent le comportement des parties, mais il ne permet pas à lui seul de garantir qu'elles adopteront toujours des comportements coopératifs. La coopération apparaît donc comme un processus qui n'est que partiellement encadré par le contrat formel.

Le contrat relationnel peut encourager aussi l'affinement des contrats formels. Du moment où une relation étroite est développée, l'apprentissage émanant de la période antérieure est reflété lors de la révision du contrat formel. En conséquence, les échanges relationnels peuvent développer des contrats formels plus complexes, et ce, progressivement.

Si l'on revient sur les comportements bancaires évoqués précédemment, Brule et Blin (1996) affirment qu'il est évident que pour beaucoup de dirigeants financiers le banquier n'est pas un simple fournisseur… Ils attendent de celui-ci outre la fourniture de crédits de trésorerie à un niveau suffisant et à un coût acceptable une prestation de conseil en matière notamment d'ingénierie financière, de financement à l'international et de gestion de risques de taux et de change : c'est un banquier partenaire dont ils affirment avoir besoin. Dans l'enquête du cabinet Brossard apparaissait le fait que la première qualité du banquier idéal était la fidélité… c'est-à-dire un élément garant de la sécurité de l'entreprise en termes d'approvisionnement en capitaux.

Dans les faits, la recherche des « meilleures conditions » conduit souvent ces mêmes dirigeants à rechercher le banquier moins-disant, ne serait-ce que pour obtenir de leur banquier actuel qu'il s'ajuste sur ces meilleures conditions.

Autrement dit, les entreprises françaises semblent vouloir le meilleur des deux : une fidélité « à l'engagement » mais des conditions « à l'acte » !

Encadré 4.3

Exemple de perception de la relation « entreprise » au niveau d'une agence

Lors d'un entretien réalisé auprès d'un directeur d'agence d'une banque française, la recherche continuelle du parfait équilibre entre l'approche relationnelle et les exigences financières est présente. Si l'approche relationnelle est recherchée, notamment parce qu'elle fidélise le client, elle coûte cher… Celle-ci doit donc être optimisée… Quelques « propos choisis » :

À la question « Comment définissez-vous la relation bancaire ? », ce directeur d'agence a répondu : « Un développement partagé équitablement, c'est-à-dire pour la banque : faire du business, une offre d'opérations, des besoins identifiés et satisfaits – et donc un bénéfice pour l'entreprise ».

Ils cherchent à « industrialiser la relation au quotidien »… pour ainsi accroître la valeur ajoutée et donc la rentabilité, mais « plus il y a d'automatisation plus il faut soigner le client ».

Le client « meilleurtaux.com » ou « meilleurstarifs.com », ils répondent à sa demande, et c'est tout. « On sait que l'on ne peut pas construire. »

Les grosses affaires demandent beaucoup de contacts et « parfois le chargé d'affaires râle, mais c'est normal puisque ça rapporte ». D'autres clients sont « chronophages ». Il faut aider les chargés d'affaires, leur donner des éléments, tels que le rythme nécessaire de visites par rapport à ce que rapporte l'entreprise. Les clients aussi doivent être informés. « Il faut faire de la mise en relation différenciée. »

« Il faut être vigilant sur le trop de relationnel parce que, quand on va se mettre sur la performance, les chargés d'affaires ne seront pas jugés sur le relationnel… »

Source : Thèse en cours sur la relation banque-entreprise.

Une étude de Paulin, Ferguson et Payaud (2000) met en avant une divergence d'attitude entre des banques ayant une approche transactionnelle de leurs ventes et des clients entreprises ayant une approche relationnelle.

Les banques surestiment leur orientation client et les bénéfices de la technologie comme substitut de l'interaction avec leurs clients entreprises.

Les banques ont eu tendance à adopter une approche techno-économique transactionnelle dans la recherche d'une modernisation et rationalisation de leur organisation. L'opinion dominante était que la technologie peut compenser la réduction d'interaction humaine entre un chargé d'affaires et l'entreprise. Il a longtemps été considéré comme un coût d'exploitation plutôt qu'un actif stratégique.

Paulin, Ferguson et Payaud (2000) montrent que les clients valorisent l'aspect relationnel. Ils apprécient la fiabilité dans la relation et ressentent que le chargé d'affaires est une variable clé du succès, qu'il a pour responsabilité d'écouter et d'être conscient des besoins, et ils n'apprécient pas un manque de suivi de leur part. Ils concluent qu'il existe un dilemme pour cette banque encore ancrée dans une stratégie transactionnelle en dépit du fait qu'ils savent que le segment des clients de long terme valorisent et recherchent un échange plus relationnel.

Une autre étude des mêmes auteurs (2000) vient compléter ce tableau. Ils trouvent, en étudiant la nature transactionnelle ou relationnelle d'entreprises et de leur banque, que l'efficacité commerciale des relations dépend de la perception des deux parties, la banque et l'entreprise, de la culture de leur propre organisation. En effet, l'efficacité est la plus importante quand les deux parties se perçoivent de culture relationnelle et la plus faible quand elles se perçoivent de culture transactionnelle.

2.2. Une réflexion nécessaire sur l'organisation interne des deux acteurs

Depuis quelques années, les banques cherchent à s'organiser pour optimiser leurs relations avec la clientèle au travers de leurs stratégies d'approche globale et de ventes croisées. Elles cherchent à améliorer leurs processus internes pour rentabiliser leurs opérations. Cette démarche a été particulièrement sensible vis-à-vis des grandes entreprises (Lamarque, 2002).

Encadré 4.4

Mise en œuvre d'une relation client dans la banque d'investissement

Le problème : chaque métier de la banque d'investissement et de financement disposait souvent d'une large autonomie. La tendance était de s'attaquer en ordre dispersé à la clientèle des grandes entreprises au détriment de l'intérêt global de l'établissement.

L'objectif : aboutir à une relation multimétier entre la banque et l'entreprise de façon à développer le PNB.

La mise en œuvre : les banques d'investissement ont été les premières à développer une approche globale et coordonnée dans les grandes entreprises. Les banques anglo-saxonnes se sont engagées dans le courant des années 1980 dans ces démarches, contredisant en cela la vision traditionnelle d'une approche purement transactionnelle. Cependant, une telle stratégie a nécessité une réorganisation des établissements : la mise en œuvre des principes du marketing relationnel pour une clientèle haut de gamme, un lobbying intense auprès des dirigeants des grandes entreprises au niveau mondial, une implantation mondiale pour être en mesure d'accompagner et de satisfaire les besoins des grands clients.

La nomination de *senior bankers* avec en portefeuille un petit nombre de grands clients, la mise en place de structures de soutien et de coordination de l'offre ont abouti à une meilleure efficacité avec l'objectif d'établir une relation multimétier avec cette clientèle. La dimension relationnelle entre les dirigeants et les banquiers est ici essentielle. Elle est facilitée par la proximité naturelle en termes de raisonnement, de formation et d'attitude face aux problèmes financiers. La nomination de personnalités reconnues de la finance et des affaires, bien implantées dans les réseaux du pouvoir économique et politique, à la tête des filiales françaises des grandes banques d'investissement américaines en est la plus parfaite illustration.

Source : Adapté de Lamarque (2002).

Les relations entretenues avec la clientèle des PME sont, elles, beaucoup plus disparates entre établissements et au sein d'un même établissement. Après la mise en place d'agences spécialisées ou de centres d'affaires, les chargés d'affaires ou les directeurs d'agence restent malgré tout la clé de la réussite sur ce marché. Cela se manifeste à la fois par la relation de confiance qu'ils sont en mesure d'établir avec leurs interlocuteurs, mais également par leur capacité à coordonner l'offre bancaire qui s'est largement diversifiée pour cette catégorie de clients. Celle suppose l'existence de processus et d'une organisation assez précis leur permettant d'identifier au niveau des sièges (régionaux et nationaux), ou au niveau des filiales, les acteurs capables de les aider à formuler une réponse à destination du chef d'entreprise. Cette capacité à proposer et à concevoir une relation globale repose largement sur le chargé d'affaires, mais tout autant sur la qualité et l'efficacité des organisations bancaires.

Encadré 4.5

Rôle du chargé d'affaires

Lors d'entretiens menés auprès de banquiers d'une grande banque mutualiste française, la dualité des approches transactionnelle et relationnelle s'exprime dans le quotidien des chargés d'affaires. Deux types de propos coexistent :

- Le chargé d'affaires exprime l'évolution du lien qui unit le banquier à son client. Ce lien, de concret, physique et contextualisé, devient abstrait c'est-à-dire lié à des critères techniques (ratios et outils perfectionnés d'analyse du risque). Les banques ont coupé dans leurs coûts, se sont concurrencées et se concurrencent sur les prix. Le chargé d'affaires doit être motivé à vendre des produits financiers. Le chargé d'affaires se perçoit alors comme un coût opérationnel et non un actif stratégique.
- Le chargé d'affaires voit également la relation comme un partenariat bénéfique tant pour la banque que pour l'entreprise… et s'il reconnaît que sa banque poursuit une logique de vente, il lui faut aussi « savoir voir les clients sans avoir rien à leur vendre, simplement pour écouter les clients », surtout les clients de long terme qui valorisent et recherchent un échange plus relationnel. La relation étant faite de « l'accumulation de petits détails », le chargé d'affaires est alors « le personnage clé, un intégrateur de métiers : c'est un interprète, c'est l'interface entre la banque et l'entreprise, c'est le pion essentiel du chef d'entreprise ».

Malgré ces efforts, qui doivent se poursuivre, l'échec ou les conflits pouvant apparaître semblent provenir assez souvent des entreprises elles-mêmes. La critique facile à l'égard des banquiers sur leur frilosité ou leur cynisme cache souvent un manque d'anticipation et un comportement lui-même critiquable de la part des entreprises. La relation avec le banquier doit tout autant retenir l'attention que celle avec des fournisseurs ou même des clients. L'idée est ici d'amener les entreprises à construire un dispositif de gestion de la relation, afin de ne plus se trouver en situation d'infériorité en raison de l'asymétrie d'information et d'essayer de tirer parti d'une relation ainsi plus équilibrée.

L'existence d'un tel dispositif permet de définir des bases explicites de discussion et de négociation conduisant ainsi à vraiment professionnaliser la relation. Si les grandes entreprises disposent de directions financières très structurées capables de négocier avec les établissements financiers, il n'en va pas de même pour les PME. Dans ce cas, la relation est surtout interpersonnelle entre le dirigeant et son banquier. Trop souvent le premier est en situation d'infériorité par manque de préparation à cette « confrontation » et il n'a pas tous les arguments pour convaincre le financeur de le suivre dans son projet. On peut mettre en avant ici la notion de « bancabilité » qui consiste à présenter les projets selon des normes et avec un niveau d'information qui les rend acceptables par la banque. Ce travail sur la bancabilité d'un dossier suppose une préparation en amont de sa présentation :

- Mieux connaître les contraintes de fonctionnement d'un établissement et son processus de décision : beaucoup de dirigeants d'entreprises les ignorent et/ou ne comprennent pas très bien les raisons du niveau des taux qui leur sont proposés. De même, ils ne connaissent pas le cadre réglementaire auquel les banques sont soumises et qui conditionnent bien souvent leur offre. L'idée ici n'est pas de leur trouver des circonstances atténuantes mais, comme dans toute relation commerciale voulant évoluer vers des partenariats privilégiés, il faut bien comprendre les contraintes structurelles qui pèsent sur le processus de « production ». De leur côté, les banquiers devraient davantage expliquer au cours de la discussion la nature exacte de ces contraintes.

- Mieux maîtriser le contenu de ses projets : le banquier, lorsqu'il analyse un projet, va le faire selon un ensemble de critères quantitatifs et qualitatifs que le dirigeant doit connaître pour pouvoir y répondre. Ce qui compte, c'est moins la justesse des prévisions (chiffre d'affaires, coûts…) que la présence effective de documents prévisionnels établis selon des hypothèses sérieuses sur lesquelles on pourra avoir une vraie discussion. L'observation des dossiers de demande de financement de la part des petites structures, en particulier lors des phases de création, montre une très grande pauvreté en la matière. On retrouve bien ici la situation d'asymétrie informationnelle qui ne permet pas au banquier d'évaluer correctement le risque qu'il va prendre. Le dirigeant doit donc s'organiser avec ses équipes pour produire de tels documents.

- Mieux appréhender les aspects humains et relationnels : parmi les critères qualitatifs faisant partie du processus de décision, il ne faut pas sous-estimer la dimension interindividuelle entre le dirigeant et le banquier. Souvent, alors que les aspects quantitatifs et formels ne posent pas de problèmes, le comportement, l'attitude du dirigeant, comme d'ailleurs celle du banquier en charge du dossier, aboutissent à des incompatibilités et à des décisions négatives. Tout autant que le projet, le porteur du projet doit être suffisamment convaincant pour augmenter ses chances d'obtenir un financement.

Conclusion

La contribution du volet bancaire de la politique financière à la création de valeur de l'entreprise doit donc s'appréhender tout autant au niveau des aspects financiers traditionnels (taux, garanties, facturation…) qu'au niveau des aspects organisationnels de mise en œuvre de la relation. La professionnalisation de la relation passe par la construction d'un dispositif interne de gestion de cette relation, en termes de construction de l'information à délivrer au banquier, de fréquence des contacts à l'initiative du dirigeant, des modalités de ces contacts et de leur préparation. Seule une réelle organisation est de nature à réduire les asymétries d'information et les risques d'opportunisme qui en découlent. Pour un dirigeant souhaitant s'inscrire dans une logique plus coopérative, tout en se laissant le droit de faire jouer la concurrence entre les établissements, une prise de conscience de l'utilité d'un tel dispositif paraît nécessaire.

Bibliographie

Association des banques allemandes (2002), *Banking Survey.*

Banque de France (1999), « Corporate Finance in Germany and France », *Bulletin Digest*, n° 70, octobre.

Baums T. (1992), « Should Banks Own Industrial Firms ? Remarks from the German Perspective », *Revue de la Banque de Belgique*, p. 507.

Breuer R. (2003), « Is the Universal Bank Model Successful ? Has there been a Fundamental Change in the Culture at Universal Banks ? ».

Brousseau É. (1995), « De la science du marché à l'analyse économique des formes de coordination », *Les Cahiers français*, n° 272, p. 54-63.

Brousseau É. (1996), « Contrats et comportements coopératifs : le cas des relations interentreprises », *in* Ravix J.L. (s.l.n.d.), *GDR d'économie industrielle, coopération entre les entreprises et organisation industrielle*, éditions du CNRS, collection « Recherche et Entreprise », Paris.

Brule G. et Blin F. (1996), « Les Enjeux d'une négociation équilibrée des conditions bancaires : vers une nouvelle forme des relations banque-entreprise », *Cahiers de recherche*, n° 37, Cerefia, université de Rennes I.

Canals J. (1997), *Universal Banking – International Comparisons and Theoretical Perspectives*, Clarenton Press, Oxford.

Charreaux G. (1990), « La Théorie des transactions informelles : une synthèse », *Économie et Sociétés, sciences de gestion*, n° 15.

Deeg R. (1998), « What Makes German Banks Different », *Small Business Economics*, n° 10, p. 93-101.

Dwyer R.F., Schurr H.P., Oh S. (1987), « Developing Buyer-Seller Relationships », *Journal of Marketing*, vol. 51, p. 11-27, avril.

Dwyer J.H. et Singh H. (1998), « The Relational View : Cooperative Strategy and Sources of Interorganizational Competitive Advantage », *Academy of Management Review*, n° 23, p. 660-679.

Easterbrook F. (1997), « The Political Roots of American Corporate Finance », *Journal of Applied Corporate Finance*, vol. 9, n° 4.

Esen R. (2001), « The Transition of German Universal Banks », *Journal of International Banking*, vol. 2, n° 4, p. 50-57.

Gulati R. (1995), « Does Familiarity Breed Trust ? The Implications of Repeated Ties for Contractual Choice in Alliances », *Academy of Management Journal*, n° 38, p. 85-112.

Heide J.B. et John G. (1990), « Alliances in Industrial Purchasing : The Determinants of Joint Action in Buyer-Seller Relationships », *Journal of Marketing Research*, 27 février, p. 24-36.

Johnson E.M. (1981), « Personal Selling in Financial Institutions », *Marketing of Services*, AMA, p. 21-24, éditions Donneley et Georges.

Keltner B. (1995), « Relationship Banking and Competitive Advantage : Evidence from U.S. and Germany », *California Management Review*, vol. 37, n° 4, été, p. 45.

Klein B.A. (1996), « Why Hold-Ups Occur : The Self-Enforcing Range of Contractual Relationships », *Economics Inquiry*, n° 34, p. 444-463.

Lamarque É. (1994), « La Relation banque-industrie en France », *Cahiers de recherche du Crege 94-06*, Université Bordeaux I.

Lamarque É. (2002), « Pour une analyse organisationnelle de la relation banque-entreprise », *Sciences de gestion*, n° 34, automne.

Larson A. (1992), « Network Dyads in Entrepreneurial Settings : A Study of the Governance of Exchange Relationships », *Administrative Science Quarterly*, n° 37, p. 76-104.

MacNeil I. (1978), « Contracts, Adjustements of a Long Term Economic Relation under Classical, Neoclassical and Relational Contract Law », *Northwestern University Law Review*, vol. 1, n° 72, p. 854-906.

MacNeil I., 1980, *The New Social Contract, An Inquiry into Modern Contractual Relations*, Yale University Press.

Macey J. et Miller G., 1997, « The Political Roots of American Corporate Finance », *Journal of Applied Corporate Finance*, vol. 9, n° 4.

Moriarty R.T., Kimball R.C., Gay J.H., 1983, « The Management of Corporate Banking Relationships », *Sloan Management Review*, vol. 24, p. 3-26, printemps.

Paulin M., Ferguson R.J., Payaud M. (2000), « Business Effectiveness and Professional Service Personnel. Relational or Transactional Managers ? », *European Journal of Marketing*, vol. 34, n°° 3, p. 453-471.

Perrien J., Filiatrault P., Ricard L. (1993), « The Implementation of Relationships Marketing in Commercial Banking », *Industrial Marketing Management*, vol. 22, p. 141-148.

Peters M.A. et Rajan R.G. (1994) « The Benefits of Lending Relationships : Evidence from Small Business Data », *The Journal of Finance*, vol. 49, n° 1, mars.

Ring P.S. et Van De Ven A.H. (1992), « Structuring Cooperative Relationships between Organizations », *Strategic Management Journal*, vol. 13, n° 7.

Ring P.S., Van De Ven A.H. (1994), « Developement Processes of Cooperative Interorganizational Relationships », *Academy of Management Review*, vol. 19, n° 1, p. 90-118.

Rivaud-Danset D. (1991), « La Relation banque-entreprise : une approche comparée », *Revue d'économie financière*, n° 16, printemps.

Roe M.J. (1994), *Strong Managers, Weak Owners : The Political Roots of American Corporate Finance*, Princeton University Press.

Uzzi B. (1997), « Social Structure and Competition in Interfirm Networks : the Paradox of Embeddedness », *Administrative Science Quarterly*, n° 42, p. 35-67.

Williamson O.E. (1985), *The Economic Institutions of Capitalism*, The Free Press, New York.

Williamson O. E. (1991), « The Economics of Organisation : the Transition Cost Approach », *American Journal of Sociology*, n° 87, p. 548-577.

Wood D.J. (1991), « Corporate Social Performance Revisited », *Academy of Management Review*, n° 16, p. 691-718.

Chapitre 5

La gestion de la relation client dans la banque

Véronique des Garets
Université de Tours, IAE, Cermat

Le paysage de l'industrie financière est en perpétuelle évolution, déréglementations ou nouvelles technologies augmentent le nombre de concurrents potentiels. La banque propose aujourd'hui des produits d'assurance et, de leur côté, les assureurs élargissent leurs domaines d'activité vers les produits financiers et la banque. En même temps, les entreprises non bancaires comme la grande distribution intensifient leur action et leur offre. Parallèlement à cette arrivée de nouveaux concurrents, les banques traditionnelles se concentrent. Le marché semble saturé, le taux de bancarisation est à son maximum et le client n'hésite pas à changer de banque s'il est mécontent, ou à multiplier le nombre de ses comptes. La prise en compte du client a donc évolué. D'une vision « produit », on est passé à une vision client. La banque a longtemps considéré ses clients comme autant d'individus que de produits vendus ; le client est aujourd'hui considéré globalement, et la part de clients devient aussi importante que la part de marché.

Le marketing relationnel connaît un engouement certain dans les entreprises de services depuis près de 15 ans ; la banque prend aujourd'hui conscience de son importance pour fidéliser ses clients. Mais tous les clients doivent-ils être fidélisés ? Et comment mieux connaître ses clients pour être plus réactif à leur demande. La gestion de la relation client permet de répondre à ces questions.

Nous allons analyser la situation du marketing relationnel dans les services en général et dans le secteur bancaire en particulier, puis nous aborderons les conditions de mise en place d'une gestion de la relation client dans la banque ainsi que les conséquences organisationnelles de ces nouveaux choix. Enfin, la problématique de la fidélité bancaire sera posée.

1. Le marketing relationnel dans le secteur des services et dans la banque

La première apparition de la notion de marketing relationnel date des travaux de Berry en 1983. Il définit le marketing relationnel comme le fait d'« attirer, [de] maintenir et renforcer la relation client ». On est donc bien au cœur de la problématique de la relation client.

1.1. Du marketing de la transaction au marketing de la relation

Le marketing relationnel s'appuie sur un élargissement du concept d'échange. L'échange relationnel est opposé à l'échange transactionnel sur trois dimensions : une dimension temporelle, une dimension stratégique et une dimension sociale. Dans une dimension temporelle, l'échange relationnel est situé sur le long terme. Sa durée est indéterminée contrairement à l'échange transactionnel qui est instantané. Sa durée donne une nouvelle perspective à l'échange.

Dans sa dimension stratégique, l'échange transactionnel ne nécessite que peu d'investissements, les coûts de changement d'un fournisseur sont considérés comme faibles, la dimension stratégique de l'échange est donc peu étendue. À l'opposé, l'échange relationnel nécessite des investissements importants, et changer de fournisseur a un coût élevé. Des investissements spécifiques ont pu être mis en place pour construire la relation, rendant ces changements plus difficiles. Ces investissements peuvent être constitués d'outils technologiques, mais on peut les élargir au temps passé à mieux connaître son partenaire. La dimension stratégique de l'échange relationnel est donc très élevée.

Enfin, la prise en compte de la dimension sociale de l'échange distingue l'échange transactionnel de l'échange relationnel. L'échange transactionnel considère principalement la dimension économique de l'échange. Le lien social est absent de cette relation. L'approche transactionnelle reprend les thèmes de l'économie classique en plaçant l'échange dans un simple mécanisme d'allocation des ressources (voir *supra*, chapitre 4).

L'échange relationnel, en se plaçant dans le long terme, intègre donc une dimension sociale à l'échange. « Dans un échange relationnel, les participants retirent des avantages personnels, des satisfactions de nature non économique et s'engagent dans un échange social » (Dwyer *et al.*, 1987).

Payne, Christopher, Clarck et Peck[1] (1998) mettent en parallèle ces deux orientations (voir tableau 5.1).

Tableau 5.1 : Passage du marketing de la transaction au marketing de la relation

Marketing de la transaction	Marketing de la relation
• Orientation à court terme • Intérêt pour la vente isolée • Contact discontinu avec la clientèle • Mise en avant des caractéristiques du produit • Peu d'importance accordée au service clientèle • Engagement limité à satisfaire la clientèle • Contacts avec la clientèle modérés • La qualité est d'abord le souci de la production	• Orientation à long terme • Intérêt pour la rétention de clientèle • Contact continu avec la clientèle • Mise en avant de la valeur du produit pour le client • Beaucoup d'importance accordée au service clientèle • Engagement fort à satisfaire la clientèle • Fort contact avec la clientèle • La qualité est le souci de tout le personnel

Source : Payne *et al.*, (1998).

1. Payne A., Christopher M., Clark M., Peck H. (1998), *Relationship Marketing for Competitive Advantage*, Butterworth Heinemann.

1.2. Les services financiers tournés vers le marketing relationnel

L'approche du marketing relationnel est particulièrement bien adaptée aux services, et donc aux services bancaires, pour quatre raisons (Berry, 1995)[2].

- L'essence même du service rend la relation interpersonnelle fondamentale. La répétition des contacts entre les clients et les fournisseurs de services facilite l'approche relationnelle de l'échange. La recherche d'une qualité de service par l'entreprise vise à favoriser la fidélité du client et donc une relation de long terme. Le secteur bancaire a longtemps recherché la qualité de service par la performance des produits et services financiers commercialisés. Depuis quelques années, la qualité de la relation interpersonnelle est envisagée, conduisant les établissements bancaires vers le développement d'un marketing relationnel. L'intangibilité du service rend difficile l'évaluation *a priori* du service et apporte un risque à l'acheteur. Il doit donc faire confiance à son fournisseur avant d'acquérir le service. Le marketing relationnel est adapté à cette problématique.

- Le secteur des services a été bouleversé ces dernières années par la dérégulation. Les transports, la distribution d'énergie, la banque ont vu les conditions de la concurrence se durcir et le consommateur plus courtisé. Reichfeld et Sasser[3] (1990) ont montré que fidéliser les clients favorise l'augmentation des bénéfices. Leur étude célèbre a montré qu'une réduction de 5 % de l'infidélité des clients pouvait augmenter les bénéfices en moyenne dans les entreprises de 25 %. Cette augmentation est due au coût de recrutement élevé de nouveaux clients aussi bien qu'à l'augmentation du panier moyen des clients les plus fidèles. Une analyse, menée dans le secteur des cartes de crédit aux États-Unis par ces auteurs, a montré que la baisse du taux de défection des clients de 20 à 10 % avait doublé la durée de vie moyenne d'un client, la faisant passer de cinq à dix ans. De la même façon, le produit net par client passait de 134 à 300 $. Ces auteurs ont souligné que si ce taux baissait encore de cinq points, passant ainsi à 5 %, la durée de la relation doublait de nouveau et le produit net passait alors à 525 $. L'entreprise a donc tout intérêt à mettre en place un marketing relationnel.

- Une meilleure connaissance de son fournisseur réduit le risque perçu du client. La construction d'une relation entre le fournisseur de service et le client valorise ce dernier qui aime se sentir reconnu. Cette reconnaissance sociale a été mise en évidence dans de nombreux secteurs de service et en particulier dans le secteur bancaire (Parasuraman *et al.*, 1991[4]). Le secteur bancaire cumule deux difficultés : il fournit un service intangible qui rend la relation interpersonnelle entre le chargé de clientèle et le client fondamentale, il traite d'un « produit » à forte connotation pour le client : l'argent. À ce double titre, l'approche relationnelle de l'échange est particulièrement bien adaptée.

---

2. Berry L. (1995), « Relationship Marketing of Services-Growing Interest, Emerging Perspectives », *Journal of the Academy of Marketing Science*, vol. 23, n° 4, p. 226-245.
3. Reichfeld F., Sasser W. (1990), « Zero Defections : Quality Comes to Services », *Harvard Business Review*, n° 68, octobre, p. 105-111.
4. Parasuraman A., Berry L., Zeithaml V. (1991), « Understanding Customer Expectations of Service », *Sloan Management Review*, printemps, p. 39-48.

Une façon de répondre à ce défi est de renforcer l'image de marque de l'entreprise (Berry et Parasuraman, 1991)[5]. Or, la plupart des banques françaises et européennes ont pris conscience de l'insuffisante différenciation de leur marque. En l'absence d'un réel positionnement, le client choisit l'entreprise la moins coûteuse ou la plus proche de chez lui. Les banques qui vont gagner cette lutte concurrentielle seront donc celles qui pratiquent des prix faibles ou ont le réseau de distribution le plus dense. La grande distribution se lance sur le marché financier avec des avantages sur ces deux points. Badoc (2004)[6] appelle à la création d'une politique de marque pertinente pour les banques européennes, afin de gagner cette lutte concurrentielle. On associera alors à la relation interpersonnelle une relation entre le client et l'entreprise à travers sa marque.

Kapferer représente l'identité de la marque par un prisme à six facettes qu'on peut appliquer à la banque : la facette physique comprend les caractéristiques propres de la banque quant à ses produits et ses services. C'est la facette la plus facile à imiter pour des concurrents ; la facette personnalité permet de personnifier la banque. La facette du reflet repose sur un mécanisme d'identification pour les clients. La facette de la mentalisation représente l'aspect « intérieur » du client. Quelle image de lui-même lui renvoie la banque : un créateur, un bon gestionnaire… ? La facette de la relation représente le type de relation proposée par la banque. Est-ce un rapport de partenariat (« la banque, partenaire de vos projets… ») ou un rapport de pédagogie (« la banque qui vous apprend… ») ? Enfin, la facette culturelle rappelle l'enracinement culturel de l'entreprise. Certaines banques choisissent par exemple d'insister sur leur caractère régional ou mutualiste. L'image crée pour la banque une relation particulière avec le client en lui permettant de la distinguer de ses concurrents et en impliquant un attachement à la marque.

- Le développement des technologies de l'information (TIC) a incontestablement favorisé le développement de la relation dans les services. Elles ont permis une meilleure connaissance des comportements d'achat des clients, une personnalisation des services, une meilleure coordination entre les services proposés au client et un enrichissement des services proposés. Les TIC ont également contribué au développement de la communication ascendante et descendante entre le client et l'entreprise avec une accélération des échanges.

  Dans le schéma de Flambard-Ruaud et Llosa (1999), présentant les facteurs de changement ayant conduit au marketing relationnel (voir figure 5.1), on remarque l'importance de ces TIC. Elles ont engendré à la fois une meilleure information du consommateur et donc des exigences nouvelles de sa part, et de nouvelles possibilités pour les entreprises pour analyser en profondeur leur comportement en évitant la massification des propositions jusque-là dominantes.

  On trouve bien sûr cette évolution des TIC dans le secteur bancaire. Les TIC sont utilisées à la fois dans les processus de gestion interne et dans la relation avec les clients. Elles ont ouvert la voie au marketing relationnel. En interne, les fichiers clients ont été développés et qualifiés, afin de mieux suivre l'évolution des acheteurs.

5. Berry L., Parasuraman A. (1991), *Marketing Services*, Free Press, New York.
6. Badoc M. (2004), « Rénover le marketing bancaire », *Banque stratégie*, n° 216, juin, p. 2-5.

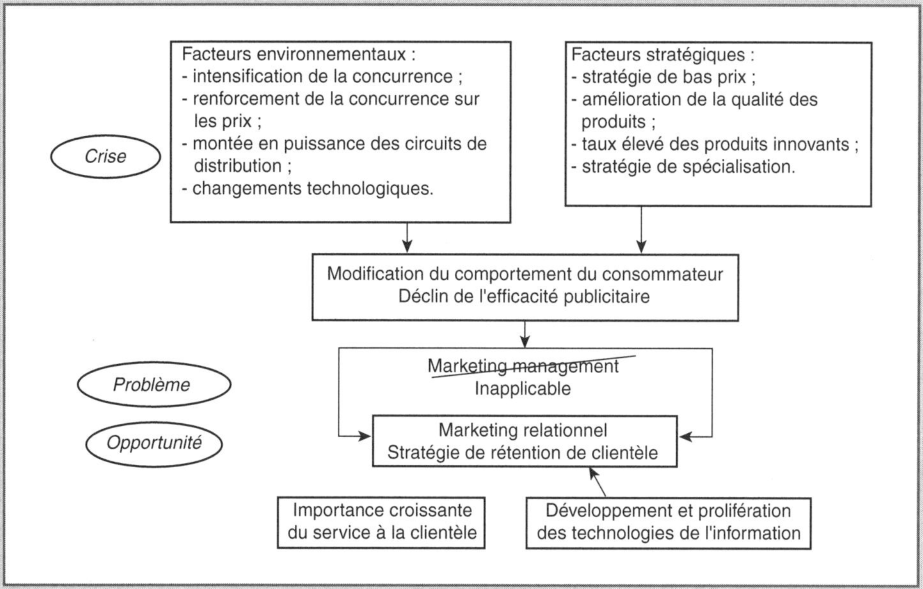

Figure 5.1 – Les facteurs de changement.

Source : Flambard-Ruaud et Llosa (1999)[1].

1. Flambard-Ruaud S., Llosa S. (1999), « Marketing relationnel et marketing des services : une profonde complicité » in Bernard Pras, *Faire de la recherche en marketing*, Vuibert.

La difficulté pour les opérateurs est d'avoir un fichier fiable pour un suivi optimal de la clientèle. Or, si les informations sont correctement saisies lorsque l'individu devient client de la banque, la mise à jour est plus difficile. Pourtant elle est une condition fondamentale à la réussite des politiques de fidélisation menées dans le cadre d'un marketing relationnel. L'ensemble des informations recueillies sur les consommateurs ou les concurrents forme le « système d'information marketing ». En externe, l'explosion des moyens d'échange renforce les liens entre la banque et ses clients par l'envoi de messages personnalisés ascendants et descendants permettant au particulier ou à l'entreprise de rester en relation constante avec son organisme financier.

En même temps que d'une certaine manière les TIC renforcent le caractère relationnel de la relation entre la banque et ses clients, les résultats d'une étude réalisée au Canada auprès des jeunes montre que le niveau d'utilisation des technologies bancaires en libre-service (guichets automatiques et Internet) n'affecte pas la perception du niveau relationnel d'une institution financière, ni l'intérêt du client à s'engager dans une relation à long terme avec une institution (Belisle et Ricard, 2002)[7].

7. Belisle D., Ricard L. (2002), « L'Impact du degré d'utilisation des technologies bancaires libre-service sur la perception des jeunes consommateurs du niveau relationnel de leur banque », Actes du congrès international de l'AFM (Lille, France, mai), vol. 1, p. 517-534.

Les TIC sont donc peut être un élément facilitant la mise en place d'un marketing relationnel, mais ne sont pas suffisants pour sa réussite.

Cette ouverture vers le marketing relationnel a naturellement conduit à s'intéresser à la gestion de la relation client. Lefébure et Venturi[8] (2004) la définissent comme « la capacité d'identifier, d'acquérir et de fidéliser les meilleurs clients dans l'optique d'une augmentation du chiffres d'affaires et des bénéfices ».

Si on compare cette définition à celle du marketing relationnel de Berry que nous avons donnée au début de ce chapitre, nous pouvons constater l'ajout de la sélection des « meilleurs clients » et de l'expression claire de l'objectif qui est d'augmenter le chiffre d'affaires et le bénéfice. Les enjeux de la relation client vont maintenant être analysés.

2. Les enjeux de la gestion de la relation client dans la banque

La gestion de la relation client (GRC), appelée également CRM (*Customer Relationship Management*), a connu un engouement certain dans toutes les grandes entreprises depuis la fin des années 1990. Le secteur bancaire a montré ce même intérêt, mais beaucoup d'entreprises sont aujourd'hui déçues. On peut s'interroger sur les causes de cette déception.

Encadré 5.1

Le CRM vu par les responsables du secteur de la banque et de l'assurance

Pour 33 % des personnes interrogées, le CRM doit constituer un « système au service des clients, qui permettra aux entreprises de mieux les connaître et de leur proposer des services mieux adaptés ». La deuxième définition, retenue par 32 % de l'échantillon, semble plus convaincante : le CRM est ici considéré comme un « système destiné à améliorer l'efficacité des forces de vente ». Des objectifs qui, manifestement, doivent générer des changements au sein même des pratiques des entreprises : 73 % des personnes sondées soulignant que l'introduction de solutions CRM passe nécessairement par une évolution organisationnelle.

Source : « Centres d'appels », *Étude Novamétrie* (septembre 2002).

2.1. Les composantes de la relation client

On distingue habituellement trois catégories de CRM : le CRM analytique, le CRM opérationnel et le CRM collaboratif.

- **CRM analytique :** il vise à améliorer la connaissance et compréhension du client. Il permet également de diffuser l'information dans l'ensemble des processus

8. Lefébure R., Venturi G. (2004), *Gestion de la relation client*, éditions Eyrolles.

commerciaux (entrepôts de données, gestionnaires de campagnes). Le CRM analytique comprend : la connaissance de la clientèle et les analyses de segmentation, le développement de tableaux de bord pour analyser la profitabilité, la mesure de la valeur client et le calcul de la Life Time Value, les scores prédictifs, les applications marketing avec les bases de données marketing, la gestion de campagnes et l'optimisation de la relation. Cet élément également appelé « Business Intelligence » analyse et exploite les données brutes de l'entreprise pour aider à la prise de décision.

- **CRM opérationnel :** le CRM opérationnel est centré sur la gestion quotidienne de la relation avec le client, à travers l'ensemble des points de contact (centres de contacts à distance par téléphone ou Internet, outils de force de vente). Il coordonne les différents canaux d'interaction entre l'entreprise et ses clients en synchronisant les informations pour le marketing, la vente et l'ensemble des services. Ainsi, le CRM opérationnel comprend différents outils : des outils de gestion du client à distance avec les centres de contacts (*call centers* et *web centers*), des outils d'intégration des systèmes téléphoniques et informatiques, des outils de gestion et de partage des connaissances pour optimiser la qualité des réponses apportées (grâce aux bases de données documentaires, aux FAQ – questions et réponses les plus fréquemment posées), des configurateurs de produits, des outils de pilotage de la force de vente avec la remontée automatique des ventes, de l'activité et le partage des agendas. L'ensemble de ces outils optimise le travail de la force de vente en rendant les contacts avec les clients plus fructueux.

CRM analytique et opérationnel se complètent : le CRM analytique distribue la connaissance au CRM opérationnel, lequel remonte des données au premier pour affiner encore cette connaissance. On trouve des exemples de ces flux d'informations dans le tableau 5.2.

Tableau 5.2 : Flux d'informations entre le CRM analytique et le CRM opérationnel

Flux d'informations de l'analytique vers l'opérationnel	• Extractions de clients touchés par des actions de marketing direct, historique des connexions sur le site web… • Liste d'actions à réaliser : rappel systématique tous les semestres d'un client, apparition automatique d'une liste d'actions commerciales à réaliser dans les tâches du jour, génération automatique de la liste des clients ayant demandé dans les trois derniers jours l'envoi d'un relevé client ou une information particulière
Flux d'informations de l'opérationnel vers l'analytique	• Compte rendu des contacts clients, évolution des propositions en cours, réaction aux actions commerciales • Veille commerciale : information sur la concurrence, actions marketing, relevés de prix… • Qualification des clients avec mise à jour de données sur les clients

- **CRM collaboratif :** si les entreprises du secteur du CRM sont d'accord sur les composantes du CRM analytique et opérationnel, on trouve des approches plus variées quant au CRM collaboratif. Par exemple, Gartner Group estime que le CRM collaboratif met en avant les technologies entrant en jeu lorsqu'on est en contact avec le client (voix sur IP, *web call center*…), Scaconsult parle de gestion des connaissances, partage et synchronisation d'informations, d'intégration back-office et de bureaux nomades.

  Dans une démarche de synthèse, on peut estimer que le CRM collaboratif se traduit par la mise en œuvre de techniques collaboratives destinées à faciliter les communications entre l'entreprise et ses clients ainsi que l'intégration avec les autres départements de l'entreprise : logistique, finance, production, distribution.

Il est également possible de représenter le CRM ou GRC par trois approches : une approche technologique, une approche marketing et une approche organisationnelle :

- L'approche technologique comprend l'ensemble des logiciels mis en place pour collecter, traiter et restituer l'information sur les clients et l'ensemble des outils pour communiquer avec les clients : réseau Internet, site web, *call center*… Cette approche technologique permet d'intégrer les nombreux capteurs de l'organisation marketing (chargés de clientèle, guichets, guichets automatiques, *call center*, interfaces web…), les bases de données clients (historique des contacts et des relations, historique des incidents…) et les outils d'analyse (outils décisionnels, *datamining*…). Cette approche est nécessaire à la bonne réalisation de la relation client, car elle saisit la vie du client dans son appréhension la plus large, mais elle ne doit pas être considérée comme unique ou suffisante.
- L'approche marketing révèle l'utilisation du CRM. L'analyse des bases de données permet de mettre en place des stratégies de segmentation marketing efficaces et de personnaliser la relation avec le client. La multiplication des moyens de contact à travers les canaux de distribution permet de répondre aux préférences des clients. Le CRM contribue à créer des événements personnalisés. Par exemple, l'échéance d'un prêt pousse le conseiller de clientèle à proposer un placement adapté. La rentrée universitaire est favorable à la proposition de prêts personnalisés aux étudiants. Les 12 ans d'un enfant sont l'occasion de proposer à ses parents un livret jeune… Les systèmes d'information forment l'outil qui permet à l'approche marketing de s'exprimer au mieux.
- L'approche organisationnelle est fondamentale. Nous avons vu dans le marketing relationnel que la qualité était l'affaire de tous. La culture de la relation client est indispensable à sa réussite, et l'ensemble des acteurs de l'entreprise doit donc être intégré dans une démarche CRM. La mise en place de la gestion de la relation client nécessite également une réflexion sur l'organisation globale de l'entreprise. La répartition du portefeuille client au sein des agences évolue. L'entreprise devient multicanal, mais si le multicanal ne fait que s'ajouter à l'organisation existante elle n'est alors que source de coût.

2.2. Le développement du multicanal dans la banque

L'un des apports importants du CRM a été le développement du multicanal dans le secteur bancaire (voir encadré 5.2). Il consiste à proposer au client de nombreux moyens de contacts. Aux moyens traditionnels que sont le face-à-face dans les agences et la relation à distance par téléphone ou par les automates sont venus s'ajouter Internet et les centres d'appel. Beaucoup de banques ont cherché à externaliser des agences avec des contacts sans valeur ajoutée, sans aller jusqu'à la banque totalement virtuelle. L'échec de Egg a montré les limites du modèle 100 % Internet. Le client bancaire a besoin d'une relation interpersonnelle. Aux États-Unis où la communication Internet est très importante, le nombre d'agences ne cesse d'augmenter en même temps que le secteur se concentre.

Encadré 5.2

Exemple du multicanal chez BNP Paribas

Le coût de l'opération est de 250 millions d'euros sur la période 1999-2002. « L'idée est de gérer, davantage à distance, les services de banque au quotidien, *via* Internet et le téléphone, pour permettre aux commerciaux dans les agences de se concentrer sur le conseil à plus forte valeur ajoutée », résume Jean-Laurent Bonnafé, responsable de la banque de détail de BNP Paribas. Au cœur du dispositif, le centre de relation client (CRC) a pour mission de traiter les appels téléphoniques et les messages électroniques des clients. Il traite les commandes de chéquiers, les virements internes et externes et des informations sur les produits. Quelque 300 téléconseillers traitent ainsi 15 000 appels par jour et 8 000 messages électroniques par mois. Lorsque la demande du client est trop complexe, le téléconseiller a la possibilité d'organiser, pour le client, un rendez-vous avec son conseiller personnel en agence. Les outils informatiques de gestion de la relation client jouent là un rôle crucial : le téléconseiller a non seulement accès aux comptes clients, mais aussi à l'agenda des conseillers, qui définissent au préalable des plages de disponibilité. BNP Paribas a également un projet de banque libre-service. 500 à 600 millions d'euros doivent être consacrés à l'installation d'automates permettant de traiter les activités courantes de guichet. Une hausse des ventes de 10 à 15 % est attendue.

Source : Adapté de *La Tribune* (26 mars 2003).

L'organisation multicanal est double : par segments de clientèle et par produits. Les clients à fort potentiel sont orientés vers les agences où ils peuvent recevoir des conseils individualisés, où la relation est construite selon un modèle « one to one ». Les clients à faible potentiel sont orientés vers les canaux à distance moins coûteux pour la gestion de ce type de clients. La distinction peut également se faire par produits puisque les opérations de gestion courante à faible valeur ajoutée sont privilégiées sur les canaux à distance, alors que les opérations à forte valeur ajoutée sont réalisées en agence. Nous retrouverons ces éléments dans les choix bancaires en matière de segmentation de clientèle.

Une étude réalisée par *Le Journal du net* auprès de 1 187 internautes, dont 95 % sont utilisateurs d'un service de banque à domicile sur Internet, a montré que selon les produits la préférence pour le canal varie. Plus l'opération est impliquante, plus le client favorise un contact en agence.

L'arbitrage des outils de contact

Critères	Téléphone	e-mail	Visite en agence
Obtenir un RDV	66 %	24 %	10 %
Suivre l'avancement d'une opération	35 %	48 %	17 %
Obtenir une documentation	13 %	57 %	30 %
Obtenir un conseil en placement	17 %	12 %	71 %
Obtenir un crédit à la consommation	13 %	14 %	73 %
Financer un achat immobilier	7 %	8 %	85 %

Les responsables du secteur bancaire estiment qu'il est urgent que les agences augmentent leur valeur ajoutée. « En 2003, un directeur général de banque déclarait que les réseaux, quel que soit le nom de la banque sous laquelle ils officient, ne passeraient que 35 % de temps à travailler sur des propositions commerciales. La majorité du temps de travail étant donc consacrée à la gestion administrative ! Surtout existe le risque de faire peser, en bout de chaîne, sur le conseiller de clientèle, des charges de plus en plus lourdes à réaliser sans qu'il ait le temps de les assimiler. Un homme de réseau possède, peut-être, à la perfection sept ou huit produits différents. Or, il doit en proposer en permanence 25, et il en a quelque 150 officiellement à placer. »[9]

Cette stratégie du multicanal implique un double risque : un risque interne et un risque de clientèle. En interne, elle entraîne une évolution des métiers de chargés de clientèle. Ils doivent être impliqués dans le projet afin de comprendre l'interaction entre les canaux. Ils doivent également accepter une redéfinition des portefeuilles de clients en fonction de la nouvelle segmentation envisagée. En externe, le risque est que ces outils destinés à favoriser la relation client, afin de tisser des relations plus étroites entre la banque et ses clients, ne conduisent à l'effet inverse en supprimant la composante sociale de l'échange que nous avons mise en avant au début de cette réflexion. Ces risques sont pris en compte dans l'évolution des agences bancaires.

3. Les conséquences organisationnelles de la GRC

La réussite de la gestion de la relation client repose sur une double réorganisation : une réorganisation des clients autour de nouveaux segments et une réorganisation des agences, donc de l'outil commercial, faisant évoluer ses fonctions pour intégrer les nouvelles orientations stratégiques.

9. Rozelier M. (2003), « Banques et assurances, le multicanal en question », *Marketing direct*, mai, p. 62-67.

3.1. Une réorganisation des clients : la segmentation

La segmentation marketing traditionnelle divise les clients en groupes aux attentes homogènes. Elle permet de définir des objectifs commerciaux adaptés à chacun de ces segments.

Les outils de segmentation de clientèle doivent contribuer à mieux construire une relation avec les clients, selon leurs attentes, en envisageant la valeur actuelle et la valeur potentielle de chacun. Une étude récente menée par Mercer Oliver Wyman auprès de 46 banques européennes montre que 56 % des banques calculent un produit net bancaire par client et que seules 16 % évaluent leur part de portefeuille chez leurs clients. L'ajout de cette donnée permettrait pourtant d'améliorer l'efficacité des réseaux de vente.[10]

L'unité d'analyse pose question : faut-il prendre en compte le compte, la personne, le foyer bancaire, le ménage économique, le foyer économique... ? Le compte, utilisé pendant de nombreuses années, a montré ses limites. L'action commerciale est démultipliée et aucune approche globale des clients n'est alors possible. On est ici dans une vision totalement « produit » de l'activité en oubliant l'approche « client ». La personne est une vision individualisée de la relation bancaire. Dans cette seconde approche, l'individu a plusieurs produits bancaires, et l'approche est déjà enrichie par rapport au premier niveau d'analyse. La notion de ménage ou de foyer économique est encore élargie. Elle permet d'avoir comme unité de segmentation « monsieur et madame » ou le couple ainsi que les enfants habitant à la même adresse. Elle donne une vision transversale du client. Cette approche est complétée par la notion de foyer bancaire qui ne prend corps que si les membres du foyer économique possèdent ensemble un produit bancaire : compte joint, compte titres... La démarche commerciale nécessite une vue globale du foyer bancaire permettant d'optimiser l'offre commerciale. Chacun des foyers est ensuite rattaché à un segment de clientèle selon son potentiel défini à partir d'études externes sur le montant des actifs financiers détenus par la population française. Chacun des segments est également défini en fonction du PNB qu'il procure. Par exemple, trois segments peuvent émerger : le segment des foyers les plus profitables (65 % du PNB, 15 % des clients), le segment des foyers les moins profitables (5 % du PNB, 25 % des clients) et le segment moyen (30 % du PNB, 60 % des clients). Cette première segmentation est affinée par le potentiel estimé des foyers.

La base de données est l'outil fondamental nécessaire à la réussite des politiques marketing. Une analyse des comportements passés des clients en réponse à des campagnes portant sur des produits de crédit ou d'épargne permet de définir des scores d'appétence par segments de clients. Le profil des clients acheteurs est ensuite comparé avec les non-acheteurs sur la même période. Le scoring permet de définir les profils des clients dont la probabilité d'acheter un produit bancaire est forte et ainsi de mieux cibler l'action commerciale. L'efficacité de ces campagnes est réelle : sur une campagne de crédit, le CCF a constaté que le taux de vente réalisé sur les clients avec appétence, donc ciblés à partir des analyses précédentes, passait de 2,1 à 4,8 %[11].

10. Coumaros J., de Leusse P. (2004), « Les Informations clients : un actif stratégique et tactique », *Banque stratégie*, n° 216, juin, p. 9-10.
11. Catherine Hazart, *Bimagazine*, n° 144.

Cette segmentation démographique traditionnelle peut être remplacée ou complétée par une segmentation comportementale qui oriente vers l'utilisation du multicanal par les clients.

Tableau 5.3 : Profils comportementaux du segment « moyen, haut de gamme à potentiel »

Clients basiques multicanaux	• Ne détiennent pratiquement aucun produit en dehors du compte courant, du compte sur livret et des crédits immobiliers • Utilisation moyenne de l'agence qu'ils remplacent souvent par les automates et les canaux à distance
Débiteurs high-tech	• Détiennent de nombreux crédits • Détiennent très largement des placements risqués • Utilisent très fréquemment les canaux à distance et les automates
Débiteurs bicanaux	• Détiennent très largement toute la gamme des produits de crédit • Sont des grands utilisateurs de l'agence et des automates
Patrimoniaux mixtes « high touch »	• Détiennent très largement toute la gamme des produits de placement avec une préférence pour les produits les moins risqués • Utilisent le plus souvent, voire exclusivement, l'agence
Transactionnel « high touch »	• Détiennent des produits financiers variés en très faible proportion • Ne détiennent pratiquement aucun crédit • Sont des grands utilisateurs de l'agence

Source : Adapté de Coumaros et de Leusse.

La connaissance fine du comportement du client permet de mettre en œuvre une gestion individualisée du client en définissant le canal le plus adéquat. Par exemple, si la prise de rendez-vous par la plateforme téléphonique peut être faite pour l'ensemble des segments en appels entrants, les prises de rendez-vous avec des conseillers seront réalisés en appels sortants uniquement pour les clients les plus rentables. De la même façon, des produits simples seront proposés aux segments les moins rentables par des opérations commerciales téléphoniques prédéfinies, alors que les produits complexes seront proposés en agence.

La segmentation s'avère efficace à condition qu'elle associe le potentiel du client et son mode de consommation des services bancaires. Elle permet alors de choisir le canal de communication qui alliera rentabilité et efficacité pour chacun des clients. Elle est à la base de la mise en place d'une démarche CRM dans la banque.

3.2. Une évolution de la place des agences

Toutes ces segmentations ne sont efficaces que si elles sont comprises et acceptées par l'ensemble du personnel bancaire, en particulier le personnel des agences. Or, la mise en place d'une nouvelle segmentation est associée à de nouvelles démarches commerciales proposées en agence nécessitant l'adhésion de tous.

Les obstacles à cette adhésion sont nombreux : ils viennent du personnel comme des clients.

Les chargés de clientèle ont des portefeuilles clients qu'ils gèrent souvent depuis plusieurs années. Ils estiment parfois que l'investissement qu'ils ont pu réaliser dans l'approche de ces clients est anéanti par la nouvelle organisation. L'ancienneté de nombreux salariés rend leurs techniques de travail inadaptées aux nouveaux impératifs de la relation client. La division de la relation client en un ensemble d'actes commerciaux gérés par différents canaux remet en cause la vue globale qu'il possédait sur leurs clients et il leur est demandé d'être plus efficaces dans la vente de produits bancaires. De nombreux agents ont des difficultés à intégrer ces évolutions en mettant à jour régulièrement les données sur les clients. La formation des agents bancaires est donc primordiale dans ce nouveau contexte ; cette formation doit expliquer les objectifs de la segmentation, l'importance de la relation client et du « one to one » et l'aide apportée par le multicanal aux chargés de clientèle.

La mission de l'agence est donc réorientée vers le conseil personnalisé et la vente. Toutes les fonctions transactionnelles qui occupaient jusque-là les agences sont déportées vers les automates et les canaux distants, permettant d'augmenter le temps consacré aux opérations à valeur ajoutée. Les canaux distants remplissent désormais trois fonctions historiquement assumées par le personnel des agences : les transactions basiques, dont le standard téléphonique, la proposition de produits simples et la prise de rendez-vous avec un conseiller, la diffusion d'informations financières d'ordre général ou sur la banque.

Néanmoins, on constate que les clients restent attachés à leur conseiller. L'argent est un produit impliquant qui nécessite une relation de confiance entre le client et le conseiller. Certains acceptent difficilement d'utiliser des automates pour les opérations courantes. Bien sûr, les plus jeunes, habitués aux technologies de l'information, sont plus ouverts à cette évolution. Un effort d'explication doit donc être fait vers certains segments de clientèle moins réceptifs au multicanal, afin de les convaincre des avantages qu'ils peuvent en retirer, par exemple en horaires d'accessibilité.

La productivité des services financiers n'augmente pas en proportion des efforts réalisés en matière de relation client, les causes organisationnelles sont majeures. L'organisation de nombreuses banques en caisse nationale et caisses régionales rend difficile les échanges entre les différents niveaux de la structure. Les systèmes d'informations ne sont pas toujours unifiés entre toutes les structures et les logiciels ne sont pas encore tous en phase avec cette nouvelle approche du client. Ces difficultés viennent renforcer les freins au changement de la part du personnel.

Les applications de GRC ne sont pas des outils miracles pour comprendre le client et répondre à ses besoins ; elles nécessitent une implication de l'ensemble de l'entreprise bancaire et une réorganisation des fonctions vers le client. Sans cette réorganisation, la GRC ne devient qu'un coût et reste sans intérêt pour la productivité bancaire.

Encadré 5.3

Barclays

La banque Barclays possède une clientèle de 110 000 particuliers. Elle affiche comme objectif de devenir la banque de référence de sa population cible : les *mass affluents*. « Nous ciblons le marché de la clientèle aisée, celle qui dispose d'une moyenne de 50 000 euros de revenus annuels ou dont les avoirs sous gestion chez nous se montent à la même somme », confirme Nathalie Dachicourt qui poursuit : « Historiquement, les clients sont venus chez Barclays pour placer leur argent. Nous ne voulons plus être seulement ce club spécialisé, mais [souhaitons] plutôt répondre aux besoins quotidiens de cette typologie de clientèle. »

L'objectif est donc d'aider les commerciaux à mieux gérer leur portefeuille clients en leur fournissant la bonne information : quel client semble le plus appétant, pour quel type de produit ? Forte de ce constat, la Barclays a intégré ces données dans un *data warehouse* décisionnel, Teradata, situé en Grande-Bretagne. Pour mettre en place un scoring sur les ventes, la banque s'est appuyée sur la suite logicielle de SPSS Clementine. Le socle technologique étant posé, restait à peaufiner l'offre commerciale. « En deux ans, nous avons créé 24 produits pour répondre à l'ensemble des besoins de notre clientèle, c'est énorme », scande Nathalie Dachicourt. Six forfaits clés en main (dont Barclay's Premier, Platinum, Barclays jeunes ou Classic) ont été conçus et marketés en fonction du cycle de vie et de la situation patrimoniale des clients.

Cette organisation nouvelle s'est intégrée en douceur dans l'organisation actuelle : les chargés de clientèle ont élargi leur vision des clients en passant à une vision à 360 degrés (profil, situation patrimoniale, produits détenus, compte rendus d'entretiens). Un système d'alerte automatique les informe des opérations de *cross selling* à mener, l'outil leur fixe des objectifs de diminution du taux d'attrition sur les clients à risques. L'absence d'organisation pyramidale lourde et la taille modérée de la banque expliquent l'intégration aisée de cette nouvelle orientation.

Source : « Relation client, industrialiser sans déshumaniser »,
adapté de *Banque et Informatique*, n° 149 (mai 2005).

Conclusion

La mise en place de la GRC vise à augmenter la rentabilité des clients par des ventes additives, une réduction du coût de gestion des clients et une fidélité accrue. La personnalisation de la relation mise en œuvre ne peut pas être généralisée à l'ensemble des clients. Comme nous l'avons montré, la multiplication des canaux de contact doit permettre de choisir le meilleur canal pour chacun des clients en fonction de son potentiel.

Tous n'ont pas vocation à être fidélisés (voir chapitre suivant dans le cas des jeunes). Il faut également distinguer deux types de fidélité[12]: la fidélité attitudinale qui reflète une préférence ou un engagement vis-à-vis de la banque et une fidélité comportementale qui

12. Des Garets V., Lamarque É., Plichon V. (2003) : « La Relation entreprises-clients : de la fidélité à la dépendance », *Revue française de gestion*, vol. 29, n° 144, mai-juin.

peut se mesurer par le nombre de produits détenus et la possession d'un interlocuteur bancaire unique. Une relation client réussie implique une véritable fidélité de la part du client incluant les deux facettes de la fidélité : la préférence pour la banque et un comportement exclusif envers cette banque. La vente de packages bancaires, de plus en plus courante dans la banque commerciale, donne seulement une impression de fidélité des clients, elle les met dans un état de dépendance qui surestime le succès des opérations commerciales. Penser que le client est devenu fidèle s'avère dangereux pour le long terme.

Opérations marketing, orientation client et stratégie bancaire sont liées ; elles nécessitent une réflexion globale sur les cibles à privilégier, les canaux à mettre en œuvre et les systèmes d'information nécessaires. C'est dans une réflexion plus large sur l'organisation de l'entreprise bancaire qu'on trouvera le succès de ces opérations (voir *infra*, partie 3).

Bibliographie

Badoc M. (2004), « Rénover le marketing bancaire », *Banque stratégie*, n° 216, juin, p. 2-5.

Belisle D., Ricard L. (2002), « L'Impact du degré d'utilisation des technologies bancaires libre-service sur la perception des jeunes consommateurs du niveau relationnel de leur banque », *Actes du congrès international de l'AFM* (Lille, France, mai), vol. 1, p. 517-534.

Berry L., Parasuraman A. (1991), *Marketing Services*, Free Press, New York.

Berry L. (1995), « Relationship Marketing of Services-Growing Interest, Emerging Perspectives », *Journal of the Academy of Marketing Science*, vol. 23, n° 4, p. 226-245.

Coumaros J., de Leusse P. (2004), « Les Informations clients : un actif stratégique et tactique », *Banque stratégie*, n° 216, juin, p. 9-10.

Des Garets V., Lamarque É., Plichon V. (2003), « La Relation entreprises-clients : de la fidélité à la dépendance », *Revue française de gestion*, vol. 29, n° 144, mai-juin.

Dwyer R.F., Schurr H.P., Oh S. (1987), « Developing Buyer-Seller Relationships », *Journal of Marketing*, vol. 51, avril, p. 11-27.

Flambard-Ruaud S., Llosa S. (1999), « Marketing relationnel et marketing des services : une profonde complicité », in *Faire de la recherche en marketing*, Bernard Pras, Vuibert.

Kapferer J.-N. (1991), *Les Marques, capital de l'entreprise*, 3e édition, Paris, éditions d'Organisation.

Lefébure R., Venturi G. (2004), *Gestion de la relation client*, éditions Eyrolles.

Parasuraman A., Berry L., Zeithaml V. (1991), « Understanding Customer Expectations of Service », *Sloan Management Review*, printemps, p. 39-48.

Payne A., Christopher M., Clark M., Peck H. (1998), *Relationship Marketing for Competitive Advantage*, Butterworth Heinemann.

Reichfeld F., Sasser W. (1990), « Zero Defections : Quality Comes to Services », *Harvard Business Review*, n° 68, octobre, p. 105-111.

Rozelier M. (2003), « Banques et Assurances, le multicanal en question », *Marketing direct*, mai, p. 62-67.

Chapitre 6

Les jeunes au cœur de la stratégie de fidélisation des banques

Isabelle Sueur
Université de La Rochelle, ESC La Rochelle, Cerege Poitiers

Mathieu Paquerot
Université de La Rochelle, ESC La Rochelle, Cerege Poitiers

Michel Koch
Université de La Rochelle, ESC La Rochelle

« Les jeunes ont l'avenir devant eux. » Bien plus qu'une simple affirmation d'évidence, il s'agit d'une réalité à prendre en compte, qui privilégie l'approche structurelle des « jeunes au cœur des stratégies de fidélisation des banques » à celle d'un inventaire revisité de quelques opportunités conjoncturelles et commerciales.

L'objectif affirmé de la banque est de fixer, dans la durée, la clientèle (Perrien, Bergeron et Line, 2003) en proposant de « vendre », au bon moment, avec une communication de qualité, les bons produits et les services périphériques personnalisés, qui répondent précisément aux goûts, aux besoins et aux aspirations des clients et qui soient nécessairement rentables pour l'entreprise. Certains professionnels de la finance utilisent volontiers le terme d'« approche patrimoniale » et de « plan financier personnalisé ». Cependant, ceux-ci persistent, souvent par urgence, à proposer des solutions apparemment « sur mesure », sans discernement, faites de produits et de services banalisés, et ce, au coup par coup ! S'agissant de définir les fondements d'une stratégie de fidélisation, les banques ont développé de nombreuses études et analyses statistiques, dont la finalité était d'expliquer et de comprendre les comportements et les attentes des jeunes populations. La comparaison des différentes démarches bancaires fait apparaître une forte similitude des actions entreprises, même si les produits et services, packagés ou non, proposent dans leur commercialisation et leur communication quelques originalités[1].

1. Ce phénomène d'imitation a été largement souligné dans la littérature académique (Benavent et Meyer-Waarden, 2004) et conduit à interroger un certain nombre d'auteurs sur la rentabilité des programmes de fidélisation.

Les véritables différences ne se constatent, bien souvent, que dans la tarification mise en place. À ce titre, les prix pratiqués malmènent des budgets réputés fragiles et sont naturellement mal perçus, donc dissuasifs.

Les résultats constatés, pour encourageants qu'ils soient, ne sont pas à la hauteur des espérances au dire des banquiers eux-mêmes. Il paraît évident qu'il reste beaucoup à faire dans le domaine. La relation des jeunes à la banque est plus complexe qu'il n'y paraît et se résume dans la désormais célèbre formule : « Je t'aime, moi, non plus » ! Cela est d'autant plus dommageable que les jeunes sont potentiellement les clients les plus infidèles[2]. Ce sont eux qui déménagent le plus : le taux de mobilité moyen des 25-34 ans était de 61 % en 1996, il atteignait 79 % pour les 25-29 titulaires du baccalauréat ou plus[3]. Cela renforce, s'il est besoin, l'idée selon laquelle le développement de l'attachement des jeunes à l'enseigne bancaire revêt un intérêt stratégique.

Pour ces raisons, il est opportun de proposer une logique d'investigation socio-économique et financière portant sur l'évolution des comportements et des besoins des ménages en général et sur celle concernant les jeunes en particulier. Il en va de la légitimité, de la pertinence et de l'efficacité des programmes de fidélisation proposés.

Dans une première partie, nous nous intéresserons aux grandes étapes dans la vie économique d'un ménage, puis nous aborderons les revenus des jeunes ainsi que leurs caractéristiques. Nous ferons ensuite une approche critique des pratiques de fidélisation bancaire ; enfin, nous proposerons des pistes contribuant à renforcer la différenciation de l'enseigne et à fidéliser les clients.

1. Les grandes étapes de la vie économique d'un ménage (une famille)

Trois phases, distinctes et chronologiquement complémentaires structurent le raisonnement marketing proposé : la dépendance, l'autonomie et la maturité. Ces différentes périodes rythment la vie économique des ménages et influencent considérablement leurs décisions financières. Elles sont éminemment structurantes pour l'entreprise, en termes d'offre globale, de gestion des avoirs, de rentabilité, d'efficacité commerciale et d'image.

Dans cette optique, trois schémas d'analyse, plus didactiques et démonstratifs que scientifiques, sont proposés ci-après. Ils suggèrent le fil conducteur d'une démarche qui associe les différents paramètres objectifs et subjectifs, utiles à la construction d'une stratégie de fidélisation.

---

2. Zeithaml et Gilly (1987) notent que la résistance au changement augmente avec l'âge des consommateurs.
3. Dubujet F., « Les déménagements forment la jeunesse », *INSEE Première*, n° 647 (mai 1999).

Il s'agit du cycle de vie financier moyen d'un ménage économique (voir figure 6.1), de l'organisation du budget financier d'un ménage, par motivations et intensité des besoins (voir tableau 6.1), de l'appétence aux principaux produits et services bancaires (voir figure 6.2).

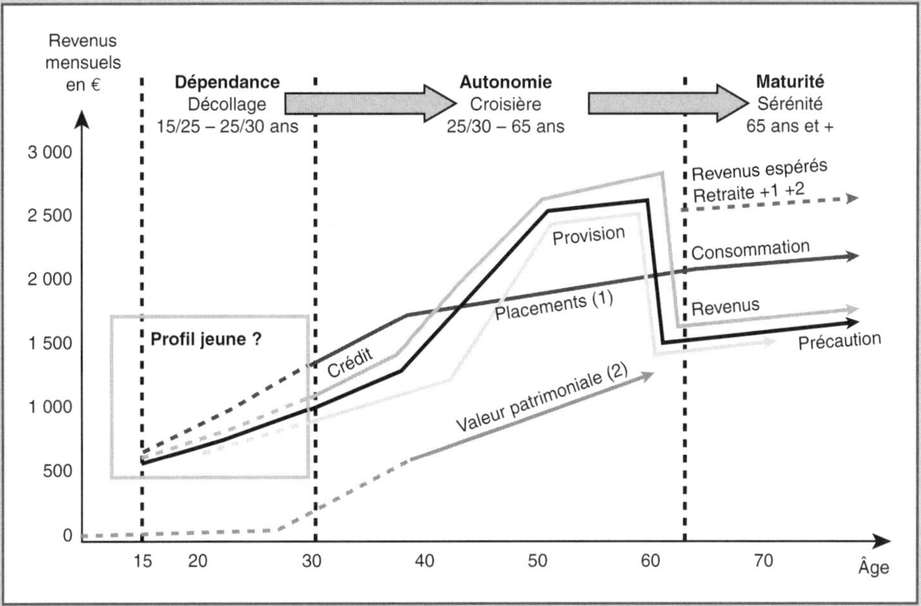

Figure 6.1 – Cycle de vie financier moyen d'un ménage économique.

À la condition de procéder à des projections économétriques et des recoupements statistiques, ces schémas facilitent dans les raisonnements l'intégration de la durée, de l'intensité des motivations, de la subtilité des attentes et des besoins, de la diversité des revenus et de la structure de la consommation des clients potentiels ou réels.

La figure 6.1 décrit, en valeurs moyennes, le cycle de vie financier d'un ménage économique. Sa logique prévaut sur la rigueur mathématique. Elle s'interprète à la fois en évolutions de courbes (valeurs des revenus, consommation, montants d'épargne, accumulation patrimoniale) et en interprétations de surfaces (crédits, précautions, provisions, spéculation…). Cette approche globale aide à conceptualiser les raisonnements portant à la fois sur les flux et sur les stocks financiers. Cela explique comment, au moment de sa retraite, un ménage senior peut compenser la chute brutale de ses revenus par ses acquis financiers et immobiliers.

Le tableau 6.1 met en évidence la nécessité d'établir la corrélation qui existe entre d'une part les ressources d'un individu et d'autre part l'intensité de ses besoins.

Il souligne que l'importance du montant des revenus influence considérablement la répartition qui en est faite sur les différents postes composant le budget. En effet, plus les revenus sont bas et plus la trésorerie et dans une moindre mesure la précaution (risques) sont concernées. Plus les revenus augmentent et plus les postes sont approvisionnés, en particulier les postes provisions et patrimoine.

Tableau 6.1 : Organisation budgétaire selon les motivations et l'intensité des besoins

Budget	Usages	Délai d'usage	Motifs	Intensité des besoins (1 à 7 +)		
				Dépendance	Autonomie	Maturité
Trésorerie	Alimentation Dépenses courantes	Immédiat	Consommation courante	++++++	++++	+++
Risques	Chômage, maladie (soins)…	Variable par individu (_ 1 an)	Précaution En cas de…	++	+++	+++++
Provisions	Cycliques : impôts, loyers, assurances, cotisations, charges diverses	Périodicité mensuelle et ou annuelle	Provisions court terme et moyen terme	+	+++	++++
	Équipement : voiture, loisirs, installation et entretien…	1 à 3 ans	Provisions et investissements	++	++++	+++
	Établissement : formation, personnel, enfants…	3 à 10 ans	Investissements et rendement		+++	+
Patrimoine	Rentes, valeurs immobilières, immobilier, Bourse, collections…	10 à 20 ans	Rendement et transmission		++++	+++++++
Attentes du client	Services Confiance Reconnaissance Sécurité	Rentabilité Sécurité Considération	Conseils Profit Sécurité Assistance			
Nombre de produits détenus	2 à 3	6 à 8	4 à 6			

La figure 6.2 présente, de manière non exhaustive, les principaux produits et services, répondant aux besoins de trésorerie, de risques, de provisions et de patrimoine en fonction des appétences d'achat ou d'adhésion.

Phases de vie / Produits	Dépendance financière (appétence de 1 à 7)	Autonomie financière (appétence de 1 à 7)	Succession – Maturité financière (appétence de 1 à 7)
Trésorerie (disponible)	**Cash** 7 Compte chèque, CB, etc. 4 Livrets (A, jeune, populaire) 2 CEL 1	**Cash** 3 Compte chèque + CB 7 Livrets 4 Titres court terme 5 Valeurs monétaires 3	**Cash** 4 Compte chèque + CB 5 Livrets 6
Risques (quasi disponible, moyen terme)	**Cash** 2 Livrets (A, jeune, populaire) 6 Assistance 2 Assurance (voiture) 3 Mutuelle (santé) 6 Sécurité parentale 6	**Cash** 2 Livrets 5 Assurances décès, chômage 3 Prévoyance santé 5 Assurance IARD 7 Assurances (famille, professionnelle) 6 Multirisque habitation 3	**Cash** 2 Livrets 7 Assurance décès Assurance obsèques 3 Mutuelle (santé) 5 Assurance IARD 6
Provisions (moyen/long terme)	**Cash** 7 Livret A, PEL, LEL 6 Prêt à la consommation 2 Prêt au logement 4 Pour les 25/30 ans ?	Prêt au logement 1 Prêt à la consommation 4 Portefeuilles (PEA, etc.) Assurances complémentaires 3 PE retraite (assurance vie) 4 PEL, LEL 5	Comptes à terme 3 PEL, LEL 4 Prêt à la consommation 1
Patrimoine (long terme)	Titres, valeurs mobilières 1	Immobilier, PEA 5 Valeurs mobilières (+ actions) 4 Compte titres 4 Capitalisation 2	Compte titres 4 Valeurs mobilières (+ obligations) 4 Capitalisation, assurance vie 5 Rentes 3

Figure 6.2 – Produits bancaires et cycles de vie des clients.

1.1. La dépendance

Cette tranche de vie, dite de « dépendance », concerne les 16/30 ans et peut être comparée au décollage d'un avion. Au dire des aviateurs, c'est le moment où les risques d'accidents ou d'incidents sont les plus grands. Cette phase se subdivise en deux séquences particulières : les 16/25 ans (l'avion roule encore sur la piste !) et les 25/30 ans (l'avion décolle réellement !). Pour les moins de 16 ans, bien qu'il s'agisse d'une véritable population, ayant ses caractéristiques et ses valeurs propres, celle-ci n'est pas retenue dans la présente analyse, car « l'avion est encore en construction ». De par les sources et la nature très particulières de leurs disponibilités financières (étrennes, dons ...), il apparaît, en effet, plus réaliste de parler d'utilisation de l'argent de poche plutôt que de gestion de revenus.

1.2. L'autonomie

Cette tranche de vie, regroupant les 30/65 ans, est normalement plus paisible. Elle correspond, pour rester dans la métaphore aéronautique, au « vol de croisière ». Sa particularité réside dans le fait que cette population participe à la vie active, a fait ses principaux choix existentiels et dimensionne, par des actions concrètes, son existence en termes économiques, financiers, sociaux et familiaux. De par la nature et la régularité des revenus (*sic* !), cette étape s'évalue généralement au travers de l'élaboration et de la gestion d'un budget « individuel ou familial ». La consommation, l'investissement, l'installation, l'équipement, la couverture de risques, la fiscalité et la constitution d'un patrimoine se matérialisent par l'élaboration, consciente ou inconsciente, de plans financiers. Pour une banque, cette clientèle représente une part déterminante de son fonds de commerce et s'évalue, potentiellement et réellement, en volume d'affaires.

Ces clients, conscients de leurs responsabilités, sont naturellement exigeants non seulement pour eux-mêmes, mais aussi, bien qu'ils s'en défendent, pour leurs enfants et parfois même pour leurs propres parents. Le courant « affectif », complexe à décrypter, liant « viscéralement » les générations entre elles, représente pour les banques un thème majeur de réflexion en matière de fidélisation.

À ce titre, les études montrent que ces « autonomes » manifestent une propension à « s'autofidéliser ». Ils démontrent ce comportement par la volonté qu'ils déploient pour atteindre leurs objectifs. Aussi, les établissements financiers doivent chercher en permanence la bonne argumentation et trouver des « plus » commerciaux, financiers et fiscaux, améliorant le rendement global des capitaux qui leur sont confiés et qui portent sur :

- la tarification juste, transparente et bien comprise ;
- la qualité et la pertinence du conseil ;
- l'efficacité des services périphériques proposés ;
- les avantages induits, favorisant la famille proche ;
- la qualité des produits.

1.3. La maturité

Cette ultime étape s'inscrit, et pour cause, dans la continuité de la période précédente avec la particularité déterminante que représente la perspective d'un atterrissage définitif ! Ce terme existentiel n'est pas sans conséquence sur les besoins et les exigences de cette clientèle. Les « matures » ont les mêmes attentes que les « autonomes », avec, en plus, un besoin exacerbé de sécurité. La notion de risque devient, en effet, de plus en plus insupportable avec le temps.

Ils veulent profiter pleinement de leur retraite en utilisant essentiellement les fruits de leurs investissements. Les intérêts de leurs placements, la rentabilité de leurs immobilisations et le montant de leur retraite composent l'essentiel de leurs ressources. Le patrimoine, qu'ils ont constitué leur vie durant, garantit leur sécurité matérielle au plan économique, social et personnel et représente le « pactole » qu'ils espèrent transmettre à leurs descendants dans les meilleures conditions. La fidélité, que les seniors affichent, est acquise au banquier. Elle s'analyse en termes de reconnaissance.

Les banques, les compagnies d'assurances et autres organismes financiers (mais aussi les agences de voyages, la grande distribution et… les pompes funèbres !) ont largement pris conscience de l'importance stratégique que représente ce marché. Les héritages représentent un impressionnant volume potentiel d'affaires, dont il faut nécessairement s'occuper.

C'est une autre bonne raison d'engager, au plus vite, des actions de fidélisation en direction des futures générations bénéficiaires, dont celle des jeunes.

2. Les jeunes et la banque

Au regard de ces trois étapes, les commentaires suivants s'imposent : la continuité entre la phase « autonomie » et « maturité » est évidente et naturelle. Pour ces clientèles, la satisfaction objective des besoins financiers contribue fortement au maintien de la relation avec l'enseigne bancaire. Dans cette perspective, Jones, Mothersbaugh et Beatty (2002) identifient notamment les coûts liés à la perte de performance comme un facteur d'inertie des clients dans une relation commerciale. D'autres coûts de transaction sont également pris en compte, tels que la recherche d'information sur de nouveaux partenaires, les coûts d'évaluation des performances…

Pour la clientèle jeune, il en va tout autrement. Les besoins de rentabilité, de profit et de sécurité existent fortement. Ils s'expriment et se manifestent différemment sur d'autres terrains, en termes de confiance, de compréhension et de respect d'idéal. Les jeunes refuseront d'être fidélisés s'ils ne se sentent pas compris. La banque devra donc faire la preuve de sa bienveillance. Pour cette clientèle particulière, les notions d'engagement, de confiance et de satisfaction relationnelle, telles qu'identifiées par Bozzo (1999), sont indispensables à sa fidélisation puisqu'ils sont moins équipés en termes de produits bancaires et donc moins sensibles aux arguments de performance économique des produits financiers.

L'analyse des packages de fidélisation destinés aux jeunes fait apparaître un grand classicisme dans leur composition. Il est vrai que la réglementation bancaire en matière de produits et services est très contraignante. Elle laisse peu de place à l'imagination créatrice. En outre, la rigueur des comptes d'exploitation et la consolidation du produit net bancaire sont des contraintes incontournables, qui rappellent à l'ordre les créatifs de tout poil. Dans ces habillages, ce sont les grands produits bancaires et parabancaires (comptes de dépôts, livrets, plans d'épargne, découverts, débits différés ou immédiats, agios, instruments de paiement, prêts, assurances) qui constituent l'architecture de l'offre. L'originalité se limite, dans la plupart des cas, à une appellation « très tendance et/ou opportunément jeuniste[4] ». Seuls, les services extra-bancaires et périphériques associés à l'offre de base (réductions loisirs, services téléphoniques et guides d'information, assurance téléphone portable, magazines, cellules de conseils spécialisés, etc.) font preuve d'un certain esprit d'innovation.

La jeune génération ne souhaite pas se fondre aveuglément dans des miroirs aux alouettes dont les avantages restent, à ses yeux, incertains et contestables. Elle attend que sa banque l'aide à vivre son « aventure » en capitalisant sur son idéalisme et sur ses convictions par des programmes de fidélisation mettant le respect, la confiance, la concertation et la responsabilité en exergue[5]. Gabriel (2003, p. 73) note que « l'exigence d'efficacité sociétale oblige le marketing à impliquer l'entreprise dans son environnement et à doter sa politique opportuniste de visée à plus long terme. La légitimation vise à affirmer la responsabilité de l'entreprise sur un espace plus large que celui défini par les relations marchandes ».

4. Baggoo, pour la Poste ; Mozaïc, pour le Crédit Agricole ; Pack jeune, pour la Société Générale ; Tribu, pour la Caisse d'Épargne…
5. Le respect, la franchise et l'honnêteté sont plébiscités par les 15-30 ans (étude *Jeunes attitudes*, IPSOS, 2003).

Les jeunes désirent pouvoir disposer de produits et de services périphériques modernes qui soient utiles dans leur vie quotidienne. C'est ce que les banques proposent, mais on peut se demander si les jeunes ne se sentiraient pas plus concernés et plus intéressés par des programmes de fidélisation, s'ils étaient assurés que les deux ou trois produits et services qu'ils utilisent participaient à financer de grandes causes régionales, nationales ou internationales[6].

La prise en considération par la banque de leurs propres interrogations renforcerait vraisemblablement la proximité affective entre l'établissement bancaire et sa clientèle jeune. Les banques françaises développent de nombreux programmes de fidélisation, plus ou moins attractifs, en direction des jeunes. Elles ne cherchent pas, cependant, pour des raisons sans doute de rentabilité immédiate, à sortir des sentiers battus. Pour l'heure, les événements semblent donner raison aux banques, puisque, le moment venu, tous les parcours, y compris celui des jeunes, mènent à elles...

À la différence de leurs aînés, les jeunes disposent de revenus dont la spécificité se définit par les trois particularités suivantes :

- la modestie des revenus : hormis quelques situations privilégiées en matière de revenus, les jeunes disposent de revenus mensuels modestes que l'on peut situer dans une fourchette allant de 450 à 900 euros. Ce revenu mensuel est principalement consacré aux frais d'hébergement, aux charges de la vie d'apprenant (études, formation et apprentissage) et aux dépenses d'alimentation, de transport et de loisirs.
- l'aspect aléatoire, conditionnel et non stable des revenus : les revenus des jeunes sont soumis non seulement aux aléas de la vie économique et en particulier à la situation de l'emploi, mais aussi ils sont conditionnés à la situation sociale et financière de leur milieu familial et ils dépendent de leurs propres choix.
- la diversité des sources de revenus : les revenus des jeunes ont principalement comme origine pour une part les salaires et rémunérations des jobs ou petits boulots qu'ils assument souvent à titre précaire. (On notera que les jeunes qui ont intégré définitivement la vie professionnelle et qui disposent de revenus réguliers, qui leur procurent une certaine autonomie, n'entrent pas dans le cadre de cette étude.) Pour une autre part, les revenus des jeunes sont alimentés par tous les transferts sociaux dont ils peuvent bénéficier (allocations diverses, bourses d'études, aides spécifiques, etc.). Enfin, une part souvent importante de leurs revenus provient de soutiens financiers émanant de leur famille ou de leurs proches[7].

---

6. Les jeunes, plus particulièrement les 20-24 ans, sont caractérisés par leur quête de sens ainsi que la générosité (enquête TNS-SOFRES, réalisée pour Radio France et le CERA, novembre 2003).
7. De plus en plus de jeunes, les 25/35 ans, habitent encore chez leurs parents ou dans la mouvance familiale. Ce phénomène n'est pas sans conséquence, en particulier en matière de propension à épargner. On constate fréquemment chez ces « Tanguy » un accroissement de leur capacité d'épargne. En effet, bénéficiant d'avantages en nature, offerts par la famille, les jeunes « postadolescents » font des économies sur certaines de leurs dépenses existentielles (logement, alimentation, habillement, etc.), et c'est ainsi qu'ils augmentent leurs avoirs en épargne de précaution et de prévision.

Ces trois particularités en matière de revenus justifient la spécificité que représente la clientèle jeune pour une banque. Il s'agit bien d'un pari dont l'intérêt s'apprécie *in fine* en termes d'espérance de gain. Ce pari peut se définir comme un accompagnement du jeune dans son itinéraire allant de la dépendance vers l'autonomie financière. Mais aussi comme une prise en compte par l'établissement financier, à tort ou à raison, des ambitions et du projet de vie de son jeune client. C'est enfin un investissement sur l'avenir dont la rentabilité n'est pas certaine. On retrouve dans les éléments de ce pari ce qui normalement doit animer le banquier, à savoir la notion de risque.

On perçoit mieux à la lumière de cette analyse des revenus des jeunes pourquoi la fidélisation de cette clientèle est importante et sans doute difficile à mener, car elle constitue non seulement une logique d'accompagnement sous forme d'un contrat de confiance réciproque dont les valeurs éthiques et d'usage sont plus importantes que les valeurs techniques (voir produits), mais elle représente aussi une manière pédagogique et adulte de maîtriser et de contrôler la situation en termes de responsabilité de la part des deux parties en présence.

Pourtant certains éléments donnent à penser que la clientèle jeune offre des perspectives réelles de rentabilité. Celles-ci sont de trois natures :

- le recours au crédit et à l'épargne contractuelle (équipement, installation, consommation) ;
- la gestion des encours de précaution (assurances, livret) ;
- la gestion de la trésorerie (compte chèques, cartes bancaires et services divers).

Ces trois activités sont par nature fidélisantes, que ce soit par la durée contractuelle des produits, par la satisfaction du besoin de sécurité de l'individu, ou encore *via* les difficultés liées à une modification dans l'organisation des domiciliations des revenus et des dettes. Si l'on ajoute à cela l'accroissement des revenus dans le cadre d'une insertion professionnelle réussie et/ou la probabilité d'être bénéficiaire d'une succession[8], on perçoit l'importance qu'il y a pour les banques de se manifester au plus vite auprès de cette catégorie de clientèle. Une gamme de produits et services appropriés et une invitation à partager des valeurs éthiques, morales et sociales pourraient être à l'origine d'une préférence plus affirmée.

8. Voir Jacques Marseille (2004).

3. Analyse des pratiques de fidélisation dans le secteur bancaire

Il est nécessaire d'approfondir les écarts qui existent entre ce que devraient être les stratégies de fidélisation et les pratiques développées par les banques (voir tableau 6.2).

Tableau 6.2 : Quelques programmes de fidélisation des jeunes proposés par les banques

	La Poste	Société Générale	Crédit Mutuel	Crédit Agricole	
Nom de l'offre jeune	Bagoo (16-25)	Pack jeunes (18-24)	Solutions jeunes (18-25)	Mozaïc (12-25)	
Produits proposés	Livret jeune	Oui	Oui	Oui	Oui
	Compte courant	Oui	Oui	Oui	Oui
	Cartes de retrait (débit différé…)	Oui	Oui	Oui	Oui
	Crédit étudiant	Oui	Oui	Oui	Oui
Services	Cumul de points	Non	Oui	Non	Non
	Lettre d'information	Oui	Oui	Oui	Oui
	Consultation Internet	Oui	Oui	Oui	Oui
	Offres privilégiées[1]	Oui	Oui	Non	Oui
Originalité de l'offre	Appel de la banque lorsque les dépenses sont excessives	Services Bourse	Conseil emploi, formation	Remboursement de la majoration de l'assurance voiture sur 2 ans	

Les produits et services sont peu différenciés, les originalités sont facilement imitables, voire déjà imitées par certains concurrents.

1. Offres privilégiées auprès de partenaires non bancaires.

3.1. La théorie : le programme de fidélisation doit renforcer la différenciation

Les stratégies de fidélisation des clients devraient, en théorie, permettre la différenciation de l'enseigne. En effet, une enseigne très différenciée attire et retient des consommateurs sur des valeurs, des produits ou des services qui ne figurent pas dans l'offre de ses concurrents.

Malheureusement, dans le secteur bancaire, la différenciation reste un exercice extrêmement difficile pour plusieurs raisons :

- La réglementation des produits financiers, notamment ceux destinés aux jeunes, pousse à la banalisation de l'offre.
- La protection juridique des innovations dans le domaine des services est très difficile. Les produits innovants et performants sont, de fait, rapidement plagiés par les entreprises concurrentes.

Si l'offre peut se révéler assez contrainte ou standard, la manière de commercialiser les services favorise la différenciation. Certaines décisions financières prises par les consommateurs ont des effets importants sur la gestion de leur patrimoine (emprunts immobiliers ou crédits à la consommation) ou sur leurs revenus (organisation des placements). Dans cette optique, le banquier, à l'instar du médecin de famille, devrait être perçu par les clients comme le conseiller expert en matière financière. Les bases de la confiance nécessaire à une relation forte et pérenne sont alors jetées.

Dans les faits, les pratiques bancaires ne favorisent pas le développement de relations de cette nature, cela pour plusieurs raisons :

- Les responsables d'agence et les équipes qu'ils animent sont les pièces maîtresses de la relation bancaire. Une constatation s'impose cependant : le turnover de ces personnels est très rapide (deux à trois ans), ce qui nuit à l'efficacité d'une relation expert, laquelle, nécessairement, ne peut s'apprécier que sur la durée. Perrien, Filiatrault et Ricard (1993) notent ainsi que la stabilité des conseillers commerciaux a un impact sur la durée potentielle d'une relation entre une banque et son client.
- De plus en plus, les décisions sont prises en amont (comité des engagements, réunion de direction…), ce qui limite l'autonomie du chef d'agence et casse son image de responsable.
- Les occasions de contact se font plus rares, car les opérations définies comme peu ou pas rentables pour la banque sont de plus en plus réalisées sur des automates bancaires, sur Internet ou encore par le truchement de centre d'appels. Cette mise à distance du client interroge sur le développement d'une stratégie marketing privilégiant pertinence et proximité.

Une stratégie de fidélisation doit favoriser la multiplication des contacts de qualité avec le client et permettre un véritable attachement à l'enseigne. La diversification des canaux de distribution a certainement permis d'atteindre le premier objectif, les contacts automatiques et virtuels sont plus nombreux et s'effectuent sur des plages horaires plus vastes. Pour autant, faut-il se désintéresser du profit qu'un commercial peut tirer d'une bonne rencontre en direct avec son client ?

Les nouveaux concepts d'agence développés récemment par plusieurs enseignes pèseront moins sur le compte d'exploitation (diminution de la charge salariale), mais réduiront la relation commerciale à sa plus simple expression... Dans ce contexte, pour réaliser des arbitrages importants en matière de placement, il sera, en tout état de cause, indispensable pour l'épargnant de rencontrer un conseiller expert. Le risque sera, compte tenu du turnover, que celui-ci soit un parfait inconnu pour le client et réciproquement.

3.2. Les pratiques de fidélisation des banques

Après avoir évoqué les contraintes liées à de telles stratégies, nous en analyserons deux principales caractéristiques : le caractère passif de la fidélité dans ce secteur et la multiplication des stratégies de récompenses.

Contraintes d'une stratégie de fidélisation. Les pratiques de fidélisation peuvent être assez éloignées des approches théoriques.

Certains programmes de fidélisation liés à la monétique ont pour objectif affirmé de modifier les comportements habituels des clients en redonnant aux différents moyens de paiement leur juste place dans la structure monétique tant divisionnaire que scripturale (espèces, monnaie électronique, cartes bancaires, chèques). La finalité est, d'une part, de diminuer les coûts de transaction et, d'autre part, de promouvoir l'utilisation des cartes bancaires.

Cette économie est sans doute intéressante financièrement et à court terme, mais elle pose la problématique de la compréhension et de l'acceptation des clients. On pourrait imaginer que les clients modifient leurs comportements suite aux incitations dirigistes mises en place, mais n'admettent le principe que contraints et forcés. Un tel programme peut nuire à la fidélisation du client, sans que les outils de mesure mis en place ne permettent de faire apparaître ce ressenti négatif préjudiciable à l'objectif prioritaire d'attachement à la marque.

Les attentes de rentabilité à court terme des programmes de fidélisation peuvent nuire à l'efficacité globale de la stratégie développée. Les indicateurs court terme ne permettent pas une approche fine de la satisfaction des clients et, notamment, de leur attachement à l'enseigne. Ces mesures prennent difficilement en compte les effets négatifs des programmes. Par exemple, un client peu satisfait du service, mais ayant des coûts de sortie importants (temps consacré à la recherche d'un meilleur contrat, pénalités de remboursement anticipé, frais administratifs liés à un nouveau prêt), peut décider d'acheter certains autres produits bancaires ailleurs (phénomène de multibancarisation). Les indicateurs de fidélisation font-ils ressortir cet effet négatif ? La question est d'autant plus pertinente, qu'une partie des programmes de fidélisation est confiée à des prestataires externes dont les contraintes financières exigent une rentabilité très rapide. Autrement dit, les indicateurs court terme font apparaître les effets positifs quasi immédiats de l'action développée, et d'aucuns s'en félicitent, alors que les instruments d'analyse à plus long terme font percevoir les effets négatifs par rapport aux résultats escomptés. Le bilan d'un programme de fidélisation ne peut se faire qu'en tenant compte de l'influence de toutes ses composantes et en particulier de celles de ses externalités par rapport aux objectifs décidés tels que : la profitabilité pour l'entreprise, l'attachement à la marque et la fidélisation fondée sur la satisfaction de la clientèle.

Fidélité passive du client : une fidélisation efficace et facile. Moins de 5 % des français changent de banque chaque année[9]... La fidélité passive du client, les coûts de transaction, voire les pénalités, que celui-ci devra supporter expliquent en partie l'immobilisme et la sédentarité du client bancaire. Bozzo, Merunka et Moulins (2003) remarquent que les recherches sur la fidélité doivent faire la part entre la vraie fidélité et celle qui est liée à l'inertie.

La fidélité passive est dotée de plusieurs avantages :

- Elle est simple à mettre en œuvre. La complexité des procédures de sortie ou de rachat, les délais contractuels de résiliation et les pénalités afférentes à toute rupture de contrat peuvent être facilement mises en place par les banques. La nature parfois complexe des produits et les contraintes juridiques qui les régissent facilitent le montage de processus officialisant les coûts et les pénalités de sortie pour les clients en mal de vagabondage financier. Dans ce contexte, l'effet dissuasif pour le client est puissant et immédiat. L'inconfort et le risque de perdre font le reste.
- Elle est généralement très efficace. Un emprunt de 150 000 euros sur 10 ans, assorti d'une pénalité en cas de non-respect de la durée, permet à la banque (en y ajoutant les frais de dossier et de garantie pour un nouvel emprunt) de bénéficier de 7 500 euros de marge de manœuvre en cas de renégociation des prêts par son client, et ce, par rapport aux entreprises concurrentes. Si ce dernier veut changer de banque, c'est le prix de sortie qu'il devra supporter. Ces coûts de transaction n'empêchent pas la renégociation du prêt, mais permettent de faire une offre plus avantageuse que la concurrence, dans la perspective de conserver le client.
- « Plus le client est équipé, plus il est fidèle. » Le développement des offres « bancassurances » confirme cette affirmation, à laquelle il conviendrait d'ajouter l'influence des durées contractuelles des produits sur la fidélité dite « passive ».

Le problème principal de cette stratégie réside dans le fait qu'il ne s'agit pas véritablement de fidélisation ; il s'agit plutôt d'un enracinement de la banque dans la relation avec son client[10].

Cette forme de liberté conditionnelle est de nature à créer dans l'esprit des clients un malaise qui risque fort de se traduire par un discrédit vis-à-vis des banques en général et par une méfiance par rapport à leur banque en particulier. En tout état de cause, il y a risque de déficit d'image pour la banque.

Par ailleurs, on ne peut pas exclure le risque qu'un concurrent aide une personne à quitter sa banque pour venir chez lui, en lui faisant miroiter des aides et des avantages divers facilitant ainsi son « évasion ». Ce type de contre-démarche est coûteux et ne concerne que des clients dont la surface financière potentielle et réelle est importante.

Par ailleurs, le développement de la multibancarisation des particuliers permet de contourner en partie les barrières à la sortie en réalisant ponctuellement des opérations dans d'autres banques (placements chez ING direct...), en fonction des opportunités

9. Source : Enquête de l'AFB CREDOC, citée dans Ronan Chastelier « Le Conseil, produit de fidélisation des banques », *Les Echos*, n° 19200, 15 juin 2004.
10. Ainsi, O'Neil (1989) avance que les coûts de transfert ont un impact important sur la fidélité des consommateurs.

offertes par le marché et de la qualification en termes de spécialisation que le client donne à ses différentes banques. Les 5 % de clients qui changent de banque chaque année ne constituent donc qu'une illusion statistique de la fidélité des clients bancaires. Paradoxalement, ce n'est pas parce qu'ils restent qu'ils sont fidèles.

La multibancarisation des clients et les différentes opérations qu'ils peuvent réaliser en matière de placements ou de prêts sont des preuves d'infidélité. Combien les enseignes perdent-elles de volume d'affaires dans cette perspective ? Même si les clients des banques sont « apparemment fidèles », la maximisation de la part de clients reste un objectif prioritaire.

Pratiques de récompense. De nombreux programmes de fidélisation (récompense par des points, valorisation…) reposent sur une logique d'égoïsme fort : « Je vous donne quelque chose, à vous, cher client ! » Mais ces modèles satisfaisant les besoins d'égoïsme sont, dans la plupart des cas, décevants. En effet, les cadeaux sont de faible valeur, et les clients entrent dans une logique de surenchère inquiétante. Kahneman et Tversky (1979) ont montré dans un article célèbre que les processus de décision ne sont pas les mêmes lorsque les individus anticipent des gains potentiels ou des pertes potentielles. Un même montant de gain ou de perte potentiel ne sera pas évalué de la même façon par les agents. Globalement, ces derniers sont averses au risque et attribuent un poids plus important à une perte qu'à un gain.

Plusieurs applications de ces recherches ont notamment été faites sur le jeu ou les marchés financiers. Elles montrent que les joueurs s'habituent à gagner ou à perdre. Ainsi, un premier gain de 100 euros procure au joueur une satisfaction intense la première fois, mais celle-ci diminue lorsque le même événement se reproduit[11]. Le processus est le même pour les pertes, qui deviennent de moins en moins pénibles pour le joueur à mesure qu'elles se reproduisent.

Une application de ce raisonnement aux programmes de fidélisation fonctionnant avec un système de récompenses « personnelles ou égoïstes» appelle plusieurs remarques :

- Pour maintenir la satisfaction du client à un même niveau au cours du temps avec un tel système, il est nécessaire de toujours augmenter la valeur des récompenses qui lui sont proposées (sauf à jouer sur la variété des récompenses pour leurrer le client). Cette logique conduit soit à une surenchère des programmes de fidélisation en termes de récompense, ce qui est onéreux et de toute façon limité par la réglementation, soit à un accroissement de l'insatisfaction[12] du client lorsque l'entreprise a atteint ses limites en matière de récompense (législation, rentabilité, éthique, logistique, etc.).

---

11. La multiplication des cartes de fidélité dans les portefeuilles des consommateurs contribue, dans cette perspective, à renforcer leur apprentissage des pratiques de fidélisation. Leur satisfaction par rapport aux récompenses offertes risque de décroître au fil de leurs expériences.
12. L'insatisfaction du client peut être liée à deux aspects particuliers. Le premier concerne un sentiment d'injustice lié à une récompense qui paraît illégitime par rapport aux attentes du consommateur : « j'ai obtenu le même cadeau que l'année précédente, pourtant j'ai été fidèle un an de plus et j'ai fait plus de transactions, donc c'est une injustice ». Le second aspect concerne une espérance de gain qui est déçue par la non-prise en considération de sa valeur. Mais cela suppose d'attacher une importance (ou une valeur) au gain, même si cette importance est purement symbolique.

- Une autre possibilité consiste à éviter de récompenser directement le client, et ce, afin d'éviter de développer en lui une accoutumance à des gains forcément toujours supérieurs aux précédents. Pour ce faire, une organisation permettant la redistribution par le client lui-même, en tout ou partie, de sa récompense ou de son cadeau au profit d'acteurs exerçant une action résolument positive sur son environnement personnel et familial, proche ou étranger, serait de nature à valoriser à ses yeux son action privilégiant l'altruisme à l'égoïsme.

Autrement dit, les modèles basés sur des récompenses « égoïstes » trouveront inéluctablement leurs limites, sauf cas particuliers[13]. Il est donc opportun d'envisager d'autres formes gratifiantes de fidélisation reposant notamment sur les valeurs éthiques et altruistes qui animent le client. Ce faisant, le client est considéré, sur le long terme, comme un citoyen « consom'acteur » responsable.

Une étude réalisée au premier semestre 2004 indique que 87 % des Français estiment que les consommateurs peuvent infléchir la prise en compte de règles éthiques par les entreprises, et qu'ils sont 68 % à penser que les consommateurs vont changer de comportement d'achat, afin d'influencer la manière dont les organisations prennent en compte l'éthique[14].

À l'aune des réflexions qui précèdent et des tendances sociétales identifiées au cours des cinq dernières années d'autre part, il semble que de nouveaux axes stratégiques de fidélisation se dessinent.

4. Les propositions d'axes stratégiques de fidélisation

Le marketing sociétal tel que définit par Kotler (1972) consiste à rajouter aux deux éléments clés du concept de marketing, à savoir la satisfaction client et la rentabilité, un troisième élément appelé le bien-être du consommateur à long terme, mettant ainsi l'accent sur l'opposition d'intérêt entre le niveau individuel et le niveau social[15]. Cette troisième dimension semble cruellement absente des programmes de fidélisation mis en place par les banques.

Ainsi, les remarques faites précédemment sur les pratiques de fidélisation des banques nous permettent d'avancer quelques propositions en matière de stratégie ou de programme.

Notre réflexion s'articule autour de deux éléments :

- les valeurs des clients et en particulier des jeunes ;
- le renforcement de la différenciation de l'enseigne.

---

13. C'est notamment le cas lorsque le bénéficiaire des récompenses ne paie pas les prestations qui lui permettent de les obtenir (exemple des cartes de fidélité de l'industrie hôtelière ou des compagnies aériennes). Mais il s'agit ici de profiter d'un certain opportunisme des prescripteurs qui ne sont pas les payeurs. Il faut noter que de plus en plus d'entreprises négocient des tarifs avec ces prestataires de services en interdisant (pour des raisons éthiques ou fiscales) que leurs salariés bénéficient des avantages des programmes de fidélisation.
14. IPSOS, enquête IPSOS/SOFINCO (avril 2004), *Éthique des entreprises, les consommateurs européens doutent.*
15. Pour une synthèse critique du marketing sociétal, on pourra consulter Crane (2002).

4.1. La valeur des jeunes

Depuis les travaux de Rokeach (1973), les valeurs, que l'on peut définir comme « une croyance durable selon laquelle certains modes de comportement et certains buts de l'existence sont personnellement ou socialement préférables à d'autres » (Valette-Florence, 1994), ont donné lieu à de multiples travaux dans le domaine de la recherche marketing (se reporter à Jolibert et Baumgartner, 1997 pour une clarification des relations entre valeurs, motivations et objectifs personnels). Si nul ne doute de l'existence d'un lien entre valeurs et consommation, il reste très difficile de quantifier cette influence au niveau de comportements de consommation bien particuliers. En revanche, il est plus facile de franchir le pont qui relie les valeurs aux attentes des individus. Schwartz et Bilsky (1987, 1990) identifient des domaines motivationnels stables reposant sur trois groupes de besoins fondamentaux de l'être humain : les besoins biologiques, sociaux et sociétaux. Ce début de XXIe siècle est marqué en France par une prise de distance face au matérialisme qui a prévalu durant les années 1980 (les années frime) et un retour vers des valeurs dites plus « traditionnelles ». Si l'on interroge aujourd'hui les Français sur les éléments constitutifs du bonheur, ils répondent notamment : respect, tendresse, douceur, harmonie, famille, solidarité, sagesse, simplicité, avenir[16]. Ces éléments justifient une approche marketing de la clientèle de nature sociétale.

La population jeune s'inscrit parfaitement dans cette tendance. Les principales préoccupations des jeunes sont la famille, un job intéressant et des amis. Le modèle familial traditionnel est un objectif fort ; il est vécu comme un havre de paix, mais aussi comme le lieu où se transmettent notamment la morale et les règles sociales ; la génération 68 a fait long feu. Même si le travail est cité parmi les éléments les plus importants par les jeunes, ils ne sont pas spécifiquement à la recherche de la réussite professionnelle à tout prix. Ils sont plutôt à la recherche de l'accomplissement personnel, lequel peut se révéler sur un plan privé ou professionnel ; il importe de se réaliser et de trouver sa voie. Cet individualisme fort ne remet pas en cause la quête de sens et la générosité. S'il y a une rupture avec les institutions et les grandes idéologies, générosité et solidarité appartiennent bien au dictionnaire de la jeunesse. 65 % des 15-24 ans se déclarent d'ailleurs prêts à créer une association. Plus que leurs aînés, ils soutiennent les animations de quartier, le développement local et sont sensibles à la défense des droits de l'homme. Enfin, s'ils ressentent moins le besoin de s'identifier à des personnages mythiques que les générations précédentes, ils éprouvent néanmoins un fort désir de considération. Ils sont ordinaires, mais veulent être reconnus en tant que tels. En résumé, ils possèdent les qualités traditionnelles de la jeunesse (générosité, solidarité, quête de sens, rejet du libéralisme sauvage), mais en même temps font preuve d'un grand pragmatisme qui se traduit par le rapport qu'ils entretiennent avec le « marketing way of life » : s'ils ne remettent pas en cause la société de consommation, ils refusent de se laisser manipuler et de plus en plus se tournent d'abord vers la valeur d'usage des biens acquis tout en reconnaissant qu'ils sont sensibles à la publicité[17].

---

16. Sources : www.lecca.com, *Baromètre générosité*, septembre 2004, TNS-SOFRES pour la Fondation de France ; Enquête *Jeunes Attitudes*, 2004 ; *Les Valeurs des jeunes*, étude TNS-SOFRES pour Radio France et le CERA, novembre 2003.
17. *Les Valeurs des jeunes*, étude TNS-SOFRES pour Radio France et le CERA, novembre 2003, *op. cit.*

4.2. Un modèle général de fidélisation autour de la solidarité

Gabriel (2003, p. 70) explique que « l'enjeu consiste pour l'entreprise à intégrer dans sa réflexion stratégique liée à la création de valeur certains enjeux majeurs de la société de laquelle elle fait partie ».

Le challenge actuel d'une banque de particuliers s'articule autour des cinq défis majeurs suivants :

- satisfaire les nouvelles attentes de sa clientèle ;
- améliorer ses résultats d'exploitation ;
- se différencier des enseignes concurrentes ;
- démontrer sa proximité ;
- qualifier son image de marque.

Un constat s'impose. La commercialisation des produits et services bancaires repose principalement sur la vente au coup par coup, produit par produit, en fonction des besoins financiers des clients sous réserve que ceux-ci les formulent par une demande explicite. Les banquiers pensent, à juste titre, que l'accroissement du taux de détention de produits financiers par un même client est suffisant pour renforcer l'attachement à l'enseigne.

Cette vérité trouve apparemment ses limites d'abord par l'évolution des exigences de satisfaction manifestées par les clients qui souhaitent davantage de service pour eux-mêmes, mais aussi, désormais, pour leur « chère descendance », ensuite, par l'actuelle banalisation des offres bancaires et enfin, par la nécessité de consolider les résultats d'exploitation.

Le retour en force de la famille en tant que valeur refuge pour la très grande majorité des Français et l'avènement de la génération décrite précédemment nous semblent constituer un terrain propice au développement d'une nouvelle offre centrée sur les valeurs motivant clients et clients potentiels. Comme le note Bozzo *et al.* (2003), « un consommateur fidèle devrait avoir un fort niveau d'engagement avec la marque ».

Tableau 6.3 : Proposition d'un axe de fidélisation centré sur la solidarité

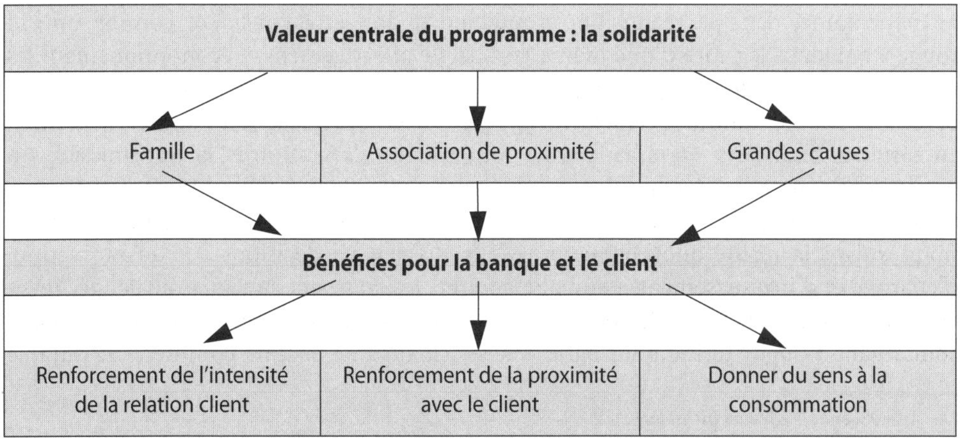

4.3. L'affirmation d'une proximité affective

Les stratégies mises en œuvre à ce jour pour développer la relation client s'affirment dans l'élargissement et la diversification de l'offre globale. À partir des gammes de produits existantes, très encadrées par la réglementation étatique, l'offre bancaire évolue de plus en plus vers des propositions packagées et personnalisées, incluant de nouveaux services annexes ou périphériques payants, répondant aux impératifs d'un ciblage et d'une segmentation très précis.

Cette réaction marketing, dont les effets positifs en termes de développement sont indéniables, démontre que l'évolution de la demande commence à être prise en considération. Il devient alors évident que la satisfaction des besoins de la clientèle identifiée en tant qu'anneau familial représente un gisement économique de première importance (60 % des 15-30 ans ont « la même banque que papa »)[18]. La notion de bénéfice patrimonial prend alors toute sa dimension stratégique. Famille et fidélisation sont deux univers qui entrent en résonance et dont l'association ouvre des perspectives de profits réciproques et pérennes. Cette piste novatrice repose à l'évidence sur une réalité de bon sens. Le concept de « gestion en bon père de famille » retrouve ainsi, de par les valeurs qu'il véhicule, ses lettres de noblesse.

En effet, la cellule familiale est de nature à conférer à une stratégie de fidélisation une réelle efficacité commerciale et financière, appréciable dans le temps et dans l'espace. Les valeurs affectives, économiques, sociales et morales qui unissent, par aspiration ou par obligation, les différents éléments d'une même famille donnent toute son importance au développement d'une démarche patrimoniale de qualité (l'enquête *Budget de famille 1994/1995*, réalisée par l'INSEE, indique que 15 milliards d'euros sont transmis chaque année d'une génération vers la ou les suivantes dans le cadre de l'entraide familiale ; parallèlement, les héritages et donations représentent environ 30 milliards d'euros). Toutes les études actuelles, portant sur l'évolution des sociétés modernes, démontrent que la famille tend à redevenir une valeur sûre. L'univers très diversifié des besoins et des attentes qu'elle sous-tend offre des perspectives importantes de développement. La famille s'affirme comme un véritable centre de profit qu'il convient, désormais, d'exploiter comme tel.

Le patrimoine, dans sa réalité de « contenant », doit être considéré comme un « fil rouge » qui, dans le cadre d'une même famille, lie affectivement et économiquement les générations entre elles. Les grands-parents, les parents et les enfants sont animés par des besoins et des aspirations à caractère « égoïste », dont la satisfaction s'apprécie, à terme, en résultats financiers « familiaux ». La construction, la gestion et la transmission du patrimoine sont pour chacun d'entre eux, à des titres divers, leurs objectifs fondamentaux. Ces différentes échéances de vie motivent et justifient leurs comportements économiques dans la réalité quotidienne, qui se traduisent en décisions de consommation, d'épargne et d'investissement. Pour une banque, les étapes de la vie familiale, déclinées en termes de profitabilité, de spéculation, de précaution ou même de transmissibilité, sont autant d'opportunités pour bâtir avec ses clients une relation commerciale durable

18. IPSOS, enquête *Jeunes attitudes* (2003).

et forte. En outre, une telle compréhension commerciale et marketing ne peut qu'affirmer, de la part d'un établissement financier, sa volonté de se différencier de ses concurrents les plus menaçants.

Et pourtant, force est de constater que l'exploitation commerciale par les banques du foyer familial ne semble pas être encore appréciée à sa juste dimension. Peut-être parce qu'elle suppose l'existence de programmes informatiques performants, permettant une approche globalisée et optimisée des avoirs familiaux dans leur expression économique, ou parce que la réglementation sur la confidentialité imposée par la CNIL met quelques limites dans ce domaine ou encore, plus simplement, parce que le marché actuel est considéré comme suffisamment « captif » pour que cette approche ne soit pas à l'ordre du jour. Une des prétentions de ce chapitre est de reconnaître à la famille son intérêt en tant que centre de profit.

Au-delà de la dimension familiale, et indépendamment de toute considération commerciale, tout client ou prospect est un citoyen responsable. S'adresser à lui sur ce registre peut être un moyen de lui rendre un statut trop souvent oublié dans les stratégies commerciales des entreprises. Il s'agit de le traiter réellement comme un partenaire et de lui montrer que l'organisation se propose d'agir avec lui et pour lui. Il s'agit alors d'augmenter son engagement affectif grâce au partage de valeurs et d'intérêts communs (Geyskens, 1996 ; Kumar *et al.*, 1995), qui est une des composantes essentielles de la fidélité.

4.4. La fidélisation par la consommation socialement responsable : renforcer la différenciation de l'enseigne

Développer une stratégie de fidélisation basée sur la consommation socialement responsable pourrait être une démarche pertinente pour certaines enseignes, et ce, pour plusieurs raisons :

- éduquer et responsabiliser le client ;
- renforcer la proximité géographique et affective ;
- renforcer la marque et les valeurs qu'elle véhicule.

Éducation et responsabilisation du client. Récompenser la fidélité des clients en leur accordant non pas seulement une récompense « égoïste » mais une amélioration de leur environnement présente plusieurs avantages. Comme nous l'avons évoqué précédemment, ce type de cadeau récompensant la fidélité des clients permettrait d'éviter de tomber dans une situation quasi inflationniste et donc ingérable en matière de gratifications. Il s'agit pour la banque d'éviter d'accroître sa « dette » vis-à-vis de sa propre clientèle.

Un système de récompense directe du client pour sa fidélité signifie que sa banque lui doit cette année un peu plus que l'année dernière et un peu moins que l'an prochain. Dans cette escalade surréaliste aux récompenses, la déception du client est une conséquence inéluctable. Celle-ci représente un risque majeur à la fois pour l'image de l'entreprise et aussi pour la confiance que lui portent ses clients. La valorisation du consommateur, qui fait partie de tout programme de fidélisation, est profondément altérée si celui-ci n'obtient pas les récompenses que la banque lui doit et surtout qu'il pense mériter.

En matière d'éducation du client, les récompenses trop directes semblent donc extrêmement dangereuses, car elles risquent de développer dans l'esprit du client une logique décisionnelle plus opportuniste que raisonnable. Une approche de la fidélisation par la consommation socialement responsable permet de passer d'une logique de dette (la banque doit vous récompenser pour votre fidélité) à une logique de don, plus valorisante pour le client. Dans cette perspective, les logiques de récompense prennent un sens nouveau : le client gagne pour les autres et pas seulement pour lui. Son bénéfice personnel est constitué essentiellement par la joie qu'il éprouve dans le fait qu'il est pour quelque chose dans le bonheur d'autrui. Cela donne du sens à sa consommation et à ses arbitrages. Le gain individuel récompensant la fidélité du client peut être vide de sens. Il est donc important de valoriser le gain dans sa dimension d'efficacité collective traduite concrètement en actions socialement responsables, visibles et lisibles par la collectivité tout entière. Au-delà des beaux discours, certains exemples montrent que la population constituée par la clientèle peut être sensible à ce type d'argument[19]. Ainsi, lorsque Neuf Telecom offre huit euros d'économie pour un an de fidélité avec la possibilité de céder cette somme à des ONG, 70 % des abonnés ayant accepté de rester 12 mois ont opté pour les dons[20].

Renforcement de la proximité géographique et affective. La piste de la consommation socialement responsable pourrait également permettre de renforcer la proximité avec les clients. La banque reste néanmoins proche géographiquement de sa clientèle grâce à son réseau d'agences, mais elle doit l'être aussi et surtout par la compréhension des attentes et des préoccupations de la population qui lui confie la gestion de ses avoirs et qui compte sur elle pour participer à l'amélioration de son cadre de vie. En définitive, un programme de fidélité permettant de donner ses points à des associations de quartier renforcerait sans aucun doute l'image de la banque sur sa zone de chalandise, mais également la proximité affective et sociale avec ses clients et leur attachement à l'enseigne. Ajoutons que le choix des projets souhaitant concourir pour des aides pourrait donner lieu à une communication intéressante à l'intérieur des agences et renforcer la vie associative en milieu urbain. Renforcer les liens sociaux sur sa zone de chalandise présente beaucoup d'avantages indirects : renforcement de la solidarité sociale, accroissement de la sécurité, valorisation de l'image du quartier, de la ville, etc.

---

19. Il est sans doute important dans cette logique d'éducation du client d'éviter les récompenses trop régulières. Une approche plus exceptionnelle permettra sans doute de mieux répondre aux attentes de reconnaissance des clients (comme solliciter les clients pour utiliser leurs points pour répondre à des urgences humanitaires, ce qui permet de renforcer l'utilité des points de fidélisation à un moment donné et d'éviter la banalisation du don).
20. Source : Sophie Peters (2004), « L'Humanitaire modernise son image », *Les Echos*, n° 19088, février, p. 12.

Encadré 6.1

Exemple de programme de fidélisation solidaire

Le tableau ci-dessous présente un exemple de programme de fidélisation basé sur la dimension « solidaire » et qui intègre à la fois la piste familiale et la piste de la consommation socialement responsable (CSR). Afin d'éviter que le client soit placé dans une situation inconfortable, le programme lui donne des points-cadeaux personnels et des points-valeurs à destination d'associations. En fin d'année, il pourra donner ses points-valeurs (et même ses points-cadeaux) à l'association qu'il choisira dans une liste.

Tableau 6.4 : Exemple de programme de fidélisation « solidaire »

Carte de fidélisation à points solidaires		
Des points pour des associations	+	**Des points pour soi**
• Grandes causes • Proximité • Liste d'excellence		• Des cadeaux dans un catalogue • ou possibilité de transfert vers : • sa famille • son conjoint • ses amis (dans la même banque) • des associations

Comme il s'agit de renforcer la solidarité, les points personnels peuvent également être transférés à des associations ou à d'autres personnes (famille, amis, conjoints…) à condition qu'elles soient clientes de la banque.

Il est dans l'intérêt des banques de travailler avec les associations pour récupérer éventuellement les fonds dont elles disposent.

De plus, il existe la possibilité de créer un événementiel autour des associations de proximité pour montrer les résultats, faire participer aux choix des associations, communiquer sur la proximité et l'amélioration de l'environnement généré par les dons réalisés par les clients fidèles de l'enseigne. Cela suppose que les banques contrôlent en partie la gestion des associations auxquelles elles donnent, notamment les associations de proximité pour lesquelles les sommes attribuées peuvent être importantes par rapport à leur capacité de gestion. Il est alors nécessaire de mettre en place des structures de suivi des projets pour s'assurer de la bonne gouvernance des associations bénéficiaires des aides et éviter des scandales qui pourraient discréditer la stratégie de fidélisation et l'enseigne bancaire.

Les différents éléments présentés ci-dessus doivent permettre d'atteindre l'objectif principal de la stratégie de fidélisation : le renforcement de la différenciation de l'enseigne.

Renforcement de la marque. Il n'est pas rare que le développement durable et l'éthique fassent partie intégrante des attentes des clients et notamment de celles des jeunes. Ainsi Thun-hohenstein (1984[21], cité par Gaftaoui et Lavorata, 2001, p. 216) pense que « la nouvelle attitude à l'égard de la consommation se définit par la recherche d'une identité sociale ».

Crane (2001) note qu'un produit peut être vu comme plus que la réunion de ses éléments tangibles et que, du point de vue du consommateur, c'est un ensemble complexe d'attributs et de bénéfices perçus. Les dimensions éthiques peuvent alors être considérées comme des bénéfices additionnels par rapport au produit central. L'auteur remarque que le facteur éthique a une influence déterminante sur les valeurs représentées par une marque. Il faut noter que certaines enseignes bancaires, telles que les banques mutualistes, la Caisse d'Épargne, la Poste et d'autres ont une légitimité toute particulière de par leurs valeurs fondatrices à développer l'argument de la consommation socialement responsable afin de fidéliser leurs clients. La solidarité fondée sur le développement durable fait partie de l'histoire de ces établissements financiers. Pour se différencier de leurs concurrents, il serait logique qu'elles remettent cette valeur en perspective dans un secteur devenu fortement concurrentiel. « La légitimité de l'entreprise ne peut s'autoproclamer ; elle doit être reconnue » (Gabriel, 2003, p. 72).

5. Conséquences d'une évolution des stratégies de fidélisation des jeunes

Les propositions d'axes stratégiques de fidélisation développés précédemment ne sont pas nécessairement en complète opposition avec les pratiques du secteur bancaire. En effet, il n'est pas nécessaire de renoncer aux programmes existants, il suffit simplement de pousser la logique de fidélisation à son terme. La rentabilité à court terme exigée par les décideurs, représentants des actionnaires, est une contrainte à prendre en compte et, dans cette optique, les modifications de comportement des clients peuvent constituer une source importante d'économie, en particulier sur les coûts de transaction bancaires.

Mais en modifiant l'attribution des points de fidélité et leur répartition, il est possible d'influencer les arbitrages des clients, notamment par rapport au choix de l'enseigne et de ses produits. Les deux logiques ne sont donc pas incompatibles. En redonnant du sens à la consommation des clients, il est possible de renforcer, à la fois, l'image de l'entreprise et la différenciation de l'enseigne, tout en obtenant des modifications significatives dans les comportements usuels des clients qui permettent par exemple de réduire les coûts de traitement de certaines opérations courantes.

---

21. Thun-Hohenstein M. (1984), « Ein neues Affektverhältnis zwischen Mensch und Objeckt », *Typoscript*, Hoheschule für angewände Kunst in Wein.

Le tableau 6.5 fait apparaître les trois logiques de fidélisation dégagées dans ce chapitre.

- la logique égoïste telle qu'elle est pratiquée par une grande majorité de programmes de fidélisation ;
- la logique familiale ;
- la logique de consommation socialement responsable (CSR).

Tableau 6.5: Synthèse des différents axes de fidélisation

Pistes de fidélisation	**Égoïste**	**Familiale**	**CSR**
Renforcement de la différenciation	?	++	+++
		Renforcement de l'intensité de la relation et augmentation du nombre de contacts	
Échéance	Court terme	Moyen terme	Long terme
Bénéfice client	Points personnels = Cadeaux personnels	Conseils, renforcement de la solidarité familiale, diminution du risque…	Développement durable, proximité, valeurs, valorisation du client
Bénéfice pour la banque	Modification des comportements internes des clients (diminution des coûts de transaction pour la banque)	• Modification des arbitrages externes (attachement à l'enseigne) • Éviter la multibancarisation des clients ou les coups ponctuels ou la perte des clients • Modification possible des comportements internes	
Pertes/risque	• Éducation dangereuse du client • Manipulation du client • Dévalorisation du client	Coût à long terme si la fidélisation est un échec	
Processus de décision	Logique budgétaire à court terme	Logique d'investissement à moyen terme ou à long terme Volonté politique	
Indicateurs de performance du programme	Indicateurs simples mais peut-être biaisés (satisfaction du client à long terme ?)	Indicateurs long terme complexes et coûteux	

On peut en donner une illustration (voir encadré 6.2).

Encadré 6.2

Une approche globale de fidélisation

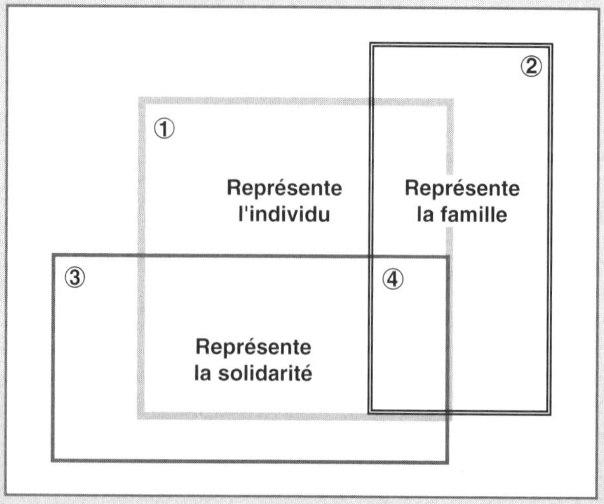

La zone 1 correspond à la partie « égoïste » du programme. Les programmes actuels des banques s'y inscrivent (produits et services dédiés, cadeaux et avantages, communication personnalisée).

La zone 2 correspond à la logique familiale. Elle représente l'interaction individu/famille caractérisée par la gestion d'un patrimoine familial (cautions, transferts de droits, gestion de risque, possibilités de mutualiser les avantages des programmes de logique « égoïste » entre les différents membres d'une même famille).

La zone 3 illustre les conséquences des actes de gestion de l'individu au profit d'opérations socialement responsables (il peut s'agir pour l'individu d'affecter le bénéfice de ses points de fidélisation à une cause solidaire).

La zone 4 correspond aux synergies entre la famille, l'individu et l'environnement au sens large (par exemple, permettre le développement d'associations de proximité dans un quartier provoque un renforcement du lien social et est de nature à améliorer le cadre de vie des participants au programme).

Les axes de fidélisation que nous proposons exigent cependant une véritable transformation du processus de décision. En effet, il s'agit de passer d'une logique budgétaire ayant pour contrainte une rentabilité presque immédiate du programme de fidélisation à une logique d'investissement de long terme permettant de renforcer la différenciation de l'enseigne et de bâtir une marque forte autour de valeurs reconnues communes par les clients. Une telle logique suppose une grande cohérence de l'ensemble des actions marketing. La fidélisation des clients est au centre de la stratégie de la marque. Du fait de sa force structurante, elle ne peut être traitée séparément des grands domaines d'activité de l'entreprise.

Encadré 6.3

Illustration de l'approche bancaire « égoïste, famille, solidarité »

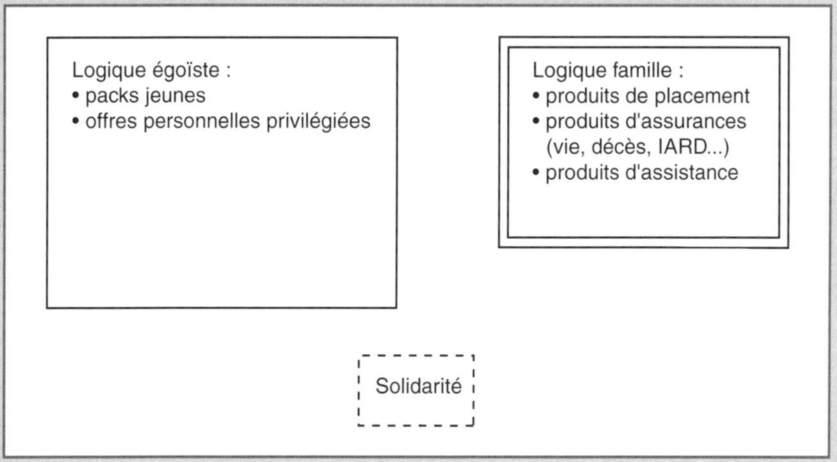

L'approche familiale repose sur une offre de sécurité et de protection par rapport aux enfants et se traduit par l'adhésion à des produits d'assurance de tout type et d'assistance.

La solidarité reste une dimension marginale de l'offre, dépendant plus d'une logique d'opportunité que d'une stratégie de développement. La solidarité est prise en compte à travers le mécénat, des fondations ou d'autres formes d'association et n'apparaît que marginalement dans l'offre commerciale.

Dans le cadre de la structure organisationnelle, les trois pôles relèvent de directions différentes rarement mises en complémentarité.

L'appropriation du programme de fidélisation par les différents niveaux hiérarchiques nécessite de prendre en compte plusieurs éléments, notamment :

- le système d'information de la banque ;
- la communication et la formation ;
- les problèmes de mesure et d'incitation des équipes commerciales.

Conception du système d'information dans lequel doit s'intégrer le programme de fidélisation.

Les systèmes d'information des banques sont généralement très centralisés et lourds à manœuvrer du fait des volumes d'informations d'une part, et de la sécurisation des données d'autre part. Les rigidités inhérentes à de tels systèmes ne favorisent pas la souplesse de la circulation de l'information entre les différents niveaux. Ils requièrent par ailleurs une grande standardisation des données. L'implication des responsables commerciaux des agences dans la conception du cahier des charges est un élément essentiel pour permettre une utilisation efficace de l'information dans la stratégie de fidélisation. En effet, les agences seront à la fois les pourvoyeurs de l'information stratégique sur le client et les principaux utilisateurs. Il est par ailleurs important, compte tenu du turnover des agents commerciaux, que la fidélisation des clients puissent être assurée par un processus permettant de gérer efficacement les changements de personnels grâce à la présence d'une information pertinente actualisée et riche.

Communication, information et implication du personnel.

Il convient également de former le personnel aux différents niveaux de l'organisation, afin d'impliquer l'ensemble des niveaux hiérarchiques.

Il s'agit notamment de souligner l'importance de plusieurs éléments :

- les enjeux pour l'entreprise ;
- les bénéfices clients ;
- les bénéfices pour les commerciaux, les directeurs d'agence, les caisses régionales… ;
- les outils disponibles (systèmes d'information…) ;
- les possibilités des outils (personnalisation de la relation client, collecte d'information pour les études aux différents niveaux, mesures d'efficacité du programme…).

Cette phase est essentielle pour motiver le personnel et favoriser la coopération au sein de l'organisation. La participation des différents niveaux hiérarchiques doit permettre de favoriser la mise en œuvre de la stratégie de fidélisation.

Problèmes de mesure de la performance des commerciaux par rapport au programme de fidélisation.

La cohérence des politiques commerciales par rapport au programme de fidélisation de la banque reste un défi majeur. En effet, certains commerciaux disposent parfois de plus de 600 solutions bancaires à proposer aux clients. Les objectifs de vente de ces produits peuvent être en parfaite contradiction avec la stratégie de fidélisation des clients. Il n'est pas rare que, dans certains cas, pour atteindre leur objectif de vente d'un produit particulier les commerciaux proposent aux clients de nouveaux produits avant l'arrivée à échéance des produits qu'ils possèdent déjà. Les objectifs de vente isolés posent donc le problème de la cohérence des actions commerciales et peuvent limiter l'efficacité de la stratégie de fidélisation.

Le problème principal reste la mesure de l'efficacité des actions entreprises par les commerciaux concernant la fidélisation des clients. Cette mesure, pour être cohérente, doit être faite sur une période assez longue (5 à 10 ans) et doit tenir compte de l'évolution du comportement des clients (diminution du taux de multibancarisation, par exemple) et de l'évolution du centre de profit « familial », tel que nous l'avons décrit précédemment.

Or, de telles mesures sont incompatibles avec la rotation des commerciaux dans les agences. Les objectifs en termes de vente de produits doivent être fixés en cohérence avec la stratégie de fidélisation. Ces problèmes de mesure montrent combien il est difficile d'inciter les commerciaux à favoriser la fidélisation des clients dans un système qui les pousse à réaliser des objectifs à court terme conjoncturels. Leurs arbitrages entre les différentes possibilités de commission sur les produits peuvent donc perturber gravement la cohérence de la stratégie de fidélisation d'une part et sa mise en œuvre d'autre part.

Ce problème d'incitation à la mise en œuvre de la stratégie de fidélisation est bien sûr généralisable à l'ensemble de l'organisation (directions régionales…) et nécessite une grande vigilance, afin d'éviter que les différents niveaux hiérarchiques ne rentrent en conflit par rapport à des objectifs différents.

La décision politique de mettre en place de nouvelles organisations performantes et de recourir aux innovations technologiques portant, notamment, sur la communication, sur les systèmes d'information, sur la téléphonie, sur les supports à microprocesseurs multifonctionnels, sur les techniques de gestion prévisionnelle des risques ou encore sur l'élaboration de partenariats est difficile à prendre, d'autant qu'elle est éminemment structurante. Elle nécessite, en effet, une mobilisation importante de capitaux dont la rentabilité reste hypothétique et en tout état de cause ne peut s'envisager qu'à moyen terme dans le meilleur des cas.

Conclusion

L'association, quelque peu provocante dans son caractère novateur, liant l'avantage égoïste (intérêts, primes, cadeaux…) à la profitabilité altruiste (actions socialement responsables particulièrement ciblées, mécénats, sponsoring, fondations…) est de nature à donner à la banque, qui déciderait de relever ce défi, sa véritable dimension en tant que « centre d'intérêt » au regard d'un public de plus en plus informé et exigeant, mais aussi une réelle opportunité de différenciation.

En effet, la prise en compte de la clientèle jeune, telle que proposée dans ce chapitre, suppose nécessairement de la part des décideurs de la banque une vision panoramique du sujet dans ses tenants et ses aboutissants. Il s'agit pour eux d'afficher une grande détermination dans leurs choix stratégiques, afin que l'ensemble des acteurs adhère au projet et se sente particulièrement concerné.

La complexité du problème réside dans le fait qu'il convient de mettre en résonance des thèmes aussi différents que le profit, les grandes causes humanitaires, le mieux-être de chacun, l'éthique bancaire et, bien entendu, la satisfaction de la clientèle. Dans cette perspective, la fidélisation des jeunes constitue à la fois une problématique récurrente du secteur et vraisemblablement une partie de la solution à la fidélisation de l'ensemble des segments de clientèle.

L'idée force, qui s'impose au terme de ce chapitre, peut se résumer dans l'affirmation suivante :

Les banques doivent surmonter le conflit d'horizon entre les objectifs organisationnels conjoncturels (profit à court terme et rentabilisation immédiate des différents segments de clientèle) et les impératifs stratégiques de long terme consistant à bâtir une différenciation pérenne permettant de fidéliser les clients.

Bibliographie

Benavent C. et Meyer-Waarden L. (2004), « Programmes de fidélisation, stratégies et pratiques », *Décision marketing*, n° 197, mai, p. 2-5.

Bozzo C. (1999), « Fidélité, rétention et inertie des clients industriels : proposition d'un modèle conceptuel », *15e congrès de l'Association française de marketing*, Strasbourg, 911-929.

Bozzo C., Merunka D. et Moulins J.L. (2003), « Fidélité et comportement d'achat : ne pas se fier aux apparences », *Décision marketing*, n° 32, p. 9-17.

Crane A. (2001), « Unpacking the Ethical Product », *Journal of Business Ethics*, vol. 30, n° 4, p. 361-373.

Crane A. et Desmond J. (2002), « Societal Marketing and Morality », *European Journal of Marketing*, vol. 36, n° 5-6, p. 548-569.

Gabriel P. (2003), « Le Marketing comme moyen de légitimation des entreprises dans une perspective de développement durable », *Décision marketing*, n° 29, p. 67-76.

Gaftaoui S. et Lavorata L. (2001), « De l'éthique de l'enseigne à la fidélisation du consommateur : le rôle de la confiance », *Revue française du marketing*, n° 183-184, p. 213-226.

Geyskens I., Steenkamp J.-B., Scheer L.K et Kumar N. (1996), « The Effects of Trust and Interdependence on Relationship Commitment : A Trans-Atlantic Study », *International Journal of Research in Marketing*, n° 13, p. 303-317.

Jolibert A. et Baumgartner G., « Values, Motivations, and Personal Goals : Revisited », *Psychology and Marketing*, vol. 14, n° 7, p. 675-688.

Jones M.A., Mothersbaugh D.L. et Beatty S.E. (2002), « Why Customers Stay : Measuring the Underlying Dimensions of Services Switching Costs and Managing their Differential Strategic Outcomes », *Journal of Business Research*, n° 55, p. 441-450.

Kahneman D. et Tversky A. (1979), « Prospect Theory : An Analysis of Decision Under Risk », *Econometrica*, n° 47, p. 263-292.

Kotler P. (1972), « What Consumerism Means for Marketers », *Harvard Business Review*, vol. 50, mai-juin, p. 48-57.

Kumar N., Scheer L. et Steenkamp J.-B. (1995), « The Effects of Perceived Interdependence on Dealer Attitudes », *Journal of Marketing Research*, n° 32, p. 348-356.

Marseille J. (2004), *La guerre des deux Frances, celle qui avance et celle qui freine*, Plon.

O'Neil C.R. (1989), « JIT Procurement and Relationship Marketing », *Industrial Marketing Management*, vol. 18, n° 1, p. 55-63.

Perrien J., Bergeron J. et Line R. (2003), « Les Déterminants de la fidélité des clients commerciaux dans l'industrie bancaire canadienne », *Canadian Journal of Administrative Sciences*, juin, n° 2.

Perrien J., Filiatrault P. et Ricard L. (1993), « The Implementation of Relationship Marketing in Commercial Banking », *Industrial Management Marketing*, vol. 22, n° 2, p. 141-148.

Rokeach M. (1973), *The Nature of Human Values,* Free Press, New York.

Schwartz S.H. et Bilsky W. (1987), « Toward a Theory of the Universal Psychological Structure of Human Values », *Journal of Personality and Social Psychology,* vol. 53, p. 550-562.

Schwartz S.H. et Bilsky W. (1990), « Toward a Theory of the Universal Content and Structure of Values : Extensions and Cross Cultural Replications », *Journal of Personality and Social Psychology,* vol. 58, p. 878-891.

Valette-Florence P. (1994), *Les Styles de vie*, Paris, Nathan.

Zeithaml V.A. et Gilly M.C. (1987), « Characteristics Affecting the Acceptance of Retailing Tchnologies : A Comparison of Elderly and Nonelderly Consumers », *Journal of Retailing*, vol. 63, n° 1, p. 49-68.

PARTIE 3

L'excellence organisationnelle : fondement de la compétitivité des banques

Si la gestion des risques et la relation client sont et resteront encore longtemps deux piliers fondamentaux de la compétitivité des établissements, c'est dans leur mise en œuvre que des différences peuvent apparaître, et ces différences se feront sentir en termes d'efficacité et de performance. La troisième partie insistera donc sur les modalités et les contraintes liées à cette mise en œuvre. L'analyse se centrera sur la nécessité d'une plus grande fluidité des processus dans les organisations. Au cœur du dispositif, on retrouve les processus de coordination qui doivent obligatoirement se mettre en place dans des structures de plus en plus éclatées par métiers.

Chapitre 7

La gestion des connaissances : un processus stratégique pour la banque

Valérie Pallas et Rania Labaki
Université Montesquieu-Bordeaux IV, Creff, Ifrege

« *Les mécanismes qui expliquent les écarts de performances entre les entreprises sont encore méconnus et l'on connaît encore moins les processus qui permettent à certaines entreprises d'élaborer des stratégies imparables, de les mettre en place puis de les modifier quand le besoin s'en fait sentir.* »[1]

Et pourtant, c'est bien ce qui préoccupe les managers aujourd'hui confrontés à des choix stratégiques dans un environnement en perpétuelle évolution. En particulier, dans le contexte actuel de globalisation, de mondialisation et de concurrence accrue, l'enjeu des banques ne réside plus dans la continuité ou la survie de leurs activités, mais dans la différenciation et dans l'obtention d'un avantage concurrentiel durable, qui soit, par définition, créateur de valeur pour les clients. En même temps, les contraintes environnementales sont telles que les opérations de concentration, de fusion, de rapprochement d'établissements bancaires en France et en Europe ou encore les départs massifs en retraite des personnels du baby boom font naître de nouvelles interrogations sur les modes de coordination efficaces entre entités différentes ou plus généralement sur la redéfinition des métiers, des processus et des modes de fonctionnement du travail. La hiérarchie associée à des systèmes de commandement comme mécanisme de coordination, jusque-là fortement développée dans le monde bancaire (voir les pratiques procédurières), trouve alors rapidement ses limites, notamment dans la gestion de la relation de clientèle (Pallas, 2002, 2000).

Le champ de la gestion des connaissances ouvre ainsi des perspectives théoriques et pratiques intéressantes pour tenter de résoudre ces nouveaux problèmes de coordination. Bon nombre de grandes entreprises comme EDF, la SNCF, le CEA, Usinor ou encore Renault ont mis en place des démarches de gestion des connaissances. Il est étonnant de constater que le secteur bancaire est peu (rapport OCDE, 2004), voire pas (Mertins, Heisig, Vorbeck, 2003), représenté dans l'échantillon des études empiriques européennes récentes sur les pratiques de gestion des connaissances, alors que l'application du *knowledge management* est une réalité depuis déjà quelques années dans les banques américaines et nord-américaines et que certaines banques européennes, notamment françaises, prétendent faire de la gestion des connaissances (ABN Amro Bank, la Société Générale…).

---

1. Porter (1999), en avant-propos à la réédition de son ouvrage, *L'Avantage concurrentiel, comment devancer ses concurrents et maintenir son avance*, Dunod, 2003.

Mais, les initiatives entreprises, souvent focalisées sur les systèmes d'information, relèvent plutôt d'approches de codification que d'approches de personnalisation (Ribière, Chu, 2001). Elles consistent en la mise en place d'un système de gestion des connaissances basé sur Lotus Notes, Intranet et Internet chez Bankers Trust Company, d'un système de gestion des relations (RMS) chez Chase Manhattan Bank, de Datawarehouse Client pour collecter la connaissance client chez KeyBank, ou encore d'un software fourni aux employés pour accéder en temps réel à des rapports critiques de travail de la banque chez Cascade Bank. En France, la Société Générale, anticipant les départs massifs à la retraite dans les dix prochaines années, affirme son engagement dans une démarche de partage de connaissances s'appuyant sur l'utilisation des nouvelles technologies.

Ces exemples montrent que la gestion des connaissances est souvent réduite à une palette d'outils technologiques de capture et de capitalisation des connaissances. Mais derrière ces exemples de réussites passées prévaut une conception de la connaissance très souvent critiquée, car peu différente de celle de l'information (Fahey, Prusak, 1998). On préférera retenir la définition de Foray et Gault (2004) : « tout(e) processus ou pratique intentionnel(le) et systématique tendant à acquérir, saisir, partager et exploiter des savoirs productifs, où qu'ils se trouvent, afin d'améliorer l'apprentissage et les performances au sein des organisations » (p. 12).

En quoi la gestion des connaissances permet-t-elle d'améliorer la performance, d'obtenir un avantage concurrentiel et, en ce sens, peut-elle devenir un processus stratégique majeur ? Où en sont les pratiques des banques françaises en la matière ? Telles sont les questions auxquelles tente de répondre ce chapitre.

La première partie s'appuie sur les théories stratégiques des ressources et les théories de la connaissance organisationnelle pour montrer le rôle de la gestion des connaissances dans l'obtention d'un avantage concurrentiel. La seconde partie est consacrée à l'exposé de premiers résultats issus d'une étude exploratoire qui tente d'identifier l'existence ou non dans les banques françaises de contextes favorables à la création et au transfert de connaissances.

1. Le rôle de la gestion des connaissances dans l'obtention d'un avantage concurrentiel durable

Comment obtenir un avantage concurrentiel ? Pendant longtemps, et jusqu'à la fin des années 1980, les modèles stratégiques classiques ont défendu l'idée selon laquelle la capacité d'une entreprise à obtenir une longueur d'avance sur ses concurrents pendant une période donnée provient de la profitabilité et l'attractivité du secteur d'activité dans lequel elle évolue. Qu'il s'agisse de l'analyse SWOT de Harvard, des cinq forces du champ concurrentiel ou encore de la chaîne de valeur de Porter, ces modèles stratégiques environnementaux se sont focalisés sur une justification sectorielle de l'avantage concurrentiel, en considérant que les entreprises présentes dans une industrie sont homogènes et que si des ressources hétérogènes se développaient à un moment donné dans cette industrie, elles deviendraient rapidement homogènes du fait de leur mobilité (Barney, 1991). Par exemple, Porter (1999, p. 57), à travers son analyse de la chaîne de valeur, considère que « pour un distributeur, les activités les plus critiques sont la logistique interne ou externe. Pour une banque qui consent des prêts aux entreprises, la commercialisation et la vente sont essentielles dans l'acquisition d'un avantage concurrentiel, qui dépend de l'efficacité des intermédiaires, du mode de présentation des prêts et de leur prix. »

Mais la plupart des grandes banques aujourd'hui ont fortement et de façon quasi égale investi dans la publicité, la promotion ou encore la force de vente pour rendre leurs clients fidèles ou inciter les clients potentiels à le devenir. On pourrait s'attendre à ce que, en la matière, la comparaison des chaînes de valeur de banques concurrentes sur le secteur de la commercialisation de prêts aux entreprises dévoile peu de différences, et donc peu d'avantages concurrentiels. C'est là que les modèles environnementaux de l'avantage concurrentiel trouveraient rapidement leur limite.

Un autre pan de la littérature en management stratégique s'est demandé plutôt pourquoi des entreprises qui relèvent pourtant d'un même secteur d'activité ne sont pas égales en termes d'efficacité et de performance. L'explication organisationnelle que fournit la théorie des ressources est fondée sur l'idée que ce sont les caractéristiques internes de l'entreprise qui sont seules susceptibles de rendre compte de ces réussites différenciées. Les entreprises présentes sur un même secteur possèdent des ressources différentes, hétérogènes et immobiles ; certaines ressources ont des caractéristiques telles qu'elles sont, pour les entreprises qui les détiennent, sources d'avantages concurrentiels.

L'objet de cette section est de montrer que la gestion des connaissances est une source possible d'obtention d'un avantage concurrentiel durable pour une entreprise bancaire. Cela suppose dans un premier temps de montrer que la connaissance peut être analysée comme une ressource. Cette approche d'ordre économique doit s'enrichir ensuite d'une approche plus organisationnelle pour montrer que les connaissances ainsi détenues peuvent favoriser la coordination interne et par là même contribuer par leur mise en cohérence à la création de valeur pour les clients.

1.1. La connaissance : une ressource créatrice d'avantage concurrentiel durable

« Le monde des affaires a adopté de façon enthousiaste l'idée selon laquelle la connaissance est devenue l'actif d'entreprise le plus stratégique, la principale base de l'avantage compétitif » (Spender et Marr, 2004). En quoi la connaissance constitue-t-elle une telle ressource ? Selon la théorie des ressources, une entreprise est considérée comme détenant un avantage concurrentiel durable si elle est capable de « mettre en place une stratégie créatrice de valeur qui ne soit pas en même temps mise en place par tout autre concurrent, actuel ou potentiel, et si ces autres concurrents sont incapables de dupliquer les avantages de ces stratégies » (Barney, 1991).

Le concept de ressources ne fait pas l'unanimité dans la communauté des chercheurs et les typologies proposées sont variées. Dejoux (1997) en présente certaines. Les ressources de l'entreprise peuvent être classées comme des actifs (brevets, image de marque, contrats, carnets d'adresses) ou comme des compétences (savoir-faire des employés, des distributeurs, culture d'entreprise…), comme dépendant des individus (réputation) ou non (bases de données), protégées par la loi (nom de produit) ou non (réseaux organisationnels), comme des ressources tangibles (qui ont tendance à se déprécier avec le temps) ou intangibles (de plus en plus performantes avec le temps). Considérant que les ressources de l'entreprise incluent « tous les actifs, capacités, processus organisationnels, d'information, de connaissances que contrôle une entreprise et qui lui permet de concevoir et de mettre en place des stratégies pour améliorer son efficacité et son efficience », Barney (1991, p. 101) en déduit trois catégories : celles qui relèvent du capital physique (technologie, équipements, localisation géographique, accès aux matières premières), du capital humain (formation, expérience, jugement, intelligence, relations), ou du capital organisationnel (systèmes de reporting, système de planification formel ou informel, contrôle de gestion, systèmes de coordination). La notion de ressources recouvre donc tous les attributs de l'entreprise au point que certains y voient un « concept attrape-tout », « vague et statique » (Lorino, 1997). Quelle banque française ne détient pas aujourd'hui de système d'information, de personnel qualifié ou encore n'a pas déjà mis en place un système de contrôle de gestion performant ? Si elles sont toutes détentrices de ces ressources, comment imaginer qu'elles puissent se différencier les unes des autres et ainsi obtenir un avantage stratégique sur le marché ?

En réalité, les ressources exercent selon leur catégorie un rôle plus ou moins important dans la formulation de la stratégie ; certaines, comme les actifs fixes (équipements), ont une capacité à long terme fixe et posent généralement peu de questions stratégiques, ce qui n'est pas le cas des brevets, marques ou de la réputation qui exercent une capacité pratiquement illimitée ou encore des effets d'équipe ou de groupe, dont la capacité est limitée à court terme mais illimitée à long terme (Wernerfelt, 1989). Autrement dit, les ressources d'une entreprise bancaire n'auraient le potentiel de générer un avantage concurrentiel durable que si elles lui permettent de mettre en place des stratégies qui améliorent son efficacité et son efficience et si elles remplissent les trois conditions suivantes : être une ressource rare, imparfaitement imitable et substituable (Barney, 1991). La *knowledge-based view* peut être considérée comme une « excroissance » de la *resource-based view* (Grant, 1996), puisqu'elle se focalise sur la connaissance comme stratégiquement la plus importante des ressources de l'entreprise. Elle fournit alors des arguments utiles pour montrer que la connaissance ou le savoir peuvent être des ressources critiques d'ordre stratégique conduisant même certains auteurs à définir la firme comme « un portefeuille de ressources fondées sur le savoir » (Wright, Van Wijk et Bouty, 1995).

L'argument de la rareté d'une ressource suggéré par Barney (1991), et très prégnant dans les théories microéconomiques classiques, pourrait s'exprimer ainsi pour le savoir. Au même titre que les autres catégories de ressources, le savoir que détiennent les membres d'une banque serait une ressource susceptible de générer un avantage concurrentiel durable aussi longtemps que le nombre de banques qui la possèdent est inférieur au nombre de banques nécessaires pour générer une dynamique concurrentielle dans une industrie. Cet argument économique est fortement critiquable, puisque le savoir est ici défini comme un objet statique que possède l'entreprise, qu'elle peut mesurer et immobiliser. Certains parlent même de la connaissance comme d'un « patrimoine d'entreprise » (Masson, 1997). Pourtant, Polanyi (1966), l'un des chercheurs de référence sur la nature de la connaissance, avait alerté sur la complexité de cette notion de savoir avec sa célèbre formule « *We can know more than we can tell* » (p. 4), mettant ainsi en évidence l'importance de la part tacite de la connaissance par rapport à sa part explicite. La première étant propre à l'individu, elle ne se décrète pas, car elle est non réfléchie, fonctionnelle et orientée vers l'action (Sveiby, 2000). De fait, c'est dans les deux autres attributs – imparfaite imitabilité et substituabilité (Barney, 1991) – que le savoir peut constituer une ressource critique, source d'avantage concurrentiel durable.

Qu'est-ce qui fait qu'une ressource détenue par une banque soit difficilement imitable par une autre ? Cela relève selon Barney (1991) de la conjonction de trois éléments :

- le fait que cette ressource ait une base historique précise et unique. Ainsi, la connaissance des besoins et modes de fonctionnement de la clientèle « entreprise agricole » du Crédit Agricole est ancrée dans son histoire, dans son passé, ce qui rend son imitation difficile par une autre banque qui n'aurait pas eu d'expérience passée avec cette clientèle.
- le fait que le lien entre les ressources contrôlées par la banque et l'avantage concurrentiel durable de cette même banque souffre d'une ambiguïté causale. Ainsi, il est difficile pour une banque souhaitant imiter une banque performante de connaître précisément les ressources qui doivent être imitées et les actions à mener pour dupliquer les stratégies de la banque performante, ce qui rend le « benchmarking externe » du savoir délicat.
- le fait que la ressource qui génère l'avantage concurrentiel soit socialement complexe. S'il est relativement facile pour une banque d'imiter un système d'information complexe utilisé par une autre banque, l'exploitation de ce système requiert souvent l'utilisation de ressources complexes socialement ancrées dans le savoir-faire des individus, qui relève pour l'essentiel de leur connaissance tacite.

Plus précisément, les chercheurs qui étudient le processus de transfert de connaissances ont décelé de nombreux freins ou barrières à son efficacité et à son efficience, ce qui confirme l'imitabilité imparfaite du savoir. Certains types de connaissances ont des caractéristiques telles que leur transfert sera difficile (les connaissances tacites : Nonaka, 1991 ; Kogut et Zander, 1992) ou que leur transfert n'apportera pas d'avantage concurrentiel à l'entreprise (connaissances facilement codifiables et enseignables). Le transfert du savoir n'est donc pas sans coût. Des coûts de transaction élevés concernent essentiellement la partie tacite de la connaissance transférée, dans la mesure où le transfert de connaissance tacite ne sera effectif pour le récepteur que si ce dernier s'est soit engagé dans un processus d'apprentissage identique à celui qui détient cette connaissance, soit assuré auprès de la source d'un effort d'explicitation important (Reix, 1995). Des barrières cognitives, du point de vue de la source – manque de motivation pour appuyer le transfert, (Szulanski, 1996) – et du point de vue du récepteur – manque de capacité d'assimilation (Cohen et Levinthal, 1990), manque de capacité de ténacité, manque de motivation, absence de perception fiable de la source –, ont été testées comme affectant le processus de transfert (Szulanski, 1999).

Enfin, dans quelles circonstances une ressource telle que le savoir, détenue par une banque, peut-elle être substituable ? Selon l'argument de substituabilité de Barney (1991), le savoir est une ressource qui peut constituer un avantage concurrentiel durable s'il n'existe aucune ressource de valeur équivalente stratégiquement qui soit elle-même non rare ou imitable. Or, ce sont précisément les ressources dont les capacités sont illimitées à long terme qui sont les plus critiques (Wernerfelt, 1989, 1984). Le savoir en constitue une à partir du moment où il est utilisé dans une logique d'apprentissage.

En effet, prendre conscience de l'importance de la connaissance comme d'un facteur important et critique de l'avantage stratégique n'est pas suffisant pour un manager. Une personne spécialiste d'un domaine, qui ne partage pas sa connaissance ou ne l'utilise pas à bon escient, ne constituera pas une ressource critique pour l'activité de l'entreprise. Contrairement à une approche économique stricte, le fait pour une entreprise de disposer de ressources n'est pas forcément garant de l'obtention d'un avantage concurrentiel, qui peut s'avérer temporaire. Le processus par lequel le savoir, en tant que ressource, conduit à l'obtention d'un avantage concurrentiel durable est loin d'être simple et évident (Grant, 1996). Cette prise de conscience peut néanmoins conduire à de nouveaux questionnements pour le manager bancaire : il faut pouvoir maîtriser ces ressources particulières, spécifiques, qui sont précisément dans la tête des individus, les gérer pour en tirer le meilleur parti. Mais comment gérer ces ressources qui par définition sont tacites, intangibles, et donc difficilement gérables ? C'est à ce stade que les théories de la connaissance organisationnelle peuvent être utiles.

1.2. La coordination : une nécessité pour le processus de gestion des connaissances

Comment les banques peuvent-elles s'organiser pour assurer une maîtrise des connaissances de leurs membres ? Nombre de consultants proposent des solutions, parfois clés en main. Des systèmes d'information ou bases de données, appelées pour la circonstance « bases de connaissance », rassurent les entreprises utilisatrices de ces outils, qui décrètent alors faire de la gestion des connaissances. Et pourtant, ces outils technologiques de capture et de capitalisation des connaissances souffrent de limites, en particulier dans des situations d'innovation de produits, de services ou de procédés. « Les outils de gestion des savoirs ne sont pas adaptés à la nature de la déstabilisation des métiers de conception », affirment Lefebvre, Roos et Sardas (2003, p. 2).

Cela conduit à formuler une tout autre question, bien plus problématique à résoudre. Comment les banques peuvent-elles s'organiser pour faire émerger de leurs membres de nouvelles connaissances qui soient utilisées à bon escient pour créer de la valeur pour les clients ? C'est supposer que l'on regarde « la connaissance non pas comme quelque chose que les individus possèdent (*knowledge*) mais comme quelque chose qu'ils font (*knowing*) » (Lefebvre, Roos et Sardas, 2003, p. 4), non pas comme un capital mais comme un processus. La problématique posée aux banques pour maîtriser leurs connaissances n'est plus celle de l'obtention d'une ressource rare, difficilement imitable et substituable, mais celle de l'acquisition d'une « capacité organisationnelle distinctive » (Grant, 1996). Selon Lefebvre, Roos et Sardas (2003, p. 2) « la dynamique des savoirs doit être cohérente avec le fonctionnement et la dynamique plus globale des métiers, ce qui revient à poser la question du partage des connaissances par les acteurs métiers pour que celles-ci soient réellement utilisées, donc « vivantes ».

Dès lors, comment assurer cette coordination entre acteurs métiers, alors même que la coordination hiérarchique qui a fait ses preuves dans le domaine bancaire (Pallas, 2000, 2002) est aujourd'hui critiquée[2] ? Une précédente synthèse de travaux sur la gestion des connaissances (Pallas et Labaki, 2004) a fait émerger le concept de « contexte » comme une condition de la création et d'un transfert efficace des connaissances.

2. Pour Grant (1996), la hiérarchie fait échec pour coordonner ce qui est tacite, à partir du moment où les managers ne connaissent seulement qu'une partie de ce que leurs subordonnés savent et que la connaissance tacite ne peut être transférée au-dessus (Grant, 1996).

Contexte favorable à la création et au transfert des connaissances. Gérer les connaissances, c'est avant tout construire un contexte favorable à la création et au transfert de connaissances. Ainsi, comprendre comment les organisations créent de nouvelles connaissances dans un environnement changeant et comment ce processus peut être géré amène Nonaka et Takeuchi (1997) à proposer un modèle formé de quatre modes de conversion des connaissances, repris plus tard par Nonaka et d'autres collègues (1998, 2000) qui y introduisent ce qui représente pour eux le socle de la création de la connaissance : le *ba*[3]. Il est défini comme un « espace partagé (physique, virtuel, mental, ou toute combinaison de ces éléments) pour des relations émergentes » (Nonaka et Konno, 1998, p. 40), mais ne peut exister que s'il est « généré par un effort organisationnel » (Nonaka et Konno, 1998, p. 48).

Tableau 7.1 : Modes de conversion et types de *ba*

Modes de conversion	Types de *ba*	*Caractéristiques du* ba
De tacite à tacite (socialisation)	*originating ba*	Monde improvisé par lequel les individus partagent des sentiments, émotions, expériences et schémas mentaux (défini par le face-à-face entre personnes)
De tacite à explicite (externalisation)	*interacting ba* (1998) *dialoguing ba* (2000)	Monde plus consciemment construit par lequel les individus convertissent leurs modèles mentaux et compétences en langage commun et créent des concepts (par le dialogue et l'utilisation étendue des métaphores, d'égal à égal)
D'explicite à explicite (combinaison)	*cyber ba* (1998) *systemising ba* (2000)	Lieu d'interaction dans un monde virtuel où la nouvelle connaissance explicite est combinée avec l'information existante et où la connaissance génère et systématise la connaissance explicite dans toute l'organisation (par l'utilisation de technologies de l'information dans des environnements collaboratifs)
D'explicite à tacite (internalisation)	*exercising ba*	Monde par lequel les individus s'approprient les connaissances explicites par l'exercice d'applications réelles ou simulées (par la participation active)

Source : Inspiré de Nonaka *et al.* (2000), Nonaka et Konno (1998).

Selon Fahey et Prusak (1998, p. 268), « si la connaissance existe de façon ultime à l'intérieur des individus et si ce sont ces individus qui, en participant de façon simultanée dans des processus de groupes multiples, prennent des décisions clés et les mettent en

3. Concept japonais emprunté au philosophe Kitaro Nishida, traduit en anglais par « *place* ».

œuvre, alors le but fondamental de la gestion des connaissances doit être de construire un certain niveau de contexte partagé ». Il reste à le définir plus précisément et à tenter de l'opérationnaliser. Il s'agit de s'interroger sur la façon dont les organisations pour innover créent ou transforment un certain niveau de contexte partagé qui faciliterait la conversion de la connaissance tacite en explicite et de la connaissance explicite en tacite.

Essai d'opérationnalisation du contexte. Selon Zack (2003), le degré auquel la connaissance fait partie intégrante de l'entreprise est défini par ce que l'entreprise fait et par la façon dont elle est organisée. Dans le même esprit, Brown et Duguid (1998, p. 103) soulignent que « les organisations peuvent aider à propager la connaissance en interne et développer une architecture habilitée à la connaissance organisationnelle », en adoptant des stratégies sociales. Fahey et Prusak (1998) soutiennent que la connaissance ne peut pas être séparée des processus organisationnels qui aident à la générer et à l'entretenir. Selon Kogut et Zander (1992, p. 384), « les organisations sont des communautés sociales dans lesquelles l'expertise individuelle et sociale est transformée en produits et services utiles économiquement par l'application de principes d'organisation ».

Si, à travers ces citations, les moyens de parvenir à un contexte partagé sont d'ordre organisationnel, tous ces dispositifs visent à encourager la concentration organique de la connaissance (Nonaka et Konno, 1998), le chevauchement (Nonaka, 1991 ; Inkpen et Dinur, 1998), la redondance ou la diversité d'expertise (Cohen et Levinthal, 1990), ou ce que d'autres appellent la redondance et le recouvrement dans la structure (Reix, 1995) ; autant d'expressions de la transversalité des contextes.

On déduit de la littérature quatre éléments d'identification d'un contexte favorable à la création et au transfert des connaissances dans une organisation : humains (rôle des acteurs), organisationnels (contexte organisationnel), culturels et managériaux (contexte social) et technologiques (outils).

Composante humaine. Les membres de la banque sont au cœur du processus de gestion des connaissances, lequel est avant tout « une fonction transversale » (Crié, 2003, p. 70-72). Cela pose la question de la répartition des rôles et de la distribution de l'expertise dans la banque. En prônant le principe du chevauchement défini comme le « recoupement délibéré de l'information, des activités et des responsabilités » (Nonaka, 1991, p. 53), car il favorise le dialogue, la communication fréquente et contribue à propager de nouveaux savoirs explicites dans la structure de l'organisation, Nonaka (1991) témoigne du dispositif japonais de mutation transversale des salariés. Cette pratique de turnover, assez répandue dans le domaine bancaire, permet aux salariés de comprendre l'activité de l'entreprise sous des angles différents.

La division du travail – source de division de la connaissance, et donc de spécialisation des rôles dans la banque (Pallas, 2002) – ne constitue pas pour autant un frein à la création de nouvelles connaissances. Tout est question de coordination des rôles. Assimilés par Nonaka à des ingénieurs de connaissance, les cadres intermédiaires ont une fonction déterminante. « La création de nouveaux savoirs est le produit d'une interaction dynamique entre trois rôles » (Nonaka, 1991) : les opérationnels dont la mission est de savoir ce qui est ; la direction dont la mission est de savoir ce qui devrait être ; les cadres moyens, à la jonction entre les flux d'information verticaux et horizontaux, servent d'intermédiaires entre les opérationnels et la direction. Pour exemple, les *team leaders* ont un statut intermédiaire entre des superviseurs et des opérateurs de production (Abraham, 2004).

Avec une vision moins hiérarchique de l'organisation, Brown et Duguid (1998) considèrent la connaissance comme une propriété sociale, produite et détenue collectivement dans le cadre de systèmes d'auto-organisation, telles les communautés de pratique. En participant à plusieurs d'entre elles, les agents en connaissance (les *knowledge brokers*) jouent un rôle clé. Si la communauté de pratique est une source efficace de création de connaissances en favorisant entre ses membres le partage de sens, d'une même vision du monde, la compréhension distribuée, les liens qui les unissent sont tellement forts que le chevauchement est difficile (en référence à la théorie de la « force des liens faibles » de Granovetter). Il en est de même pour d'autres formes d'organisation participative, comme les équipes (Grant, 1996).

On pourrait alors s'attendre à ce que des individus participant aux pratiques de plusieurs communautés soient en mesure d'assurer ce chevauchement en leur « vendant » de la connaissance. Puisque le processus d'innovation dépend fortement des sources externes de connaissance, d'autres types d'acteurs sont identifiés par leur fonction d'interface avec l'environnement. Ces traducteurs de l'environnement sont des médiateurs sur lesquels peuvent s'appuyer les communautés de pratique pour négocier entre elles (*translators* : Brown et Duguid, 1998) ou encore des acteurs spécialisés aux fonctions centralisées pour traduire de l'information provenant de l'environnement auprès des membres de l'organisation, lorsque celle-ci est difficilement assimilable car technique et non liée à l'activité courante (*gate keepers* ou *boundary spanners* : Cohen et Levinthal, 1990). Enfin, sous certaines conditions de changement technologique rapide et incertain, et lorsqu'il est difficile de savoir dans quelle partie de l'organisation serait mieux utilisée une information provenant de l'extérieur, il est préférable pour l'organisation de se doter d'un ensemble d'acteurs non spécialisés en lien avec l'environnement (*prospective receptors* : Cohen et Levinthal, 1990). Une telle organisation ressemblerait à la structure organique de Burns et Stalker.

Composante organisationnelle. Si le fait d'innover consiste à « se placer en rupture avec les routines établies » (Mintzberg, 1981, p. 377), toute organisation innovatrice ne peut s'appuyer sur aucune forme de standardisation pour coordonner ses activités. La composante organisationnelle d'un contexte favorable à la création et au transfert de connaissance se traduit alors par l'existence de structures et de modes d'organisation du travail transversaux. Pour Drucker (1988), une organisation du savoir doit concevoir une structure de management qui fonctionne à l'aide d'équipes *ad hoc*, transversales aux départements classiques.

La capacité d'assimilation[4] et la performance innovatrice d'une organisation dépendent selon Cohen et Levinthal (1990) de la redondance dans l'expertise. Celle-ci prend forme dans des interfaces entre fonctions différentes mais complémentaires (*cross function interfaces*), comme les relations entre différents laboratoires de R&D, ou entre les fonctions de R&D, de conception, de fabrication et de marketing. Certains auteurs préconisent même que les cycles de développement des produits se chevauchent pour faciliter la

4. La capacité d'assimilation est définie par Cohen et Levinthal (1990) comme « la capacité à reconnaître la valeur d'une nouvelle information, à l'assimiler et à l'appliquer à des fins commerciales » (p. 1).

communication et la coordination entre les sous-unités de l'organisation en les illustrant par des cas réels[5]. En ce sens, l'existence de relations entre fonctions identiques de l'entreprise favorise le transfert de bonnes pratiques.

Composante culturelle et managériale. Cette composante fait référence au cadre qui donne de la valeur à la connaissance. Si la connaissance est la propriété des individus, selon une épistémologie de la possession (Cook et Brown, 1999), pour être pertinente, elle est contextuelle (Teece, 1998 ; Davenport et Marchand, 2000) ; elle est socialement encastrée (Foss, 1996). La connaissance organisationnelle est donc fortement sociale (Brown et Duguid, 1998). L'élaboration d'une culture commune aux acteurs devrait alors favoriser la création et le partage des connaissances (de Long et Fahey, 2000).

Pour susciter l'implication et l'engagement nécessaires au mode de conversion de l'externalisation et ainsi inciter à la créativité, l'organisation, suggère Nonaka (1991, p. 47), doit se doter « d'outils managériaux permettant d'exprimer l'inexprimable ». Le recours au langage figuratif par l'intermédiaire d'images, de symboles, de métaphores est utilisé par les dirigeants pour orienter les activités créatrices de savoir de leurs salariés (notion d'« ombrelle conceptuelle »). La transformation du savoir tacite en savoir explicite s'effectue alors « en liant des idées contradictoires (par les métaphores), en résolvant ces contradictions (par l'analogie) et finalement en cristallisant les concepts créés et en les intégrant dans un modèle qui rend la connaissance accessible à tous » (Nonaka, 1991, p. 53). Le rôle important des cadres intermédiaires vu précédemment suppose la création de concepts d'activité et de produit de niveau intermédiaire. Pour Brown et Duguid (1998), ces outils managériaux, au même titre que d'autres plus formels (contrat, document, plan, convention), sont des objets de démarcation (*boundary objects*) dans la mesure où les métaphores permettent de ménager les idées. En fixant la frontière de chaque communauté de pratique, ces objets permettent aux communautés, à travers la négociation, de s'aligner non seulement les unes sur les autres mais aussi sur l'organisation dans son ensemble et sur sa stratégie. En ce sens, ils concourent à la « cohérence collective » (Teece, 1998).

---

5. Nonaka (1991) cite l'organisation du développement des produits chez Canon, où différents secteurs fonctionnels travaillent ensemble dans une division commune : des équipes de développement produit sont constituées ; chacune est scindée en sous-groupes concurrents qui travaillent sur le même projet. Ils débattent ensuite des avantages et des inconvénients de leurs propositions respectives. Nonaka et Konno (1998) citent des exemples de *ba* qui visent à encourager la concentration organique de la connaissance. Sharp a privilégié la création de structures *ad hoc* (équipes ou groupes de projets) hors de la structure existante, prioritaires pendant un certain temps dans l'accès aux ressources et dont le fonctionnement est assuré par des collaborateurs détachés de plusieurs divisions. Toshiba a investi dans la création d'une division *ad hoc* à l'intérieur de la structure existante pour transférer les technologies clés de Toshiba à de nouvelles activités et pour réintroduire de l'innovation et du challenge dans la structure de management de Toshiba. Ce groupe de travail constitue une plateforme, une division transcendante, qui vient en support des autres divisions ou fonctions pour insuffler la création de la connaissance. Un autre exemple est celui de la création en 2001 d'une filiale autonome du groupe PPR qui lui assure la gestion de ses achats et un rôle de conseil en proposant aux responsables achats de chaque entité du groupe un partage de documents (résultats des appels d'offre, fiches pratiques, référencements des prestataires, benchmarks internes…).

Composante technologique. De nombreux exemples et études de cas de KM – en parlant de programmes, de bases ou de répertoires de connaissances – assimilent à tort la gestion des connaissances à l'utilisation d'outils technologiques. Fahey et Prusak (1998) regrettent que la plupart des organisations cherchent à mesurer leurs efforts en matière de gestion des connaissances directement par l'étendue, la profondeur, le nombre et la qualité des bases de données. Une partie de la littérature replace le rôle des technologies de l'information dans le processus de gestion des connaissances. Brown et Duguid (1998) s'appuient sur les résultats de l'étude de Kreiner et Schultz pour préciser que les technologies jouent un rôle dans la facilité ou la difficulté du transfert de connaissances, seulement si elles répondent au contexte social. Selon Davenport et Marchand (2000), la gestion de l'information est utile à la gestion des connaissances dans la façon dont les connaissances peuvent être utilisées et non pas dans la façon dont elles peuvent être créées. Sur la base des travaux de Tsuchiya, Grundstein (2002, p. 9) avance que la connaissance n'est pas objectivable, « idée apparemment contradictoire avec l'idée de connaissances objectivables portée par l'ingénierie des connaissances qui conduit à des techniques et des méthodes de modélisation et de représentation des connaissances ». L'intérêt des technologies de l'information réside alors dans le *systemising ba* de Nonaka pour transformer la connaissance explicite en connaissance explicite et assurer ainsi sa diffusion à l'ensemble de l'organisation. L'accès libre à l'information grâce à des bases de données intégrées est alors un moyen de créer le chevauchement (Nonaka, 1991) et la connectivité (Quintas, 2004, p. 42).

En résumé, l'identification de contextes favorables à la création et au transfert de connaissances se traduit par l'existence de processus transversaux impliquant des composantes humaine, organisationnelle, culturelle et managériale et technologique. Il reste désormais à s'interroger sur l'existence de tels contextes dans les banques françaises.

2. Un état des pratiques en matière de gestion des connaissances dans le secteur bancaire

Dans une perspective autre que strictement technologique, cette étude exploratoire tente d'offrir des éléments de réponse à une interrogation en amont sur l'existence ou non, dans les banques françaises, de contextes favorables à la création et au transfert des connaissances.

2.1. La méthodologie et les résultats

Reconnaître l'existence d'un contexte favorable à la création et au transfert de connaissance dans les banques revient à identifier des faits reflétant l'existence de processus transversaux qui impliquent quatre composantes : humaine, organisationnelle, culturelle et managériale et technologique.

La sélection des données s'appuie sur l'analyse des rapports d'activité de quatre groupes bancaires représentatifs (en termes de taille et de performance) du paysage bancaire français : Société Générale, BNP, Crédit Lyonnais et Caisse d'Épargne. Le récent rapport de l'OCDE (2004) conclut de ses études pilotes que la taille de l'entreprise est un facteur important dans les pratiques de gestion des connaissances, quelle que soit la branche d'activité. Le rapport annuel (ou document de référence) est le reflet de la stratégie de la direction et de l'image que le groupe bancaire souhaite véhiculer auprès de ses partenaires. Il semble donc constituer un support pertinent pour commencer à détecter des éléments de contexte favorable à la création et au transfert des connaissances. De plus, les faits décrits dans ce document sont sélectionnés volontairement par les dirigeants pour justifier de choix et de décisions prises. En d'autres termes, on ne retiendra pas les discours ou les objectifs énoncés qui ne se sont pas encore concrétisés par des actions réelles. Par ailleurs, notre choix s'est porté sur les rapports d'activité des quatre dernières années (2000, 2001, 2002, 2003 lorsque ce dernier rapport était disponible) pour saisir la possibilité de transformation de contextes (Davis, 1982).

L'analyse des rapports annuels procède en trois temps :

- une analyse de contenu thématique consistant à classer les principaux thèmes des rapports annuels des quatre dernières années de chaque banque ;
- une sélection des thèmes qui impliquent des processus transversaux. Des thèmes tels le développement durable, la qualité en interne, le multicanal ... ont été identifiés comme relevant de démarches transversales ;
- pour chaque démarche émise de façon significative dans les rapports annuels des quatre groupes bancaires, une identification de l'existence ou non (et de la nature) des quatre composantes du contexte. Cette étape permet ainsi de comparer les banques au regard de leur degré d'élaboration de contexte favorable à la création et au transfert de connaissances.

Le tableau de synthèse issu de l'analyse des rapports d'activité en annexe décrit la façon dont les banques ont mis en place certaines démarches. Nous identifions pour chacune de ces démarches l'existence ou non des composantes du contexte décrites plus haut. Cette analyse conduit à des observations sur la volonté plus ou moins forte des banques à partager les connaissances, voire à les créer.

Les démarches retenues ont récemment marqué le secteur bancaire français, soit parce qu'elles ont été nouvellement instituées (dès 2000) soit parce qu'elles ont subi des réorganisations et restructurations. Elles ont aussi la particularité d'être transversales. En effet, les banques ont été amenées à initier des dispositifs nouveaux (démarche de développement durable, démarche de banque multicanal...) ou à revoir certains dispositifs déjà existants (pour certaines banques) comme la démarche qualité, en les renforçant et en les renouvelant pour rester compétitives. Ces démarches se sont progressivement instituées et leur mise en place a traduit l'élaboration ou la transformation de contextes favorables à la création et au transfert des connaissances.

À la lumière des quatre rapports annuels de chaque banque, des composantes du contexte sont identifiées : (1) la composante humaine reflétée par la création de rôles spécifiques voués à la démarche concernée ; (2) la composante organisationnelle reflétée par des structures organisationnelles chargées de piloter et de coordonner la démarche ; (3) la composante culturelle identifiée par des actions concrètes au niveau de l'organisation pour promouvoir la démarche entre l'ensemble des acteurs concernés ; (4) la composante technologique représentée par des outils informatisés spécifiquement élaborés pour faciliter la création et le partage des connaissances relatives à la démarche.

Le tableau présenté est dynamique et propose un récapitulatif des composantes du contexte élaborées à des stades chronologiques plus ou moins différents. Les quatre composantes d'un contexte favorable à la création et au transfert des connaissances sont classées par démarches et par banques. Elles se trouvent plus ou moins réunies en fonction de la phase d'évolution du contexte.

2.2. Les interprétations des résultats

Il s'agit ici d'interpréter les résultats du tableau de synthèse, sous un angle double. Dans un premier temps, une analyse intrabancaire par l'illustration de deux cas de banques aux contextes différents (encadrés 7.1 et 7.2) ; dans un second temps, une analyse des pratiques interbancaires.

Analyse de contextes créés et transformés. À partir du tableau, et pour illustrer les caractéristiques des contextes, nous présentons deux démarches où la présence des quatre dimensions du contexte est décelée. Les deux démarches retenues sont associées simultanément à un contexte créé et un contexte transformé.

Encadré 7.1

Illustration d'un contexte créé : la démarche de développement durable de la Société Générale

La démarche de développement durable, par les composantes de contexte qu'elle intègre, incarne une approche transversale reflétant la création d'un contexte favorable à la création et au transfert des connaissances.

Dès 2000, la Société Générale montre un intérêt particulier pour le développement durable et se positionne sur ce thème à travers le lancement d'un fonds développement durable Europe Éthique (RA 2000, p. 9). L'année 2001 constitue une étape de « sensibilisation » élargie à l'ensemble des acteurs de la banque (RA 2002, p. 64). Les prémices culturelles nécessaires pour la création d'un contexte favorable sont ainsi insufflées au sein de l'organisation (RA 2001, p. 12). Au cours de 2002 et 2003, la banque s'engage dans une démarche de développement durable plus accentuée qui traduit aussi bien une vision stratégique d'innovation qu'une adhérence à une culture d'entreprise bien affichée. Ainsi, les modes d'organisation transversaux se concrétisent par la création de structures *ad hoc*. Des acteurs occupant différentes positions au sein de l'organisation interviennent dans la conception et la mise en œuvre de cette démarche. Des outils technologiques spécifiquement conçus contribuent au déploiement du dispositif.

Composante humaine.

Des acteurs spécialisés détenant le rôle de « contributeurs DD » (RA 2002, p. 64 ; RA 2003, p. 65) assurent transversalement une fonction d'interface avec l'environnement. Ces contributeurs opérationnels sont incarnés par des responsables des branches (banque de détail, gestions d'actifs et banque d'investissement) et des responsables de métiers transversaux impactés par le développement durable (relations humaines, communication, risques, déontologie, achats, relations avec les actionnaires…) (RA 2002, p. 64). « Ils constituent le relais au niveau du terrain de la politique de développement durable du groupe. Ils se chargent de la mise en œuvre de la démarche, du recensement et de la diffusion des bonnes pratiques » (RA 2002, p. 64).

☞

Encadré 7.1

Illustration d'un contexte créé : la démarche de développement durable de la Société Générale *(suite)*

Composante organisationnelle.

La démarche de développement durable est pilotée par un groupe de travail composé des « contributeurs DD ». Ce « comité de pilotage DD » représente une nouvelle forme de division transcendante au même niveau hiérarchique que les autres branches et opère sous l'aile du comité exécutif. Il est animé au travers de « comités thématiques » coordonnés par la direction de la qualité et du développement durable, située au sein du secrétariat général du groupe (RA 2002, p. 64 ; RA 2003, p. 65). Ce groupe de travail, de par sa structure, permet ainsi de transférer les connaissances clés entre les différents organes et dispositifs de la banque et d'introduire de l'innovation et du challenge dans l'organisation.

Composante culturelle et managériale.

Le développement durable est « un élément de la stratégie du groupe » (RA 2003, p. 61) qui s'affirme à travers des valeurs fortes (« l'engagement de la Société Générale en faveur du développement durable se nourrit de la culture d'entreprise et s'appuie sur des valeurs réaffirmées », RA 2003, p. 64). Parmi celles-ci, « l'esprit d'équipe et l'innovation » ont une place privilégiée (RA 2002, p. 63). La banque n'hésite pas à afficher des images ou métaphores incarnant « l'ombrelle conceptuelle » de Nonaka, pour éclairer la mission des « contributeurs DD » et sensibiliser les acteurs de l'entreprise à cette approche. La mise en place d'une nouvelle démarche « Innovons à tous les étages », pour récompenser les initiatives individuelles ou collectives, fait ainsi l'objet d'un challenge spécifique dans le domaine de l'innovation, d'autant plus que l'un des premiers prix est destiné à récompenser la meilleure réalisation développement durable (RA 2003, p. 65). La création de slogans « Une banque au service d'un développement responsable » (RA 2003, p. 62) ou « Une institution de référence en matière de DD » (RA 2002, p. 64) et « la diffusion de plaquettes de sensibilisation au personnel » (RA 2003, p. 65) témoignent du positionnement explicite de la banque en matière de développement durable. Cela se traduit aussi par des participations à la semaine du développement durable et au Forum européen du développement durable et de l'entreprise responsable (RA 2003, p. 65). L'implication managériale se manifeste par la signature de la Déclaration des institutions financières sur l'environnement et le développement durable (RA 2001, p. 12), l'adhésion au Conseil national de développement durable (RA 2003, p. 61) ou l'intégration des trois principaux indices de développement durable (RA 2002, p. 64). Par ailleurs, « élargir la gamme développement durable » constitue l'un des objectifs assignés pour 2004 (RA 2003, p. 80). L'un des rôles implicites des acteurs clés de la démarche de développement durable consisterait à fournir de nouveaux marchés et à réunir et « cristalliser » dans de nouveaux produits, voire de nouvelles activités, les connaissances dispersées.

☞

Composante technologique.

Les outils technologiques contribuent à faciliter la capitalisation et la diffusion des connaissances. Le groupe des « contributeurs DD » constitue une structure plate et flexible dont les membres sont connectés de façon interactive à travers un support multimédia, l'intranet Planethic, comme « outil de partage et de capitalisation de l'expérience » (RA 2002, p. 64) et des « supports de veille concurrentielle » (RA 2002, p. 64). Les connaissances des différentes entités de la banque sont ainsi combinées de façon flexible en transcendant le système hiérarchique traditionnel.

Encadré 7.1

Illustration d'un contexte transformé : la démarche qualité de BNP Paribas

Selon Minsky (1986, cité par Brézillon, 1999, p. 7), le contexte doit être considéré comme « une entité vivante, qui croît et change de forme au cours du temps, selon les exigences des utilisateurs finaux et de l'intelligence croissante du système ».

Instituée depuis plusieurs années (1998), la démarche qualité de BNP Paribas opère en ce sens. Le contexte, de par sa nature « dynamique » (Davis, 1982 ; Brézillon, 1999), est ainsi recréé ou transformé. Des structures organisationnelles sont créées dès 2000 ; un nouveau réseau d'acteurs est mobilisé pour se charger des nouveaux projets de développement de la démarche qualité. Ce dernier est soutenu par un outil technologique novateur.

Composante humaine.

BNP Paribas considère que la démarche qualité concerne tous les collaborateurs (RA 2001, p. 104-105). Dans cette optique, elle instaure des rôles incarnés par des spécialistes rassemblés en un réseau transversal de « relais qualité ». Ils ont pour « mission d'animer et d'accompagner les actions d'amélioration initiées dans les pôles et les fonctions du groupe » (RA 2001, p. 104-105). Le réseau se charge alors des projets de développement, des démarches de certification des processus et des nouvelles démarches de certification de services ou d'activités.

Composante organisationnelle.

Le groupe inscrit dans son plan d'action qualité les axes de progrès qui privilégient l'amélioration de la satisfaction de tous les acteurs. Un comité qualité de direction générale valide les projets inscrits au plan d'action qualité du groupe et en suit la réalisation. Il impulse également des axes d'action, repris ensuite par le réseau de « relais qualité » (RA 2001, p. 104-105). Le groupe s'appuie sur l'expertise d'une « équipe ISO9000 de BNP Paribas » pour faire progresser le nombre de certifications et engager de nouveaux projets de certification (RA 2003, p. 99). L'accent est mis sur la qualité à l'égard de la clientèle avec des services certifiés ISO. Un département qualité et relations clientèle est créé au sein de la banque de détail en collaboration avec les responsables marketing et commerciaux. Il mobilise une vingtaine d'experts et permet d'identifier et d'orienter les améliorations nécessaires pour mieux satisfaire les clients (RA 2002, p. 121).

☞

Encadré 7.2

Encadré 7.2

Illustration d'un contexte transformé : la démarche qualité de BNP Paribas *(suite)*

Composante culturelle et managériale.

Par sa démarche qualité, BNP Paribas veut communiquer son engagement pour améliorer la satisfaction de tous les acteurs dans un environnement en évolution : « La banque d'un monde qui change » (RA 2003, p. 1). Elle cherche ainsi à inculquer une culture d'entreprise commune en affichant quatre valeurs fondamentales : l'engagement, l'ambition, la créativité et la réactivité (RA 2000, 2001, 2002 et 2003). L'imprégnation des acteurs de l'entreprise par la dimension culturelle et managériale de la démarche qualité se trouve renforcée par des actions concrètes : « l'actualisation et le renforcement de l'offre de formation sur la qualité » (sensibilisation, conduite de projets, outils et méthodes, certification, audit qualité), « la diffusion de tableaux de bord de suivi de la qualité dans chaque pôle de métier et chaque fonction groupe » (RA 2002, p. 122), la poursuite de démarches de certification qui ont progressé à un taux croissant depuis 1994 (domaines certifiés : 37 en 2001, 43 en 2002, 59 en 2003, 10 nouveaux projets pour 2004) et un système de suggestions Étincelle impliquant l'ensemble des acteurs de la banque (RA 2001, p. 104-105).

Composante technologique.

L'intranet qualité mis en place dès 2001 donne une visibilité sur l'organisation de la démarche qualité dans le groupe : politique qualité, structures, axes de développement, méthodes et outils. Il favorise l'accès aux informations sur le sujet et permet d'instaurer des échanges de « bonnes pratiques » au sein de l'entreprise (RA 2001, p. 104-105), ouvrant ainsi la voie au transfert, voire à la création, des connaissances. Cette composante technologique permet de soutenir la démarche qualité de BNP Paribas dont l'objectif est « d'engendrer des activités d'amélioration constante des processus en y associant tous les acteurs de l'entreprise dans un effort totalement intégré d'amélioration de la performance globale » (RA 2001, p. 104-105).

Analyse comparative interbancaire. À la lumière du tableau et des critères d'identification de contextes favorables, nous sommes en mesure de formuler certaines observations sur la propension plus ou moins grande des banques à gérer leurs connaissances. Ces constats permettent de mettre en exergue selon les démarches étudiées les similitudes et différences entre les banques.

Les degrés de propension des banques à gérer leurs connaissances semblent différents selon les démarches. Deux constats peuvent être formulés :

- Du point de vue des rapports annuels d'une même banque.

  Les banques semblent manifester un intérêt en matière de gestion des connaissances plus affirmé pour certaines démarches que pour d'autres. Elles accordent en effet dans leur rapport annuel plus de poids à certaines démarches qu'à d'autres et détaillent en conséquence l'ensemble des quatre composantes du contexte.

Concernant la démarche de développement durable de la Société Générale, ses composantes organisationnelle, culturelle et managériale semblent mieux explicitement exposées, détaillées et définies dans les rapports annuels, que celles d'autres démarches au sein de la même banque.

De même, dans ses quatre rapports annuels, BNP Paribas accorde une importance significative à la démarche de banque multicanal : toutes les composantes sont relevées et développées plus particulièrement que celles des autres démarches récentes. Le dispositif multicanal engagé en 2000 puis opérationnalisé en 2001 et 2002 est progressivement entièrement exposé. La démarche étant finalisée en 2003, la banque semble marquer toutefois dans ce dernier rapport un intérêt plus prononcé pour une autre démarche récente, celle du développement durable.

- Du point de vue des rapports annuels des quatre banques.

  Pour une même démarche, les quatre dimensions du contexte favorable ne semblent pas être systématiquement présentes (du moins explicitement évoquées dans les rapports annuels) dans toutes les banques.

  Ainsi, les quatre composantes du contexte dans le cadre du développement durable sont développées aussi bien à la Société Générale qu'à BNP Paribas. Le Crédit Lyonnais et la Caisse d'Épargne, quant à eux, semblent afficher leurs composantes organisationnelles, culturelles et humaines mais ne communiquent pas sur leurs composantes technologiques.

  La démarche qualité paraît complète uniquement à BNP Paribas. Les composantes technologiques ne sont pas encore mises en place à la Société Générale ni au Crédit Lyonnais. Par ailleurs, la Caisse d'Épargne ne semble pas être encore impliquée dans cette direction.

La chronologie de la mise en place des composantes d'un contexte favorable diffère selon les banques. Pour une démarche donnée, les composantes du contexte ne sont pas mises en œuvre selon la même chronologie dans les banques étudiées. Comparons l'approche de développement durable de la BNP et de la Caisse d'Épargne.

La BNP a initié sa démarche par la création d'un poste de responsable DD en 2001. Il faudra attendre 2002 pour voir apparaître une fonction transversale DD et un comité de pilotage d'experts. Elle commence à insuffler l'aspect culturel et managérial de cette démarche en intégrant les quatre indices du DD et la « notation socialement responsable » au cours de la même année. Cette composante trouve plus d'écho en 2003 à travers une adhésion au pacte de l'ONU, la participation à la semaine DD et un projet d'intégration de la dimension DD dans les programmes d'insertion et de formation managériale. En parallèle, et en dernier lieu, l'année 2003 se caractérise par l'émergence de la composante technologique à travers l'ouverture d'un intranet de services DD intégré au portail fédérateur « B to E ».

La Caisse d'Épargne, plus prudente, s'intéresse en premier lieu à une démarche de sensibilisation au DD, à travers une préétude d'autodiagnostic au cours de l'année 2001. Suite aux échos de ce diagnostic, la banque décide en 2002 d'engager sa démarche de développement durable en créant en parallèle des postes de responsables DD et en mobilisant une équipe dédiée DD dans chaque entreprise. Sur le plan organisationnel, elle met en place un comité de pilotage national DD. En 2003, elle renforce ses composantes culturelles et managériales en adhérant au pacte mondial de l'ONU et au Conseil national DD, en intégrant la notation sociale et environnementale et en élaborant une « déclaration d'engagement » par le directoire ainsi qu'une communication d'un rapport DD. La composante technologique ne semble pas avoir encore vu le jour ; elle devra se placer chronologiquement en dernier.

Ainsi, pour la Caisse d'Épargne, la composante culturelle et managériale était l'étape préliminaire à l'engagement d'une telle démarche, alors que la BNP a marqué son intérêt à cette démarche *via* un poste dédié auquel a succédé l'aspect culturel.

La composante technologique n'est pas une condition suffisante pour en déduire qu'une banque est orientée vers la gestion de ses connaissances. Toutes démarches confondues, certaines composantes du contexte semblent se former plus tardivement, notamment la composante technologique. En effet, elle intervient souvent après la mise en place des composantes organisationnelle, culturelle et managériale, et humaine. Une seule exception concerne la démarche de banque multicanal, puisque la composante technologique apparaît dès son initialisation. Une explication possible de ce cas particulier émane du caractère technologique inséparable de la démarche multicanal. Dans le cas de BNP Paribas, par exemple, le dispositif multicanal a nécessité une réorganisation des structures à travers la création de nouvelles composantes principales (centre de relations clients, nouveau poste de travail informatisé, etc.) dans l'optique d'une meilleure gestion de la relation client. Cela consiste à offrir une haute qualité de services bancaires à la clientèle en utilisant les technologies les plus modernes permettant la circulation de l'information en temps réel, notamment à travers deux plateformes multimédias, un portail Internet **bnpparibas.net** en complément du réseau d'agences et d'autres outils comme le téléphone et le Minitel. Par conséquent, la démarche est concernée essentiellement par les nouvelles technologies et par l'élaboration d'un réseau de distribution performant porté par des dispositifs principalement informatiques.

Exception faite de la démarche multicanal, cette observation viendrait confirmer que la gestion des connaissances ne se réduit pas aux nouvelles technologies, contrairement aux tendances actuelles ou aux déclarations de certaines banques anglo-saxonnes qui disent pratiquer la gestion des connaissances après avoir adopté un nouvel outil de gestion informatique.

Le stade de création ou de transformation de contexte dépend de l'identité et de l'histoire de la banque. Le cas de la Caisse d'Épargne reflète cette constatation, dans le sens où elle est la seule banque étudiée à ne pas explicitement formuler dans son rapport annuel l'adoption d'une démarche qualité. Cette absence est d'autant plus marquée que les autres banques ont déjà créé un contexte de démarche qualité depuis bon nombre d'années et en sont actuellement à sa phase de transformation. La démarche qualité de BNP Paribas renvoie par exemple au cas d'un contexte transformé (Pallas et Labaki, 2004).

Les banques semblent plus réactives que proactives dans leur intérêt à gérer leurs connaissances. Dans plusieurs cas, les banques entreprennent des démarches guidées par la réglementation ou par un souci de certification. On note que pour les quatre banques la présence de l'ensemble des composantes du contexte concerne ce type de démarches.

Cela corrobore l'idée initiale selon laquelle certaines banques françaises sont réticentes et n'affichent pas explicitement une volonté de gérer leurs connaissances. Il faudra en effet attendre la mise en vigueur d'une réglementation ou de normes de certification avant de prendre l'initiative d'initier ou de renforcer un dispositif. Cela concerne la démarche qualité pour BNP Paribas, la Société Générale et le Crédit Lyonnais et la démarche de DD qui a pris une dimension accrue dans les derniers rapports d'activité pour se conformer aux textes de la loi sur les nouvelles régulations économiques[6]. Ces banques sont donc incitées à créer ou à transformer des contextes, afin de répondre aux exigences du marché et garantir ainsi auprès de leurs partenaires la qualité de leurs services.

Conclusion

Les résultats de cette étude exploratoire qui s'inscrit dans une démarche compréhensive permettent d'éclairer des différences entre les banques concernant leur orientation à gérer leurs connaissances. Les observations relevées corroborent l'idée selon laquelle la mise en place d'outils et de systèmes technologiques n'est pas un indicateur suffisamment pertinent de la gestion des connaissances d'une banque. Ce résultat prolonge les idées soutenues par les auteurs qui focalisent leur attention sur l'importance de la création d'un contexte partagé pour créer et partager les connaissances (Nonaka et Konno, 1998 ; Cohen, 1998). Le rôle du contexte est d'autant plus important que la gestion des connaissances revêt, comme nous l'avons montré dans la première partie, une dimension stratégique.

Le tableau synthétique a permis de présenter les contextes élaborés par quatre banques au cours de démarches sollicitant la création et le transfert des connaissances. Le manager bancaire dispose ainsi d'une ébauche de grille de lecture des démarches récentes orientées vers la gestion des connaissances. Cette grille lui permet de situer sa banque par rapport à son stade d'évolution dans la création ou la transformation de contextes favorables. Elle lui permet également de prendre en compte le degré d'implication de sa banque à travers la présence ou non des composantes nécessaires. Enfin, l'avantage de cette grille est de présenter d'une manière plus claire une facette du processus ambigu de gestion des connaissances. Ainsi, le manager pourra non seulement situer la position de sa banque par rapport à ce processus, mais également envisager de prendre des dispositifs nécessaires pour se différencier de ses concurrents étant donné les avantages stratégiques et concurrentiels apportés par la gestion des connaissances.

Enfin, il faut rappeler que l'étude a porté sur un angle particulier de la gestion des connaissances, celui des contextes favorables à la création et au transfert des connaissances. Or, sur le thème de la gestion des connaissances, d'autres points non développés par cette contribution retiennent notre attention. Il sera intéressant d'approfondir la gestion des connaissances à travers l'analyse du processus de gestion des connaissances voire de la performance liée à la mise en place d'une telle démarche. Des enquêtes approfondies auprès d'une ou de plusieurs banques françaises semblent intéressantes et permettraient d'avoir un état des lieux plus représentatif en matière de pratiques de gestion des connaissances.

6. Le décret d'application n° 2002-21 du 20 février 2002, qui fait suite à l'article 116 de la loi n° 2001-420 du 15 mai 2001 relative aux nouvelles régulations économiques, impose depuis l'exercice 2002 aux sociétés cotées de « préciser dans leur rapport d'activité la manière dont elles prennent en compte les conséquences sociales et environnementales de leur activité ».

Bibliographie

Abraham J. (2004), « Management des connaissances et des compétences : la conjonction des contextes et des acteurs », *Management des compétences et des connaissances : outils stratégiques en GRH ?,* Actes du colloque, tome I, Rouen, p. 78-96.

Barney J. (1991), « Firm Resources and Sustained Competitive Advantage », *Journal of Management*, vol. 17, n° 1, p. 99-120.

Brezillon P. (1999), « Context in Problem Solving : A Survey », *The Knowledge Engineering Review*, vol. 14, n° 1, p. 1-34.

Brown J.S., Duguid P. (1998), « Organizing Knowledge », *California Management Review*, vol. 40, n° 3, printemps, p. 90-111.

Cohen W.M., Levinthal D.A. (1990) « Absorptive Capacity : A New Perspective on Learning and Innovation », *Administrative Science Quarterly*, vol. 35, n° 1, mars.

Cook (s.l.n.d.), Brown J.S. (1999), « Bridging Epistemologies : The Generative Dance Between Organizational Knowledge and Organizational Knowing », *Organization Science*, vol. 10, n° 4, juillet-août, p. 381-400.

Crie D. (2003), « De l'extraction des connaissances au knowledge management », *Revue française de gestion*, novembre, p. 59-79.

Davenport T.H et Marchand D. (2000), « De l'information à la connaissance », *Gérer le savoir par les nouvelles technologies, Les Echos*, L'Art du management de l'information, p. 156-160.

Davis S.T (1982), « Transforming Organizations : The Key to Strategy is Context », *Organizational Dynamics*, hiver, vol. 10, n° 3, p. 64-80.

Dejoux C. (1997), « Pourquoi les entreprises françaises s'intéressent à la théorie des ressources ? », *Direction et gestion des entreprises*, n° 166, Stratégie et structure, p. 7-16.

De Long D.W, Fahey L. (2000), « Diagnosing Cultural Barriers to Knowledge Management », *Academy of Management Executive*, vol. 14, n° 4, p. 113-127.

Drucker (1988), « L'Émergence de la nouvelle organisation », traduction française, in *Le Knowledge management* (1999), Harvard Business Review, éditions d'Organisation, p. 11-33.

Fahey L., Prusak L. (1998), « The Eleven Deadliest Sins of Knowledge Management », *California Management Review*, vol. 40, n° 3, printemps, p. 265-276.

Foray D., Gault F. (2004), « Mesure des pratiques de gestion des connaissances », *OCDE, Gestion des connaissances. Mesurer la gestion des connaissances dans le secteur commercial*, premiers résultats, OCDE/ministère de l'Industrie, Canada, p. 11-29.

Foss N.J. (1996), « Knowledge-Based Approaches to the Theory of the Firm : Some Critical Comments », *Organization Science*, vol. 7, n° 5, septembre-octobre, p. 470-476.

Grant R.M. (1996), « Toward a Knowledge-Based Theory of The Firm », *Strategic Management Journal*, vol. 17, hiver (numéro spécial), p. 109-122.

Grundstein (2002), « Le Management de la connaissance dans l'entreprise », *Research Report*, juillet, p. 21.

Inkpen A.W.C., Dinur A. (1998), « The Transfer and Management of Knowledge in the Multinational Corporation : Considering Context », *Working Paper 98-16*.

Kogut B., Zander U. (1992), « Knowledge of the Firm, Combinative Capabilities and the Replication of Technology », *Organization Science*, vol. 3, n° 3, p. 383-397.

Lefebvre P., Roos P., Sardas J.-C. (2003), « Gestion des compétences, gestion des connaissances et enjeux identitaires en conception : pour une approche unifiée de la dynamique métier », in *Compétences et connaissances dans les organisations*, sous la direction de A.M. Guénette, M. Rossi et J.C. Sardas, édition SEES, Lausanne, janvier.

Lorino P. (1997), « Théorie stratégique : des approches fondées sur les ressources aux approches fondées sur les processus », *Cahier de recherche ESSEC*, août, DR 97023.

Masson B. (1997), « La Gestion de la connaissance au secours de la compétitivité », *Direction et Gestion des entreprises*, n° 164-165, Organisation et gestion, p. 47-52.

Mertins K., Heisig P., Vorbeck J. (2003), « Introduction », *Knowledge Management, Concepts and Best Practices*, 2e édition, Springer.

Mintzberg (1981), *Structure et Dynamique des organisations*, éditions d'Organisation.

Nonaka (1991), « L'Entreprise créatrice de savoir », *Le Knowledge management*, éditions d'Organisation, Harvard Business Review, p. 36-63.

Nonaka I, Konno N. (1998), « The Concept of "Ba" : Building a Foundation for Knowledge Creation », *California Management Review*, vol. 40, n° 3, printemps, p. 40-61.

Nonaka I. et Takeuchi H. (1997), *La Connaissance créatrice : la dynamique de l'entreprise apprenante*, De Boeck et Larcier.

Nonaka I, Toyama R, Konno N. (2000), « SECI, Ba and Leadership : A Unified Model of Dynamic Knowledge Creation », *Lange Range Planning*, n° 33, p. 5-34.

Pallas V. (2000), « Confiance et Procédures : un essai d'approche méthodologique appliqué à la relation banque-entreprise », *Thèse de doctorat sciences de gestion*, CREGO, IAE, Université-Montpellier II.

Pallas V. (2002), « La Gestion de la relation banque-entreprise familiale : un décodage des pratiques bancaires », *in* G. Hirigoyen et J. Caby, *La Gestion des entreprises familiales*, Paris, Economica.

Pallas V., Labaki R. (2004), « L'Apport du concept de contexte au processus de gestion des connaissances : une illustration dans le secteur bancaire français », Journée de recherche de l'AFC *Transversalités et comptabilité, contrôle, audit*, 9 décembre 2004, Montpellier.

Polanyi M. (1966), *The Tacit Dimension*, Routledge et Kegan Paul, Londres.

Quintas P. (2004), « La Gestion des connaissances dans la pratique », *OCDE, Gestion des connaissances. Mesurer la gestion des connaissances dans le secteur commercial*, premiers résultats, OCDE/ministère de l'Industrie, Canada, p. 31-55.

Reix R. (1995), « Savoir tacite et Savoir formalisé dans l'entreprise », *Revue française de gestion*, n° 105, septembre-octobre, p. 17-28.

Ribière V., Chou C. (2001), « Knowledge Management in the Banking Industry », *2nd European Conference on Knowledge Management (ECKM)*, 8-9 novembre, Bled, Slovénie.

Spender J.-C., Marr B, (2004), « A Knowledge-Based Perspective on Intellectual Capital », http://home.earthlink.net/~jcspender/id1.html.

Sveiby K.-E. (2000), *Knowledge Management. La Nouvelle Richesse des entreprises, savoir tirer profit des actifs immatériels de sa société*, Maxima, Laurent du Mesnil, Paris.

Szulanski G. (1999), « The Process of Knowledge Transfer : A Diachronic Analysis of stickiness », *Working Paper*, juin, p. 40.

Szulanski G. (1996), « Exploring Internal Stickiness : Impediments to the Transfer of Best Practice Within the Firm », *Strategic Management Journal*, vol. 17, hiver (numéro spécial), p. 27-43.

Teece D.J. (1998), « Capturing Value from Knowledge Assets : The New Economy, Markets for Know-How, and Intangible Assets », *California Management Review*, vol. 40, n° 3, printemps, p. 55-79.

Wernerfelt B. (1984), « A Resource-Based View of The Firm », *Strategic Management Journal*, vol. 5, n° 2, p. 171-180.

Wernerfelt B. (1989), « Form Critical Resources to Corporate Strategy », *Journal of General Management*, vol. 14, n° 3, printemps, p. 4-12.

Wright R.-W., Van Wijk G., Bouty I. (1995), « Les Principes du management des ressources fondées sur le savoir », *Revue française de gestion*, septembre-octobre, p. 70-75.

Zack M.H. (2003), « Rethinking the Knowledge-Based Organization », *MIT Sloan Management Review*, été, p. 67-71.

ANNEXE 7.1 : Résultats et analyse des rapports d'activité

NC : non communiqué

BD : Base de données

SI : Système d'informations

1) Composante humaine
2) Composante organisationnelle
3) Composante culturelle et managériale
4) Composante technologique

Contexte / Démarche	BNP Paribas	Société Générale	Crédit Lyonnais	Caisse d'Épargne
Démarche Développement durable (DD)	*Aucune occurrence : 2000* *Démarche engagée : 2001, 2002* **1)** Responsable DD (2001) (coordonne l'activité de tous les intervenants au plan mondial) Superviseur DD (2002) **2)** Fonction transversale DD (2002) • Comité de direction générale (2002) • Comité de pilotage exceptionnel formé d'experts (2002) **3)** « culture humaniste et solidaire », « entreprise citoyenne ». • Adhésion au Pacte mondial de l'ONU (2003) • Intégration aux quatre indices DD (2002) • Notation socialement responsable (2002) • Participation à la semaine du DD (2003) • Projet d'intégration de la dimension DD dans les programmes d'insertion et de formation managériale (2003) **4)** Ouverture sur l'intranet d'un bouquet de services DD intégré au portail fédérateur « B to E » (business to employee) (2003)	*Positionnement sur le DD : 2000 (fonds DD Europe éthique)* *Démarche de sensibilisation DD : 2001* *Démarche engagée : 2002* **1)** « Contributeurs DD » (2002) **2)** Comité opérationnel de pilotage DD (2002) • Comités thématiques (2003) **3)** « Vision DD ancrée dans les valeurs du groupe », « être une institution de référence en matière de DD », « une banque au service d'un développement responsable », « l'esprit de solidarité et le sens du partenariat responsable » • Signature de la Déclaration des institutions financières sur l'environnement et le DD (2001) • Notation socialement responsable (2001) • Intégration aux trois indices principaux DD (1999) • Participation à la semaine du DD et au Forum européen du DD et de l'entreprise responsable (2003) • Membre du Conseil national de DD (2003) **4)** Intranet Planethic (outil de capitalisation et de partage d'expérience) (2002) • Supports de veille concurrentielle (2002)	*Aucune occurrence : 2000* *Démarche engagée : 2001 (agences de notation et fonds DD), poursuivie : 2002* **1)** Équipe d'analystes travaillant en interne avec les DG, DRH, et directions de l'environnement de diverses fonctions, et en externe avec les syndicats, associations ONG, analystes financiers et gérants (2002) **2)** Cellule de recherche interne dédiée à l'ISR, comité grands risques (2002). **3)** « placer l'éthique au centre du dispositif » (relatif aux relations avec les fournisseurs) (2002) • Intégration dans trois indices principaux de DD (2002) • Notation socialement responsable (2001) **4)** NC	*Aucune occurrence : 2000* *Démarche de sensibilisation : 2001 (préétude d'autodiagnostic)* *Démarche engagée : 2002* **1)** Réseau de responsables DD et équipe dédiée DD dans chaque entreprise (2002) **2)** Comité de pilotage national DD (2002) **3)** « une banque performante, une institution utile », « entreprise socialement responsable qui contribue au développement d'une société solidaire » • Adhésion au Pacte mondial de l'ONU (2003) • Élaboration par le directoire de la CNCE d'une « déclaration d'engagement » (2003) • Notation sociale et environnementale (2003) • Membre du CNDD : Conseil national DD (2003) • Communication d'un rapport DD (2003) • Partenariat pluriannuel avec le WWF (2003) **4)** NC

Contexte / Démarche	BNP Paribas	Société Générale	Crédit Lyonnais	Caisse d'Épargne
Démarche Qualité	*Démarche qualité engagée : 1988* **1)** Réseau de relais qualité (2001) (anime et accompagne les actions d'amélioration initiées dans les pôles et fonctions du groupe) **2)** Comité qualité de la direction générale (2001) • Équipe ISO9000 de BNP Paribas (2003) • Département qualité et relations clientèle (2002) **3)** Amélioration de la satisfaction de tous les acteurs • Système de suggestions Étincelle (2001) • Système de management par la qualité (2000) • Démarche de certification ISO9001 (engagée en 1999, concrétisée en 2000), ISO 9002 des process (2001) • Plan d'action qualité • Tableaux de bord de suivi qualité (2002) • Offres de formation sur la qualité (2002) • Audit qualité (2002) **4)** Intranet qualité (2001) (concerne tous les collaborateurs en vue d'établir des échanges de bonnes pratiques)	*Démarche qualité engagée : 1993* **1)** Responsables qualité (mentionnés en 2003) **2)** Direction de la qualité groupe (1993) (détermine les nouveaux processus de certification) • Nouveaux chantiers (2003-2004) d'assurance qualité pour un meilleur pilotage des processus (programme de renouvellement des certifications de services ou de spécialités) **3)** Charte qualité (2001), référentiels, audit qualité, notations, traditionnel forum de qualité (regroupant les responsables qualité et les managers) (2002) • Certifications de services • Démarche de certification ISO 9002 (depuis 2000) • Plan d'action qualité • Système de suggestions (2002) **4)** NC	*Démarche qualité engagée : 1995* **1)** Dans chaque direction : Réseau de collaborateurs qualité ou correspondants locaux (50 en 2001) Unité du groupe (2001) 2)Institut de qualité (2001) Comité exécutif (chargé de la politique qualité) **3)** « La qualité et la prestation fournie au client interne, gage de l'excellence au client externe », « développement d'une culture qualité chez la personne » • Charte qualité (1995) • Tableaux de bord qualité (2002) • Référentiels de comportements de chaque fonction (2002) • Certifications de services et de produits • Démarches de certification ISO 9001 (version 2000) • Poursuite du déploiement des certifications • Notations • Plan d'action qualité annuel • Intégration dans certaines unités du modèle d'excellence (EFQM) **4)** NC	*NC* *Comité opérationnel qualité (2002)*

Contexte / Démarche	BNP Paribas	Société Générale	Crédit Lyonnais	Caisse d'Épargne
Démarche de banque multicanal	*Démarche engagée : 1997* *Opérationnelle : mi-2001* *Achevée : 2003* **1)** (Télé)conseillers des centres de relation client (2001) et commerciaux en agence • Cadres formés pour insérer le poste de travail (1 700 en 2002) **2)** Centre relation client avec deux plateformes multimédias (2001) • Nouveau poste de travail informatisé (opérationnel : 2001, déployé dans le réseau : 2002) • Agences de production et d'appui commercial spécialisées par filières de traitement **3)** Valeurs du groupe : l'engagement, l'ambition, la créativité et la réactivité ; valeurs centrées client : excellence, respect, innovation, esprit d'équipe **4)** Portail Internet bnpparisbas.net (2003), • Téléphone et Minitel en complément du réseau d'agences	*Dispositif initié : 1998* *Débuté : 2002* **1)** NC **2)** DEC (direction d'exploitation commerciale) (2002) • CRCM (centre de relation clientèle multimédia) (2002) • Pôles services client (mutualisent le service après-vente jusqu'en 2002 assuré dans les groupes d'agence) (2002) **3)** « esprit de groupe qui favorise la coopération entre les acteurs et qualité de service » et « innovation pour le client » • Programme de formation pour accompagner la mise en place de la banque multicanal (2003) **4)** Outil de gestion de la relation client contact (2002) • Site Logitel Net (2001) • Internet mobile (WAP et i mode), SMS (2002)	*NC* **1)** NC **2)** Agences (24 : 2002), Plateformes multicanaux, • Rationalisation des activités support : centres de traitement, directions fonctionnelles (2002) **3)** « une grande interactivité avec le client » **4)** Nouveaux canaux de distribution électroniques et téléphoniques (2001) : • Agences automatisées • Internet • Minitel • SMS • Téléphone • Guichets automatisés • Portails à distance • e-credit-lyonnais (2002)	*Démarche initiée : 2000* *Opérationnelle : 2001* **1)** Nouveaux collaborateurs de gestion de la relation client (2001) • Téléconseillers (350 en 2001, 500 en 2003) • Experts chargés de la mise en œuvre des chantiers (150 en 2000) **2)** Poste de travail unique (2001) Regroupement des fonctions nationales de production bancaire au sein d'une direction rattachée à CNTI et Gestitres (2000) • Regroupement de trois platesformes informatiques (2001) • Agences du programme de gestion de la relation client (2001) • Direction des SI (2002) • Centres de relation client (2002) **3)** « confiance, ouverture, engagement, ambition », « partage de nouvelles technologies » • Programmes de formation pour les commerciaux (2001) **4)** Outils de pilotage communs du groupe (2001) • BD standardisées (2001) • Réseau de télécommunication uniforme (2001) • Portail intranet groupe (2000-2001-2002), Internet personnalisé par régions (2000) et pros (2003) • Minitel (2001), télévision interactive (2001), banque par téléphone (2000), accueil téléphonique centralisé (2001)

Contexte / Démarche	BNP Paribas	Société Générale	Crédit Lyonnais	Caisse d'Épargne
Démarches d'intégration des nouveaux et de développement des compétences	*NC* **1)** NC **2)** Création d'une entité regroupant équipe mobilité France et recrutement (2003) • RH groupe • Centre de formation de Louveciennes (mentionné en 2000) **3)** Référentiel RH (charte de responsabilité de la fonction RH, directives des RH…)(2001) • Principes de managament (2001) • Séminaire d'intégration européen (2002) • Programme mondial de recrutement, de formation, de suivi de carrière (WWN) (2002) • Programme ACE (cadres sup.) • Mobilités fonctionnelle et géographique (1 800 en 2003) **4)** Outil de gestion de la formation intégré au SI • Site intranet de formation (e-learning) (2000) • Magazine électronique (2003) • Portail intranet ÉchoNet : sites RH groupe et RH BNP Paribas SA (2001-2002-2003) • Portail intranet « B to E » (niveau transversal de groupe) (2003) • Référentiel (des bonnes pratiques…) sur intranet (2002)	*Dispositif d'intégration engagé : 2002* *Démarche de compétences : 1998* **1)** NC **2)** Gestion transversale des métiers fonctionnels : décentralisation de la GRH au niveau des branches d'activité (2000) • Comités de carrière (pour les cadres) (2003) **3)** « le renforcement de la cohésion et la nécessaire prise en compte de la transversalité du groupe » • Manifestations annuelles des principaux managers (thèmes retenus en 2003 : innovation, cohésion et management) • Séminaires d'intégration (2002) • Mobilités géographique et fonctionnelle (3 000 collaborateurs ont changé de métier en France en 2002) • Dispositif de formation interne favorisant l'accès au niveau cadre (2002) • Mise en place de programmes spécifiques : « futurs dirigeants » (2002) ; « performances et développement personnel » (2003) **4)** Modules de formation e-learning (2000) • Outil de sensibilisation aux NTIC : e-espace (2002), • Self-service RH (2002), • Deux sites intranet e-RH : Group Online, RH Online (2003)	*Dispositif d'intégration engagé : 2002* **1)** NC **2)** Groupes de travail chargés de la politique de tutorat, de la refonte du séminaire d'intégration pour nouveaux cadres…) (2002) **3)** Dispositif de mobilité fonctionnelle (prévu en 2000, mentionné en 2002) • Plan d'intégration des jeunes embauchés (2002) • Séminaire d'intégration • Référentiel de compétences : par emplois et par métiers concernés (1998) ; relationnelles et managériales (2001) ; par compétences clés pour cadres supérieurs (2002) ; dictionnaire des compétences (prévu en 2000, mentionné 2002) • Charte d'accueil (pour 2003) • Mallette d'accueil (repères, information, orientations concrètes…) **4)** Moyens de communication en interne et médias électroniques : boîte aux lettres RH (2002), site Intranet Color (2002)	*Dispositif initié en 2000* *Dispositif d'intégration engagé 2001* **1)** NC **2)** Université Caisse d'Épargne (fin 2001) • Observatoire des métiers et de leur évolution (2001) **3)** « les managers sont placés au cœur du changement pour développer une culture de la performance » (2003) • Charte de management pour cadres dirigeants : harmonisation des pratiques managériales (2001) • Référentiel métiers/compétences (2001) • Outil de gestion prévisionnelle de l'emploi pour les directeurs RH (2002) • Dispositif de gestion des carrières des dirigeants (comités de carrière, plans d'accompagnement…) (2001) • Séminaire d'intégration des nouveaux dirigeants (2001) **4)** Formation CBC (compétences business clients) en ligne (2001) • Portail intranet groupe (outil de communication, associe les informations locales et nationales, et structure l'information par métiers, 2002)

Chapitre 8

La nécessaire recherche de la transversalité dans les banques

Julien Batac et Valérie Pallas
Université Montesquieu-Bordeaux IV, IUT
Creff, Ifrege

Il est clairement admis aujourd'hui que les nouveaux schémas organisationnels du type organisation transversale ou management par projets restent encore profondément liés aux spécificités sectorielles et contextuelles, à l'historique des organisations et à leur maturité (Allouche et Huault, 1998) de telle manière qu'ils provoquent une certaine inertie dans les changements. On pourrait penser que l'efficacité de ces nouvelles formes de management, au sein de structures en mutation, tient davantage à l'adhésion des acteurs et à l'émergence de nouvelles visions et représentations qu'à une quelconque performance en termes de rentabilité économique. Finalement, ces pratiques, considérées comme innovantes et de plus en plus expérimentées dans les entreprises, pourraient laisser circonspect au sens où elles intégreraient des éléments déjà largement connus. Cependant, se restreindre à cette vue contraint de négliger l'ensemble des enjeux se situant dans le prolongement de ces « nouvelles » pratiques.

Aussi, la multiplication de ces nouvelles formes organisationnelles soulève la question de l'évolution des modes de coordination et de l'adaptation des outils de pilotage (Defélix, 1999 ; Froehlicher, 2000). La réponse pourrait résider dans la résolution du dilemme intégration/différenciation, explicité par Lawrence et Lorsch (1973). D'un côté, le fonctionnement efficace d'une entreprise implique une spécialisation des rôles, expliquant en cela la différenciation ; d'un autre côté, afin d'éviter la multiplication de « baronnies » et cloisonnements, les structures organisationnelles doivent être intégratives en favorisant la coordination en interne. Cette tension-dilemme induit alors la mise en place d'une diversité de formes de coordination se traduisant, parfois au sein d'une même organisation, par la présence simultanée de moyens de coordination hiérarchiques et non hiérarchiques.

De ce point de vue, l'exemple bancaire apparaît comme un cadre d'analyse adapté. D'abord, parce qu'il illustre le fait que l'organisation bureaucratique semble plus particulièrement mise à mal sur certains de ses mécanismes, du type stratification extrême et immuable ou hiérarchie comme principe fondamental de régulation et de coordination des activités. Ensuite, parce que les bouleversements récents de son secteur ont radicalement changé la nature et les caractéristiques de ses métiers.

Depuis deux décennies, le paysage bancaire ne cesse en effet de se recomposer sous les effets conjugués d'une mutation des conditions de la concurrence, de changements radicaux dans la structuration de l'actionnariat, de l'accélération des concentrations et de l'introduction rapide de nouvelles technologies de l'information et de la communication. En parallèle, les structures organisationnelles des banques se caractérisent par leur relative inertie, due en particulier à un positionnement stratégique encore imparfaitement irrésolu, entre continuité d'un rôle d'intermédiaire financier traditionnel et tentative de rupture par la recherche de pistes de diversification dans des secteurs connexes ou divergents. Ce décalage entre des environnements en pleine mutation et des organisations encore ancrées dans des schémas structurels traditionnels met en perspective les problèmes rencontrés par les banques au moment de s'ajuster à leur contexte. Les banques doivent ainsi relever des défis d'adaptation à des contraintes réglementaires de risque toujours plus fortes et à des pressions de marché face à une clientèle plus exigeante dont les besoins financiers se complexifient.

Des modes de travail plus coopératifs et participatifs associés à des formes d'organisation plus transversales favorisant le partage d'expériences, la réactivité ou encore l'apprentissage constituent sans doute des moyens possibles pour les banques au moment de relever ces défis.

L'objet de l'article est de discuter du rôle et de la légitimité de certaines de ces pratiques, de ces modes de fonctionnement transversaux, que nous avons pu observer, essentiellement dans des banques mutualistes. Pour cela, dans le cadre général de la problématique de l'adaptation des banques à leur environnement, l'article s'articulera autour du traitement théorique puis pratique de la question suivante : l'expérimentation d'une organisation transversale constitue-t-elle une solution à l'adaptation efficace de l'entreprise à des environnements externes et internes, tels ceux d'une banque ? La réponse à cette question incitera alors à la discussion autour, d'une part, des enjeux managériaux engendrés par de telles transformations organisationnelles et, d'autre part, des nouveaux équilibres autorisant une meilleure prise en compte des évolutions externes et des rigidités organisationnelles internes.

1. La transversalité, un problème structurel et… humain

Les études menées sur le thème de la transversalité dans les organisations soulignent le caractère novateur de ce type de structure, notamment dans leurs dimensions de management des savoirs, mais illustrent également quelques difficultés dans leur application sur le terrain. Le modèle de la transversalité montre des carences en termes d'instrumentation et sous-estime ainsi le rôle structurant des systèmes de coordination. Aussi, l'expérimentation d'une organisation transversale pose le défi de son pilotage, notamment en ce qu'elle présage dans l'appréhension des comportements humains. Dans les activités de services du type bancaire, soumises à des difficultés de satisfaction des demandes variées des clients et de diversification des compétences des employés, la mise en œuvre de modes de coordination décentralisés se prête *a priori* peu à des formes de contrôle standardisé.

1.1. La conciliation de deux structures au sein d'une organisation

Dans quel type de structure organisationnelle la banque trouve-t-elle sa légitimité ? Les banques ont souvent été assimilées à des institutions. Poser la question de la quête d'une légitimité pour ces institutions suppose que leur légitimation peut s'avérer problématique (Ashforh et Gibbs, 1990). Si les banques n'ont pas de challenge de légitimité aussi importants que des organisations à mouvement social radical ou avec une mission morale, elles restent cependant confrontées au cours de leur histoire à des défis tels, que leur responsabilité s'est trouvée de plus en plus engagée[1] envers une diversité de parties prenantes. Elles poursuivent donc des buts collectifs, et les exigences parfois conflictuelles de ces parties prenantes rendent délicate la définition de buts précis et clairs acceptés par l'ensemble des acteurs. Or, pour que la banque soit appréciée comme une organisation légitime, ses actions doivent être perçues comme « désirables, justes et appropriées à l'intérieur d'un système construit socialement de normes, croyances et définitions » (Suchman, 1995). C'est ainsi que dans leur activité d'intermédiation, en contrepartie des ressources qu'elles reçoivent du public et qui ne lui appartiennent pas (les dépôts) mais qui tiennent lieu de propriété tangible, les banques délivrent des « formes symboliques intangibles de richesse » (Shapiro, 1987) ou plutôt des « symboles de promesse », tels les comptes bancaires ou les cartes de crédit comme moyens de paiement. Le public ne prend donc pas possession réellement de la richesse que représentent les symboles, car il reconnaît une certaine légitimité de la banque en tant qu'agent collectif de financement, légitimité qui peut s'avérer vulnérable comme ont pu le témoigner les retraits massifs de dépôts à la fin du XIXe siècle.

Dès lors, pour que ces symboles de promesse restent crédibles, c'est par les moyens et les processus, liés à la rationalité technique, plutôt que par les fins et les résultats, que la légitimité des institutions bancaires pourra être appréciée. Selon March (1991), les organisations fondent leur légitimité sur « leur usage de l'information » et « l'utilisation de l'information est plus susceptible d'être un signal valable quand les critères de performance ne sont pas clairs ». L'histoire des banques en témoigne. Les banques ont vu leurs activités d'intermédiaire financier se légitimer auprès de leurs partenaires par l'institutionnalisation de pratiques standardisées et formalisées, ce qui justifie aujourd'hui que l'on qualifie volontiers leurs modes de fonctionnement de « tayloriens ».

Autrement dit, en tant qu'organisations formelles, les banques sont immergées dans un environnement duquel elles institutionnalisent les normes et valeurs dans leur structure et comportement sous forme de pratiques formalisées. L'État par le poids de la réglementation ou l'ordre religieux par les valeurs véhiculées ont influencé les pratiques bancaires. Ainsi, les valeurs religieuses chrétiennes du haut Moyen Âge bannissent la pratique de l'intérêt, qualifiée de « vice de l'usure », alors que certains banquiers juifs du Moyen Âge s'appuient sur les préceptes du Talmud pour pratiquer leur activité de banquier. De même, le contrôle externe pour réguler les opérations devenues trop nombreuses prend des formes diverses selon les époques, mais vise toujours à systématiser les pratiques internes de gestion de la relation de clientèle. Ainsi, le code d'Hammourabi fixe les normes des opérations financières menées par les temples et les grands propriétaires terriens en les obligeant à formaliser par écrit l'opération de dépôt et en systématisant le processus de prise de décision du prêt (Dauphin-Meunier, 1968).

Au final, ces diverses influences de l'environnement institutionnel dans lequel gravitent les banques leur impose l'adoption d'un « isomorphisme institutionnel », au sens de DiMaggio

1. Par la distribution de crédits, elles sont responsables sur le plan économique envers les entreprises qu'elles financent ; par la réception des dépôts, elles sont responsables sur le plan monétaire ; en assumant des fonctions « carrefour » dans les circuits économiques, elles sont responsables sur le plan moral et peuvent être confrontées à des problèmes d'équité de financement ; en tant qu'entreprises, elles sont responsables sur le plan financier envers leurs actionnaires.

et Powell (1983), à savoir « un processus contraint qui force une unité dans une population à ressembler à d'autres unités qui font face à une même série de conditions environnementales ». Les banques sont ainsi devenues des institutions isomorphes, structurées en bureaucraties, de nature mécaniste ou professionnelle (selon les configurations structurelles de Mintzberg, 1982), puisqu'elles coordonnent leurs activités en s'appuyant sur la standardisation des procédés (dans le premier cas) et des qualifications (dans le second cas). Elles gagnent et conservent leur légitimité grâce à la similarité et à la régularité de leurs procédures, et notamment celles concernant l'accès à l'information sur leurs clients.

Pourtant, le cloisonnement des fonctions et la hiérarchie en tant que principe fondamental de régulation s'imposent de moins en moins comme facilitant la réactivité face à des environnements complexes et incertains. Selon Bouquin (1997), « une représentation nouvelle établissant le lien entre stratégie et pilotage tend à émerger. La planification de l'entreprise taylorienne a laissé la place à des outils de comptabilité et de management fondés sur les activités et les processus. Ainsi émerge le fait de s'appuyer plus sur les capacités d'initiative des individus. » La modélisation de la structure de l'organisation serait alors susceptible de déterminer le déploiement et le succès des stratégies, autant celles prévues que celles émergentes. À cet effet, si la dichotomie formulation/mise en œuvre de la stratégie s'appuie sur des niveaux d'organisation séparant les activités et cloisonnant les services fonctionnels (Mintzberg, 1982, 1994), la prise en compte de propositions stratégiques et opérationnelles ascendantes requiert une évolution des modes de coordination classiques. Ces transformations dans les organisations bureaucratiques peuvent emprunter la voie de la recherche et de l'expérimentation de nouveaux processus de gestion bâtis autour de modèles de fonctionnement transversaux.

La réussite – sur le plan stratégique, d'une formation concertée de la stratégie et, sur le plan opérationnel, d'une offre de service plus adaptée aux besoins de la clientèle – semblerait donc pouvoir reposer sur la mise en place de nouveaux schémas organisationnels, réduisant au passage les effets d'une organisation cloisonnée de l'entreprise, de ses fonctions, de ses activités, de ses process… À cet effet, l'organisation transversale, vue comme un ensemble organisé dans lequel les différentes fonctions y deviennent plus autonomes mais aussi moins segmentées (Tarondeau et Wright, 1995), semble un support organisationnel approprié à la gestion du risque organisationnel. Un tel schéma d'organisation, en favorisant la communication et les interactions entre acteurs, propose des mécanismes d'ajustement mutuel proches de ceux développés dans une organisation apprenante[2].

Il ne s'agit pas ici de prôner la suprématie d'une forme organisationnelle, mais de poser la question de l'innovation organisationnelle nécessaire à l'émergence d'idées. Une structure organisationnelle, qui mise sur l'implication et la responsabilisation des acteurs pour mieux anticiper les évolutions du marché et des autres environnements, accroît le développement des compétences individuelles. En se basant sur cette thématique des compétences, Abernathy et Clark (1988) voient dans l'innovation organisationnelle un renforcement des compétences collectives de l'organisation. La question du lien entre développement des compétences et structure support de ce développement est alors posée.

Un exemple explicite d'innovation organisationnelle est celui de la coopération intraorganisationnelle qui consiste à mobiliser des acteurs bancaires aux compétences diverses

2. Cette dernière forme organisationnelle fait référence à des processus collectifs de création, diffusion et assimilation de connaissances et compétences dans l'organisation (Garvin, 1993).

permettant ainsi de favoriser la création d'une action commune enrichie par la division du travail, telle que le préconise Durkheim (1930), et donc la complémentarité des compétences des acteurs. Cette coopération, recherchée comme une fin, et non comme un moyen d'accéder à certaines ressources détenues par une autre partie, a la particularité de se construire dans la réalisation d'un produit commun (Dameron-Fonquernie, 2000). « Elle n'est pas simple échange mais processus de production de valeur. » L'auteur identifie trois mécanismes générateurs du processus de coopération : la complémentarité (division du travail, périmètre du collectif), une finalité commune et une réciprocité (symétrie des relations entre les acteurs au travers des engagements).

Comment l'innovation organisationnelle est-elle gérée ? Spender et Kessler (1995) montrent que la gestion du changement organisationnel est assurée par une structure organisationnelle hybride, présentant des caractéristiques à la fois mécanistes et organiques et non en opposition. L'organisation combinerait ces deux modes d'organisation dans un système unique. D'abord, au moment de l'initiation de l'innovation organisationnelle, le mode d'organisation serait mécaniste (la décision est prise par la direction puis « descendue » le long de la ligne hiérarchique). Ensuite, lors de l'exécution ou de l'expérimentation de l'innovation, le mode de gestion deviendrait organique (mise en œuvre de mécanismes organisationnels nouveaux nécessitant la liberté d'action et de réflexion des participants). La phase terminale, sorte d'implémentation de l'innovation organisationnelle, serait de nouveau gérée de manière mécaniste (diffusion globale de l'innovation dans l'organisation). La relation de complémentarité entre les deux types de structure serait alors une condition nécessaire et indispensable à la réussite d'un processus d'innovation organisationnel.

1.2. L'acteur, une condition utile et… indispensable

Dans la banque de détail, les acteurs opérationnels occupent une place intermédiaire entre la réflexion stratégique et l'action. Généralement, leur participation à la stratégie se restreint à la mise en place. Mais ces rôles opératoires d'information et de contrôle doivent être complétés lorsque les évolutions et incertitudes de l'environnement s'accélèrent. Dans un tel contexte, les cadres opérationnels, postés dans l'organisation à la frontière avec l'environnement, ont une position privilégiée dans l'identification des problèmes, la proposition d'objectifs, l'évaluation des différentes options, et la prise et mise en action des décisions (Floyd et Wooldridge, 1990).

Dans cette optique, l'ambition recherchée est de favoriser des modes d'organisation dont l'intérêt est centré sur les processus d'apprentissage. La prise en compte de l'apprentissage organisationnel peut sembler un levier positif à la résolution des enjeux stratégiques à venir, notamment par le dépassement des blocages individuels et collectifs inhérents aux bureaucraties. Tout un débat apparaît alors autour de la manière dont les organisations, en tant qu'entités, apprennent et diffusent cet apprentissage : soit en mettant l'accent sur les structures, procédures et routines existantes, soit par l'intermédiaire des individus qui les composent.

Pourtant, si l'apprentissage reste au cœur des préoccupations, autant chez les praticiens que les théoriciens, la compréhension du processus de diffusion de connaissances à partir de l'individu reste floue, malgré le développement de travaux sur la création de la connaissance organisationnelle (Nonaka et Takeushi, 1997). Cette carence relative s'insère au cœur de la question du transfert intraorganisationnel de connaissances, qui apparaît en filigrane et qui constitue un élément essentiel de la réussite de ce genre de processus émergent ; toute la difficulté résidant dans la diffusion et la mobilisation de la somme d'actions individuelles.

L'attention du chercheur devrait alors se porter sur l'intérêt d'un système de coordination en cohérence avec le couple structure de l'organisation bancaire et processus émergent de formation des décisions et actions. Le modèle classique du contrôle, apparu dans les années 1920, étant inopérant dans ce type de problématique, une partie de la recherche a tenté d'identifier et de qualifier des systèmes de coordination favorisant à la fois une réflexion stratégique plus proche de tous les acteurs et un décloisonnement fonctionnel (Bouquin, 1994). Tandis que les systèmes de contrôle bureaucratiques sont généralement considérés comme des freins à l'innovation, les systèmes de contrôle utilisés dans les structures organisationnelles organiques cherchent à favoriser l'innovation (Burns et Stalker, 1961 ; Thompson, 1967 ; Mintzberg, 1982). Cependant, cette opposition, au moins conceptuelle, entre contrôles formels et cybernétiques des formes bureaucratiques d'un côté, et contrôles informels et interactifs des formes organiques de l'autre, nous semble trop tranchée. Une vision élargie du contrôle dans l'organisation s'appuierait sur une mise en cohérence entre des contrôles formels et informels, des contrôles cybernétiques et interactifs, et des contrôles des résultats et des comportements. En retenant de telles dualités, il ne s'agit pas de considérer le contrôle comme un instrument de coordination unique, mais simplement de souligner la nécessité d'assurer la cohérence des objectifs du système… avec ceux des acteurs.

2. Deux illustrations de formes transversales d'organisation

Des travaux menés dans des banques régionales mutualistes ont pu mettre en relief des formes transversales d'organisation dont la légitimité semblait claire et affirmée, tant au niveau stratégique qu'opérationnel.

2.1. La transversalité, un gage de réussite de la formation de la stratégie ?

Une entreprise bancaire régionale, le Crédit Agricole Mutuel Pyrénées Gascogne (CAMPG), fonde le premier axe d'analyse. Elle a développé un processus participatif de formulation et de mise en œuvre stratégiques. L'organisation transversale, support de ce processus et nommée AOC[3], a été suivie pendant trois ans de manière participative. Le cas est d'autant plus approprié qu'il se déroulait au sein d'environnements concurrentiel et technologique changeants, et que la direction souhaitait infléchir sa stratégie en même temps que les modalités de sa formation. À cet effet, elle avait mis en place une structure « innovée » chargée de conduire le processus stratégique. Ce choix s'apparentait à une forme d'expérimentation obéissant à deux objectifs principaux affichés : la remontée d'idées de projets par des opérationnels et la recherche de nouveaux fonctionnements transversaux basés sur l'échange et la coopération interfonctionnels.

---

3. Du nom des trois axes stratégiques : activités, organisation et compétences.

Encadré 8.1

Le Crédit Agricole Mutuel Pyrénées Gascogne

Contexte

CAMPG est issue d'une fusion de trois caisses régionales réalisée en 1992. Le précédent plan stratégique avait été initié en 1994 et préconisait des objectifs « fixant et consolidant » ce nouvel établissement bancaire. En inflexion forte, le plan étudié tend à identifier de nouvelles « activités », à mettre en place d'autres formes d'« organisation » et à expérimenter de nouvelles modalités de gestion des « compétences ». Il prend en compte le fait que l'entreprise « a franchi une nouvelle étape de croissance, que l'environnement a changé, mais aussi que le mode de fonctionnement interne et les attentes des divers acteurs de l'entreprise sont différents »*.

Action de la direction générale

Dans le prolongement, en 1998, la direction générale de CAMPG décide de redéfinir les modalités de formation de la stratégie. Suite à une réflexion validée par le conseil d'administration, elle fixe les grandes orientations stratégiques de l'entreprise et met en place, en février 1999, une structure spécifique chargée d'opérationnaliser ces orientations. À l'origine, cette structure se compose de trois groupes de travail et d'une équipe de pilotage. Les trois groupes, correspondant aux trois axes principaux du plan stratégique, sont formés chacun de quinze membres choisis par la direction avec des profils hétérogènes. L'équipe de pilotage est une émanation de ces trois groupes et a pour objectif de « valider le processus de mise en œuvre stratégique de manière à assurer des modes de fonctionnement homogènes et des sources d'apprentissages collectifs »**.

Analyse de la situation

- D'abord, la direction générale, confrontée à un environnement en mutation, a modifié son procédé normal de formation de la stratégie. Elle a mis en place une structure *ad hoc*, composée d'acteurs opérationnels, chargée de proposer des initiatives et des projets obéissant aux orientations larges établies par la direction.
- Ensuite, au-delà d'un objectif d'opérationnalisation de la stratégie, la structure temporairement créée peut être qualifiée d'organisation apprenante. On y observe certaines caractéristiques identifiées par la littérature spécialisée : résolution de problèmes *via* des groupes libres et autonomes dans leur réflexion, phénomènes d'ajustement mutuel entre les groupes, utilisation des technologies pour faire partager le savoir, benchmarking externe, incitation au développement des savoirs et savoir-faire. La participation, permanente pendant trois ans à la vie des groupes, a d'ailleurs permis de constater des processus d'apprentissage organisationnel, au travers des phases de diffusion et de mobilisation des connaissances nées à ce niveau d'organisation.
- Enfin, cette coexistence transitoire d'une structure transversale avec une structure support bureaucratique propose une large gamme d'instruments de coordination, oscillant entre des systèmes interactifs utilisés par les groupes AOC et des systèmes plus traditionnels fonctionnant selon la boucle proposition-vérification-sanction pratiquée dans le reste de l'entreprise. Cette situation souligne la possibilité d'observer, dans un même processus finalisé, un système comportant à la fois des contrôles formels et cybernétiques comme des contrôles informels et interactifs.

* Extrait d'interview d'un sous-directeur dans le journal d'entreprise (décembre 1999).

** Extrait de lettre de mission adressée par la direction à tous les membres de l'équipe de pilotage du dispositif chargé de mettre en œuvre la stratégie (février 1999).

La proposition selon laquelle une structure « innovée », évoluant dans un contexte bureaucratique, développe des apprentissages organisationnels contrôlés pouvant remettre en cause les orientations stratégiques préétablies par la direction a ainsi été testée. Quelques principaux apports peuvent être formulés pour valider, réfuter ou « reformuler » cette proposition.

Le contexte organisationnel observé est celui d'une superposition temporaire d'une organisation aux contours flous, qualifiée de transversale et apprenante, sur une organisation dont les modes de coordination s'apparentent à ceux d'une bureaucratie. Cette coexistence de formes organisationnelles différentes, voire opposées, résulte du choix volontaire de la direction de piloter différemment le processus stratégique. Il n'est alors pas surprenant d'observer une forme intermédiaire par rapport à la dichotomie classique entre formulation et mise en œuvre de la stratégie, la décision de la direction étant d'infléchir ce schéma. Sans cependant observer, non plus, une formation de la stratégie qui serait exclusivement le fruit d'initiatives émergentes des opérationnels, une répartition inédite dans l'entreprise des rôles attribués aux acteurs conduisant le processus stratégique a été identifiée : une direction générale qui fixe des orientations stratégiques (décision au niveau global), et des groupes de travail qui « opérationnalisent » ces orientations sous forme de projets (contrôle au niveau local). En même temps, la direction générale évalue et arbitre ces projets (contrôle au niveau global), et les groupes transversaux remettent parfois en cause les orientations stratégiques préétablies (décision au niveau local).

Cette coexistence de formes organisationnelles a permis la coexistence de contrôles formels et cybernétiques avec des contrôles informels et interactifs. Ces systèmes, aux modalités et finalités antinomiques, bloquent pour les uns et stimulent pour les autres l'apparition d'apprentissages organisationnels. Les contrôles formels, dont l'identification a été restreinte aux actions et décisions des hiérarchies, bloquent les apprentissages nés dans la structure apprenante. Ce constat s'appuie sur le résultat final des projets menés par les groupes de travail, qui au moment de leur mise en œuvre ont été modifiés par les directions fonctionnelles. Par contre, les contrôles informels et interactifs, fonctionnant au travers des systèmes d'échanges et de coopération intrastructure apprenante, stimulent la production et la diffusion des connaissances. Ces contrôles ont pu être qualifiés d'« apprenants », dans la mesure où ils sont des processeurs et des catalyseurs d'apprentissages organisationnels.

Un dernier résultat mérite d'être relevé. À l'issue du processus, un sentiment d'échec a été observé dans l'esprit des participants et des autres membres de l'entreprise. Selon eux, l'expérimentation de la structure « innovée » chargée de proposer des idées de projets stratégiques et de les opérationnaliser n'a pas connu la réussite escomptée : projets non démarrés, abandonnés en cours ou réorientés. Cette expérience a semblé alors les renforcer dans un sentiment de « mainmise » de la direction sur les orientations de l'entreprise. Notre perception est quelque peu différente et obéit à l'intuition raisonnée selon laquelle la « performance » d'une telle structure doit se mesurer à l'évolution des pratiques et comportements acquis en son sein. Cette intuition est corroborée par des faits. Dans une perspective intertemporelle, le processus apparaît comme un déclencheur d'apprentissages organisationnels dont les participants seraient les vecteurs.

Ce constat est proposé à la réflexion scientifique. Le transfert des apprentissages individuels dans le reste de l'organisation nécessite un temps de maturation dépassant la durée d'élaboration d'un plan stratégique. C'est dans cette perspective qu'il faut situer le rôle de la structure étudiée. En effet, la perception d'échec ressentie par une majorité des acteurs de l'entreprise à l'égard du processus stratégique témoigne des symptômes d'une maladie chronique, vieille d'une ou de deux décennies. Cette maladie est celle de la difficulté d'une banque à s'adapter aux changements qui l'entourent, et encore plus à en être l'initiatrice. Or ces changements, qu'ils aient pour nom « révolution technologique », « explosion de la concurrence » ou « globalisation financière », sont loin d'être terminés. Le processus stratégique, tel qu'il a été observé, constitue une première avancée dans la recherche d'une meilleure anticipation des évolutions de l'environnement *via* l'élargissement de la participation des opérationnels. Cependant, il est clair que, dans le contexte bancaire actuel, un plaidoyer pour l'accroissement des degrés d'autonomie et de liberté des acteurs a peu de chances d'être entendu.

2.2. La transversalité, une promesse d'amélioration de l'offre client ?

Le second axe d'analyse pour étudier l'émergence de schémas organisationnels transversaux porte sur l'étude approfondie d'une relation bancaire d'une durée de neuf ans.

Encadré 8.2

Exemple de transversalité

Une banque régionale mutualiste menait une stratégie offensive de développement auprès du marché des PME illustré par la création de la première agence « entreprise » en 1999. Une PME fortement implantée dans la région, évoluant dans un secteur d'activité considéré comme risqué, et confrontée à des besoins financiers croissants et très spécifiques était cliente depuis longtemps de l'établissement (dans le cadre d'un pool bancaire avec un autre chef de file déjà désigné).

Une immersion pendant six mois au sein de l'établissement bancaire a permis de reconstituer la chronologie de cette relation bancaire par l'analyse du dossier client, des entretiens menés auprès des membres bancaires impliqués de près ou de loin dans cette relation, ou encore l'observation directe des pratiques.

C'est au moment où la banque locale souhaite accroître sa position de façon significative dans l'entreprise cliente qu'elle se trouve confrontée à des contraintes de règles bilantielles qui l'amènent à s'adosser à une de ses filiales de financement de crédit pour répondre au besoin de financement supplémentaire de l'entreprise cliente.

Ce cas est révélateur non seulement de l'apparition de modes de fonctionnement transversaux mais aussi des difficultés de fonctionnement suscitées par ces nouvelles configurations.

Ces nouveaux modes de fonctionnement transversaux contrastent avec les années précédentes où l'indépendance totale de la banque locale autorisait en son sein des modes de fonctionnement hiérarchiques dans le suivi de la relation de clientèle. Jusque-là, chaque acteur de la banque locale – directeur d'agence, chargé d'affaires, assistants (pour le centre d'affaires) ; sous-directeur, directeur général adjoint, directeur général (pour le siège social) – voyait son rôle et sa fonction figés et délimités de façon institutionnelle par des procédures de différenciation ; chacun disposait de niveaux d'information et de décision spécifiques concernant l'entreprise cliente. La position des acteurs bancaires dans la structure hiérarchique déterminait leur niveau de connaissance et la nature des informations collectées sur l'entreprise cliente. Les procédures de délégation des pouvoirs sont sur ce point révélatrices, car elles standardisent les délégations et spécifient la place de chacun des acteurs dans la décision. Cette organisation cloisonnée s'est donc progressivement élargie avec l'arrivée de nouveaux acteurs. Le nombre d'acteurs bancaires concernés par la relation avec l'entreprise cliente se complexifiant, la relation bancaire, initialement bilatérale, est devenue un réseau de relations de financement interbancaire et intragroupe bancaire.

Officiellement et théoriquement, ces nouvelles interactions entre la banque locale et les autres banques du pool (dont le chef de file), ainsi qu'entre la banque locale et sa filiale de financement, étaient guidées par une forme de coopération autonome car elle met en œuvre un groupe d'acteurs souhaitant rassembler des compétences diverses pour accomplir un projet commun (Dameron-Fonquernie, 2000) : celui de proposer une offre de financement adaptée aux besoins d'une entreprise cliente.

Concernant le fonctionnement du pool d'engagement, les tâches de chacune des banques sont clairement identifiées : les banques du pool prennent en charge une partie du risque et font des avances en trésorerie ; le chef de file a un devoir d'information envers elles, ce qui ne les dispense pas de tout devoir de prudence. Par ailleurs, de par sa fonction d'intermédiaire entre toutes les banques du pool, le chef de file représente par construction une institution productrice de confiance au sens de Zucker (1986) par les garanties institutionnelles qu'il apporte en mettant en œuvre des mécanismes formels de protection contre les risques de l'entreprise. Pourtant, au cours de la relation bancaire, les autres banques du pool (et notamment la banque locale) perçoivent de la part du chef de file une violation des attentes partagées (et donc des garanties institutionnelles), ce qui nuit au processus de coopération. On[4] lui reproche d'être négligent dans l'analyse des créances remises par l'entreprise cliente, mais aussi de ne pas remplir son rôle de représentant des banques du pool et d'adopter une stratégie de collusion avec l'entreprise : une communication obscure, des délais d'analyse et de réponse aux demandes du client faibles…

De même, d'après les documents officiels, banque locale et filiale de financement sont considérées comme des partenaires devant avoir des relations de complémentarité : elles doivent « mettre en commun des moyens et des compétences sur des marchés où la taille critique est une condition essentielle du succès »[5]. Les deux entités sont liées par un cadre

4. Ces interprétations sont réalisées sur la base de l'analyse d'entretiens menés auprès des acteurs de la banque locale et de ceux de la première filiale de financement, ainsi que des documents collectés spécifiques à la relation bancaire étudiée.

5. Extrait du rapport annuel 1996 du groupe bancaire.

relationnel formalisé, un protocole qui vise, pour des entreprises clientes de la banque locale détenant un certain niveau de chiffre d'affaires, à partager les produits et les risques à 50 %. Le principe même de ce dispositif consiste à « associer les compétences en vue de conquérir et de fidéliser une clientèle commune »[6]. Les tâches sont divisées et les compétences clairement identifiées. Ainsi, la filiale, spécialisée dans le financement et le service bancaire aux entreprises, remplit le rôle d'agent délégué de la banque locale pour lui « apporter son appui technique et commercial pour le montage de l'offre commerciale, l'étude et le suivi des risques, la gestion des opérations et pour mettre à la disposition des banques locales sa logistique et notamment son système informatique »[6], la banque locale conservant la relation commerciale avec le client.

Pourtant, malgré la légitimité conférée à ces formes de coopération, le processus de coopération entre les deux entités est mis à mal. Plusieurs interrogations sont soulevées dès le départ par les acteurs interrogés. La forte volonté de la banque locale de faire partager les risques à sa filiale ne constitue-t-elle pas de manière détournée un moyen d'externaliser les risques et de se soustraire pour partie d'un risque de défaillance de l'entreprise cliente devenu imminent ? L'intervention de la filiale n'obligerait-elle pas la banque locale à élargir la relation bilatérale qu'elle a établie avec l'entreprise et à perdre une certaine visibilité, puisque le protocole stipule que le compte du client devient désormais un compte de la filiale ? Autrement dit, l'asymétrie d'information sur la relation bancaire entre les structures locales et les structures nationales suscite un sentiment de risques de concurrence.

À ces inquiétudes cachées s'ajoutent, au cours des deux années d'échanges entre les deux entités, de fortes périodes d'incompréhension et de tensions, chacune des entités reprochant à l'autre son manque de réciprocité et revendiquant son indépendance, ce qui les conduit à exiger des modes de fonctionnement de la relation bancaire davantage formalisés et standardisés. La filiale n'acceptera d'intervenir aux côtés de la banque locale dans le pool qu'à condition que les modalités de fonctionnement des banquiers membres du pool ne soient formalisées dans un protocole interbancaire qui limiterait les délégations du chef de file et accroîtrait les procédures de transmissions d'information délivrées par le chef de file. Après une négociation de plusieurs mois, et malgré la rédaction du protocole, les obstacles au fonctionnement de la relation bancaire sont tels que la mise en place des concours n'a pas lieu.

Cet exemple met en lumière les risques de coordination nouveaux suscités par ces nouvelles formes de coopération transversales entre les membres du pool et entre les acteurs d'un même groupe bancaire par l'absence *a priori* de systèmes de règles et de normes partagés, conséquence du phénomène d'asymétrie d'information. La confiance, inhérente à la coopération, est alors mise à mal. Chacune des parties, de par sa place dans la relation bancaire, se représente la qualité de l'entreprise cliente de façon différente. Certains acteurs cherchent alors à combler ce phénomène d'asymétrie d'information par tous les moyens ; en témoigne la décision de la filiale de financement de négocier directement avec le chef de file le protocole interbancaire, alors que cela ne relève pas initialement de ses compétences.

6. Extrait d'un document interne réservé aux chargés de clientèle des banques locales.

Plus généralement, la solution retenue par les participants à cette forme coopérative est un accroissement des modes de coordination et des formes de contrôle formel empruntées à des formes d'organisation bureaucratique qui se révèlent pourtant inefficaces pour gérer les interactions. Le phénomène d'amplification des procédures constaté pour contrôler les actions du chef de file, institution pourtant garante des intérêts des banques du pool, traduit *a priori* une confiance limitée dans la capacité de ce « gardien de la confiance » à accomplir son rôle d'agent. Il en découle plutôt une « spirale inflationniste des relations de confiance » (Shapiro, 1987) par laquelle plus les banques du pool contrôlent l'institution chef de file, moins elles seront satisfaites de ses offres et de ses actions. Dans ce contexte, les procédures formalisées ne réussissent pas à résoudre les problèmes d'agence et de confiance[7]. On assiste alors à un « paradoxe du procéduralisme », une « ironie de la confiance » où « on se protège fréquemment de la confiance et on répond à ses échecs en accordant même plus de confiance » (Shapiro, 1987, p. 649).

Dès lors, il est utile de relever que les procédures formalisées se révèlent peu pertinentes pour empêcher les dérapages de confiance, pourtant une condition préalable à la coopération lorsque les participants à l'échange, dans des schémas organisationnels transversaux, sont confrontés à un véritable problème de partage des représentations et de leurs attentes.

L'étude de ces cas pose désormais la question de la légitimité dans la pratique de ces schémas d'organisation transversaux. Asforth et Gibbs (1990) pensent que les banques font partie de ces organisations pour lesquelles « les exigences de légitimité sont fondées sur des niveaux élevés de confiance vis-à-vis de la clientèle » et en ce sens « sont prédisposées à des challenges de performance et de valeur ».

Conclusion

Les théoriciens aiment dégager des modèles pour rendre compte du fonctionnement des organisations. Weber ou Mintzberg ont ainsi proposé des idéaux types. Mais cela ne les empêche pas pour autant de reconnaître que la réalité est souvent, et pour le moins, composée d'hybrides. Pour penser l'évolution des organisations dans leur environnement, il est ainsi urgent de trouver d'autres mots moins simplificateurs. Il est des catégories qui tuent ou, à défaut, rendent tout débat impossible, suscitent la confusion au sein des discours les plus éclairés et font régresser le développement des idées au lieu de le favoriser. Par exemple, ne distingue-t-on pas trop facilement « organisation bureaucratique » et « organisation transversale », ou « contrôle cybernétique et formel » et « contrôle interactif et informel » ? Prendre parti dans ce débat de mots plutôt que d'idées peut figer certaines positions qui ne l'étaient pas nécessairement.

Il ne s'agit pas de fabriquer de la polémique là où *a priori* un peu d'attention et de réflexion permettraient plutôt de discerner débat contradictoire et délibération de nouvelles idées. Cette opposition ignore trop souvent la complexité des questions en jeu et s'offre largement aux propositions de consultants en innovations organisationnelles.

7. « [...] comme les premiers mandataires qu'ils surveillent, on attend des gardiens de la confiance qu'ils disent la vérité, remplissent leurs obligations de rôle de façon compétente, suivent les procédures établies et agissent comme des fiduciaires désintéressés. Et comme les autres agents, les gardiens de confiance ont une opportunité considérable d'en abuser » (Shapiro, 1987, p. 645).

Une telle réduction de la réalité des organisations, fondée sur des distinctions trop simplistes finalement, apparaît irréaliste. Si certains éléments, jugés auparavant parfaitement homogènes, tels l'organisation taylorienne ou le contrôle bureaucratique, émergent de moins en moins ni comme des évidences ni comme des monolithes, ils offrent par contre des figures de style contrastées, les unes rejetées par un grand nombre, les autres approuvées aussi largement. La mise en cohérence de ces oppositions délétères d'éléments et de concepts semble pourtant plus adéquate. Dès lors que l'on examine une situation particulière d'entreprise soumise à des complexités nouvelles, ces stéréotypes de problèmes et d'organisation sont remis en cause, comme nous l'avons montré au travers de deux cas bancaires. D'ailleurs, sous couvert de réussite ou d'échecs des formes d'organisation transversales que nous avons pu y déceler, on est en droit de se demander si ces formes d'organisation sont :

- vraiment le signe d'une logique d'innovation des banques ; auquel cas on s'attendrait à ce que ces formes d'organisation ne restent pas simplement calquées sur une structure hiérarchique existante, que leur légitimité ne soit pas remise en cause ou relativisée par leurs membres, ou encore qu'elles perdurent dans le temps et qu'elles servent d'exemples dans la banque à d'autres initiatives de coordination transversale ;
- le signe d'une logique de protection, ces formes émergeant dans le seul but de répondre aux contraintes réglementaires toujours plus fortes en matière de risque.

Plus encore, serait-ce si osé (mais tellement tentant) d'attribuer à ces formes transversales d'organisation un rôle d'« alibi » ? Car finalement, de l'enseignement de l'efficacité relative de ces formes d'organisation, on peut plus généralement s'interroger sur la prétendue complexité et turbulence de l'environnement bancaire. Si on admet, à partir des cas étudiés, que ces formes d'organisation ne perdurent pas ou ne sont pas montrées en exemples auprès des autres acteurs de l'entreprise, peut-on encore prétendre que le secteur bancaire est en réalité et à ce point confronté aux mêmes problématiques d'ajustement à son environnement que des secteurs industriels comme l'automobile ou l'électronique, qui n'ont pas d'autres choix que de s'organiser en imaginant de nouvelles méthodes de travail plus en amont sous forme de projets de R&D pour créer des systèmes d'offre innovants, créateurs de valeur pour l'entreprise et ses clients ? Le secteur bancaire serait-il alors moins soumis aux pressions concurrentielles et de marché au point de s'autoriser à user de moins d'imagination et de créativité dans ses modes d'organisation, et ainsi se contenter de témoigner de temps en temps qu'il « fait de la transversalité » ?

Bibliographie

Abernathy W.J.K., Clark K.B. (1985), « Innovation Mapping the Winds of Creative Destruction », *Research Policy*, vol. 14, n° 1, p. 3-22.

Allouche J., Huault I. (1998), « Contrôle, Coordination et Régulation : les nouvelles formes organisationnelles », *Finance contrôle stratégie*, vol. 1, n° 2, p. 5-31.

Ashforh B.E, Gibbs B.W. (1990), « The Double-Hedge of Organizational Legitimation », *Organization Science*, vol. 1, n° 2, p. 177-195.

Bouquin H. (1994), *Les Fondements du contrôle de gestion*, Paris, Presses universitaires de France, 127 pages.

Bouquin H. (1997), *Comptabilité de gestion*, 2e édition, Paris, Dalloz-Sirey, 580 pages.

Burns T., Stalker G.M. (1961), *The Management of Innovation*, Londres, Tavistock Publications, 269 pages.

Dameron-Fonquernie S. (2000), « Processus de coopération dans l'organisation : construction d'une grille d'analyse appliquée au cas d'une équipe-projet », *Communication à la IXe conférence internationale de management stratégique*, Montpellier.

Dauphin-Meunier A. (1968), *Histoire de la banque*, Presses Universitaires de France, collection « Que Sais-je ? », Paris, n° 456, 126 pages.

Defélix C. (1999), « Transversalité, Contrôle et gestion des ressources humaines : un cas de pilotage à l'épreuve des processus », *Finance-contrôle-stratégie*, vol. 2, n° 2, p. 51-70.

Dimaggio P.J., Powell W.W. (1983), « The Iron Cage Revisited : Institutional Isomorphism and Collective Rationality in Organizational Fields », *American Sociological Review*, vol. 48, avril, p. 147-160.

Durkheim E. (1930), *De la division du travail social*, Presses Universitaires de France, Quadrige, 1996.

Floyd S.W., Wooldridge B. (1990), « The Strategy Process, middle management involvement, and organizational performance », *Strategic Management Journal*, vol. 11, n° 3, p. 231-241.

Froehlicher T. (2000), « La dynamique de l'organisation relationnelle : conventions et réseaux sociaux au regard de l'enchevêtrement des modes de coordination », *Finance-contrôle-stratégie*, vol. 3, n° 2, juin, p. 113-143.

Garvin D. (1993), « Building a Learning Organization », *Harvard Business Review*, vol. 74, n° 4, p. 78,

Kessler E.H., Spender J.C. (1995), « Managing the uncertainties of innovation : extending Thompson », in *Humans relations*, vol. 48, n° 1, p. 35-56.

Lawrence P.R., Lorsch J.W. (1973), *Adapter les structures de l'entreprise : intégration ou différenciation* », Paris, éditions d'Organisation, 223 pages.

March J.G. (1991), *Décisions et Organisations*, Paris, éditions d'Organisation, 275 pages.

Mintzberg H. (1982), *Structures et Dynamique des organisations*, Paris, éditions d'Organisation, 434 pages.

Mintzberg H. (1994), *The Rise and Fall of Strategic Planning*, New York, Free Press, 458 pages.

Nonaka I., Takeuchi H. (1997), *La Connaissance créatrice : la dynamique de l'entreprise apprenante*, Bruxelles, De Boeck Université, 303 pages.

Shapiro S. (1987), « The social control of impersonal trust », *American Journal of Sociology*, vol. 93, n° 3, novembre, p. 623-658.

Suchman M.C. (1995), « Managing legitimacy : strategic and institutional approaches », *Academy of Management Review*, vol. 20, n° 3, p. 571-610.

Tarondeau J. C, Wright R.W. (1995), « La transversalité dans les organisations ou le contrôle par les processus », *Revue française de gestion*, n°104, p. 112-120.

Thompson J.D. (1967), *Organizations in Action : Social Science Bases of Administrative Theory*, New York, Mc Graw Hill, 192 pages.

Zucker L.G. (1986), « Production of trust : institutional sources of economic structure, 1840-1920 », *in* Staw B.M., Cummings L.L., *Research in Organizational Behavior*, JAI Press, Greenwich, Connecticut, vol. 8, p. 53-111.

Chapitre 9

L'amélioration de la coordination des métiers et des activités : nouvelle source d'avantage concurrentiel dans la banque

Éric Lamarque et Vincent Maymo
Université Montesquieu-Bordeaux IV, Creff, Ifrege

Depuis une dizaine d'années, les banques n'ont cessé de faire évoluer leur organisation pour répondre à une série de contraintes imposées par leur environnement réglementaire, technique et, bien sûr, concurrentiel. Comme beaucoup d'autres secteurs d'activité, elles ont été amenées à multiplier les entités spécialisées pour faire face à de nouveaux opérateurs, parfois non bancaires. On a ainsi assisté à un éclatement progressif de la chaîne de valeur (Zollinger et Lamarque, 1999). Le nombre de filiales a progressivement augmenté (crédit à la consommation, assurance, leasing). Des activités, traditionnellement intégrées, se sont retrouvées rapidement avec le statut de centre de profit (conservation, gestion des moyens de paiement) pouvant rendre des prestations à d'autres entités du groupe, mais également à des entités extérieures à celui-ci. Durant les années 1990, les banques d'investissement, notamment françaises, étaient finalement constituées d'activités assez indépendantes, avec même une compétition assez féroce en interne pour être celle qui contribuerait le plus à la performance de l'institution et permettrait à son dirigeant d'obtenir le plus fort bonus !

Cette spécialisation des activités a incontestablement porté ses fruits, si l'on observe l'amélioration continue de la rentabilité des établissements qui se sont clairement engagés dans cette voie. Certains observateurs considèrent d'ailleurs que ce mouvement n'est pas terminé et que l'on pourrait assister à l'émergence de structures où le réseau de distribution serait relativement autonome et s'approvisionnerait en produits issus de plusieurs établissements, afin d'avoir le maximum de chance de capter la clientèle. En France, par exemple, on parle déjà de l'intérêt que porteraient certaines grandes banques au réseau de distribution de La Poste pour commercialiser leurs produits dans les zones où elles sont absentes.

Cet éclatement a été observé depuis longtemps dans d'autres secteurs, l'automobile notamment. Midler (1992) montre dans son étude qu'assez vite des structures trop éclatées conduisent à des inefficiences en termes de délai de conception, de délai de lancement ou de délai de fabrication. Les constructeurs ont donc entrepris de réunir toutes les parties prenantes de l'entreprise autour d'un même projet sans pour autant remettre en cause l'autonomie de chacun d'eux. La coordination est apparue comme le moyen d'améliorer l'efficacité opérationnelle des processus. Le risque de structures trop éclatées réside dans le manque de cohérence général de la prestation. Cette exigence se fait donc particulièrement sensible dans la banque où il est impératif, entre autres, d'avoir une vision globale de ses risques. L'importance croissante de la gestion des risques opérationnels (voir chapitre 3) impose une maîtrise de ses processus opérationnels et suppose une réelle coordination.

Après avoir rappelé les situations dans lesquelles le besoin d'une plus grande coordination se ressentait, nous présenterons un cadre d'analyse susceptible d'aider les managers bancaires à mieux identifier les actions à entreprendre. Nous illustrerons, pour terminer, ce cadre par des exemples de dispositifs et d'outils de gestion des ressources humaines participant à la réalisation de cet objectif.

1. Quand l'absence de coordination nuit à la compétitivité

Trois situations sont symptomatiques de la difficulté à coordonner les différentes entités d'une organisation bancaire : les relations front-office/back-office, la stratégie de distribution multicanal, les stratégies d'approche globale de la clientèle. Cela a été particulièrement mis en évidence dans une période où plusieurs établissements ont entrepris l'écriture (ou la réécriture) et la cartographie de leurs processus internes, tant opérationnels que fonctionnels.

1.1. Les relations front-office/back-office

L'analyse comparée des discours des chargés d'affaires et des responsables d'agence avec ceux des services du siège en gestion des crédits ou des moyens de paiement, pour ne citer que ceux-là, montre un décalage persistant et parfois même une certaine incompréhension mutuelle.

Ce décalage tient tout d'abord à la disparité des objectifs assignés généralement à chacun des services. Les fronts sont évalués sur leur performance commerciale, sur la quantité de produits ou d'encours générés. Même si la tendance récente est à l'introduction d'indicateurs qualitatifs ou de rentabilité, les objectifs quantitatifs sont toujours la règle (bien que s'en défendent les dirigeants de ces institutions). Les derniers plans stratégiques des principaux établissements français font d'ailleurs une place assez large au développement de leur base de clientèle.

De leur côté, les backs se voient assigner des objectifs liés à la mise en œuvre de contrôles de conformité et de contrôles de risques associés à la production du front. Ces dernières années, ils ont particulièrement été sollicités pour la mise en place du dispositif de contrôle interne (CRBF 97-02), du dispositif de lutte antiblanchiment (CRBF 2002-01) et plus récemment la mise en œuvre de la réforme de Bâle II, avec la nécessaire gestion des risques opérationnels. S'ils apparaissent souvent comme des contraintes aux yeux des exploitants, ils n'en restent pas moins des acteurs incontournables dans la mesure où il seront de plus en plus les garants de la conformité juridique et réglementaire des décisions (y compris commerciales) des établissements.

Cette différence d'objectifs est à l'origine de bien des difficultés de coordination. Celles-ci s'observent notamment dans l'instruction des dossiers de crédit (pour ne prendre qu'un exemple). Dans un contexte de concurrence très élevé, si le taux reste un argument de poids, le délai de réponse constitue aussi un atout majeur. Or, l'allongement de ces délais et le non-respect par le back du délai de réponse sont symptomatiques des difficultés, et même d'un déficit, de relations. Cette situation révèle plusieurs lacunes de chaque côté. Du côté du front tout d'abord, on constate une incompréhension et une exaspération croissantes face aux documents et pièces officielles (et contrôlés comme tels) exigés par le back pour évaluer et valider un dossier de crédit. Il en résulte souvent un manque de rigueur dans le montage des dossiers et donc des retards préjudiciables. Du côté du back ensuite, on assiste à des réactions de censeurs sans chercher à aucun moment à proposer des solutions, réfléchir à des compromis ou aider le front à mieux fonctionner. De même, les backs sont parfois insuffisamment sensibilisés à la relation commerciale et n'ont pas conscience des difficultés qu'ils peuvent causer au front pour justifier les retards. On peut citer comme dernier exemple l'édition informatique des relevés de compte où apparaissent parfois des erreurs ou un agio injustifié[1]. Même si les corrections sont apportées ultérieurement, même si parfois certains clients ne font pas de déclaration vu la faiblesse de la somme en cause, cela contribue à générer un climat d'insatisfaction. Cette situation constitue un exemple classique de non-qualité de la relation commerciale.

Dans le cadre des relations de clientèle, les relations back/front doivent également être coordonnées. Ainsi, on a pu constater à plusieurs reprises une insatisfaction réelle de certains clients après que ceux-ci aient été contactés directement par des sièges ou des filiales. Ces derniers leur avaient en effet tenu des discours assez différents de celui entendu en agence. Par exemple, il leur était demandé des précisions et des documents complémentaires, alors qu'ils pensaient que le dossier était bouclé. Par ailleurs, le contact téléphonique était ressenti nettement moins commercial qu'avec un chargé d'affaires.

Il ne faut sans doute pas empêcher les backs de prendre contact avec la clientèle. Mais cela doit naturellement s'effectuer dans le cadre d'une procédure précise, en relation avec le chargé d'affaires, selon des principes et des situations bien précis.

On peut résumer les problèmes précédents par la figure 9.1 :

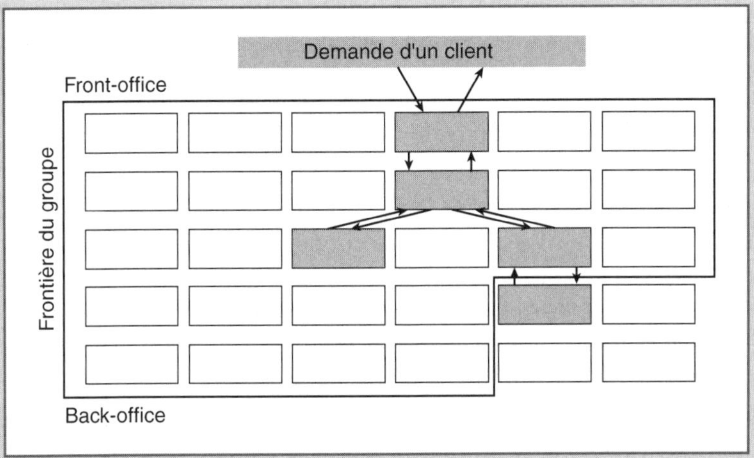

Figure 9.1 – Demande d'un client.

Source : Adapté de Zollinger et Lamarque (2004).

1. Par « agio injustifié », on pense à ces situations où, suite à un virement sur un compte épargne ou un léger décalage dans un virement, le client se voit facturé un agio, même faible, alors qu'il n'a jamais représenté le moindre risque.

Les situations de coordination sont illustrées par les flèches qui sont autant de connexions à opérer pour restituer une réponse de qualité dans des délais compétitifs. On verra par la suite quelques propositions pour tenter d'y parvenir. Mais on peut d'ores et déjà évoquer le rôle des middle-offices dans ce dispositif. Ceux-ci n'apparaissent pas explicitement dans le schéma, et pourtant ils ont un rôle à jouer dans cet effort de coordination. Le contrôle de gestion, le contrôle interne et l'ensemble des acteurs fonctionnels doivent sortir de leur mission étroite de reporting et de contrôle strict. Ils doivent participer au management de ces processus en relevant aussi les besoins et les zones où des vides sont à combler. Ce rôle est d'autant plus important que, comme le suggère le schéma, certains back-offices sont externalisés et sous-traités, ce qui accroît les difficultés de coordination.

1.2. Les stratégies de distribution multicanal

Au chapitre 5, V. des Garets présente le multicanal comme une des voies possibles d'amélioration de la gestion de la relation client. Le CRM a été un élément intégrateur des différents canaux grâce à la centralisation des données sur les clients. C'est donc dans ce domaine que les efforts de coordination ont été le plus sensibles. On constate ainsi une bonne coordination entre des centres d'appels et les commerciaux lorsque des opérations de prise de rendez-vous sont menées. Les informations fournies par les centres d'appels sont préparées et en cohérence avec l'action des agences.

Les difficultés de coordination se font davantage sentir dans des situations plus délicates comme les réclamations ou la demande de certaines informations, que ce soit par téléphone ou par Internet. De fait, certaines enquêtes de satisfaction montrent que, parfois, le traitement des réclamations ne se fait pas dans les délais prévus, pas seulement en raison d'une mauvaise coordination avec le back mais parce que les informations ne sont pas toujours relayées entre les canaux. En effet, un problème souligné par téléphone ou par e-mail n'est pas forcément clairement retransmis à celui qui a généré au départ l'opération en agence. De même, après avoir été en contact avec un téléconseiller, il est parfois difficile de rentrer en contact de nouveau avec celui-ci pour des compléments d'information.

Un second domaine de risque existe lorsque différents canaux possèdent des objectifs de vente. Dans un contexte où il est difficile de conquérir de nouveaux clients, il est assez tentant de développer l'équipement ou gérer la relation de la clientèle existante. Ainsi, des conflits peuvent se révéler entre canaux. Ce constat a été effectué dans quelques situations où l'on sent bien que les téléconseillers font tout pour éviter que des clients qu'ils ont contactés concrétisent leur achat dans l'agence avec un autre chargé d'affaires.

Ces quelques situations nous semblent moins problématiques que celles évoquées précédemment pour les backs. Elles illustrent néanmoins la nécessité d'une vigilance permanente de la part des managers commerciaux pour éviter ces petits conflits internes qui ternissent la qualité de la relation. L'origine de ces difficultés est, de nouveau, de nature largement humaine. En effet, les systèmes d'information et les outils de gestion de la relation ont atteint aujourd'hui un bon niveau d'efficacité. Les partages de données entre les canaux existent, même si on peut toujours les améliorer. C'est donc leur utilisation par les acteurs eux-mêmes, et plus généralement leur comportement, qui peut poser plus de difficultés.

1.3. Les stratégies d'approche globale de la clientèle

Ces stratégies sont largement d'actualité depuis une dizaine d'années sur le marché des grandes entreprises et se sont progressivement étendues à d'autres clientèles : PME, particuliers moyenne gamme. Elles sont récurrentes chez les établissements et elles ont été menées avec deux objectifs bien précis :

- accroître la rentabilité de la relation : il est aujourd'hui généralement admis que la vente de plusieurs produits à un même client permet un étalement des coûts d'acquisition et réduit les coûts de distribution. L'accumulation d'information sur celui-ci permet également une plus grande efficacité commerciale.

- fidéliser la clientèle : ces stratégies d'approche globale ont surtout été destinées à des clientèles à fort potentiel dans un premier temps, mais ont progressivement été étendues à une clientèle dont le potentiel n'était qu'en devenir (voir *supra*, pour les jeunes). Par ailleurs, la fidélisation est également le moyen d'assurer la rentabilité de la relation sur le long terme.

Pour ces deux raisons, aujourd'hui communément admises, les établissements ont cherché à déterminer le meilleur moyen d'offrir une prestation globale. Cette situation a d'abord été analysée dans le contexte des relations banques-grandes entreprises à travers l'étude d'une banque d'investissement, filiale d'un grand groupe bancaire (Lamarque, 2002). La difficulté de l'analyse, par rapport aux deux exemples décrits précédemment, est que la coordination ne doit plus simplement s'opérer entre des services ou des filiales, mais qu'elle implique la collaboration entre grands métiers d'un établissement. En effet, l'organisation que l'on observe chez la plupart des acteurs est un découpage en grandes lignes de métiers (trois ou quatre en général) : banque de détail, banque d'investissement et de financement, gestion d'actifs. À l'intérieur de ces lignes, on retrouve des filiales et des découpages en filières avec une vocation bien précise (épargne salariale, immobilier).

Vouloir développer des ventes croisées et accroître le produit net bancaire pour les grands clients suppose donc de coordonner l'offre entre plusieurs grandes lignes de métier et, à l'intérieur d'une même ligne, entre plusieurs filiales et/ou filières. C'est à ce niveau que les effets d'une spécialisation accrue des entités sur un domaine spécifique les avaient conduites à se replier sur leur logique propre et à rechercher leur seule performance, y compris au détriment de l'ensemble.

Les établissements engagés dans ces stratégies ont bien compris qu'il fallait casser cette logique et cet état d'esprit pour accroître le niveau de coordination, afin de diffuser un autre état d'esprit au sein de l'organisation. L'idée peut être résumée par la figure 9.2. Si la création de valeur est toujours possible au niveau de chacune des entités, créer un supplément de valeur est possible en combinant les activités.

Cette création de valeur n'est pas forcément financière au départ. Elle réside dans le niveau de satisfaction de la clientèle, très exigeante à ce niveau, de voir une offre cohérente lui être proposée.

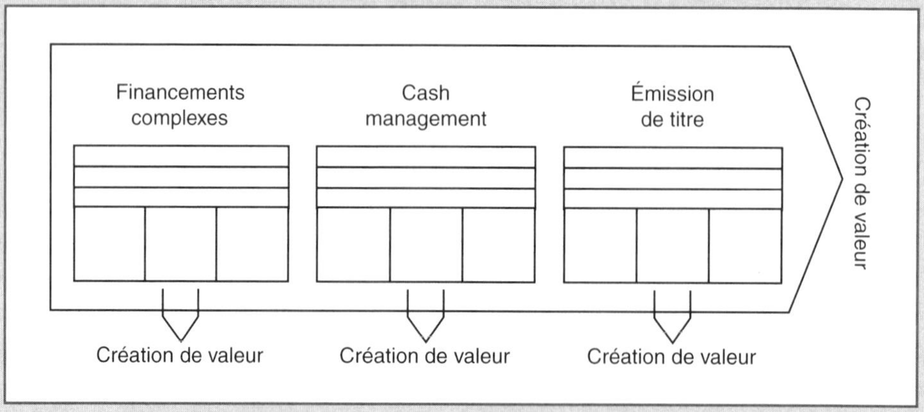

Figure 9.2 – Possibilités de création de valeur par la combinaison des métiers.

Source : Adapté de Zollinger et Lamarque (2004).

La recherche d'une meilleure coordination pour offrir ce type de prestation globale a donc été engagée. L'observation des pratiques conduit à formuler un certain nombre de constats et prendre la mesure des difficultés qu'il faut encore surmonter, et qui sont de nature essentiellement organisationnelle et humaine. Plusieurs éléments ressortent clairement de nos études sur le terrain :

- Une des premières étapes a toujours été la refonte du système d'information, de façon à créer des passerelles entre les différentes unités. Elle consistait souvent à chercher à échanger des informations sur les clients suite à des contacts ou à des prestations qui avaient été réalisées. Si cette phase est indispensable dans l'optique d'une démarche plus coopérative, elle s'est révélée généralement insuffisante pour rompre avec les pratiques individualistes.
- La nomination de *senior bankers* aussi appelés « originateurs » s'est ensuite généralisée pour les clientèles grandes entreprises. Dotés d'une véritable mission de coordination, ils se concentrent sur quelques secteurs d'activité et/ou sur quelques grands clients avec une vision globale de la relation commerciale et des risques supportés par l'établissement. Leur mission est clairement de favoriser les ventes croisées et la relation multimétier avec la banque. L'appropriation de cette nouvelle mission s'est révélée assez longue avant d'aboutir aujourd'hui à une réelle coordination entre les entités concernées.
- Ils ont été aidés en cela par la mise en place de services « corporate » chargés de soutenir leur action et de leur donner les moyens, en termes de segmentation et d'information sur la clientèle, d'améliorer l'efficacité de leur action.

Cette évolution des banques d'investissement s'est déroulée parfois sur plusieurs années. Cela traduit le fait que, au-delà de décisions techniques et d'organisation, il s'agissait bien d'opérer un changement culturel : insérer une logique de recherche du bien commun dans des logiques individuelles. Ces éléments culturels, ces routines, ces habitudes de travail sont profondément ancrés dans les individus (sans parler d'opportunisme systématique), et tout relâchement de l'idée d'une coopération aurait certainement pour effet de les faire ressurgir rapidement.

Cette capacité à coordonner des activités est à considérer comme une véritable compétence stratégique participant à la création d'avantage concurrentiel. La différence entre les établissements se fera en partie sur cette capacité à donner de la cohérence à une prestation globale. Cela ne touche pas uniquement les grandes entreprises. Les chargés d'affaires PME dans le réseau sont eux aussi au centre de ces stratégies. Ils ont eux aussi à entretenir une relation globale et ils doivent coordonner une offre issue de plusieurs métiers ou lignes de métiers. Ils sont, en outre, dans la situation où ils peuvent avoir une influence sur le dirigeant en tant que client « particulier » et ainsi développer encore le PNB et la fidélisation.

Face à ces trois situations, l'accent sera mis sur les moyens possibles de créer et d'entretenir un niveau élevé de coordination. À plusieurs reprises, il a été mentionné la dimension humaine des compétences à développer par une organisation, même s'il faut avoir à l'esprit d'autres aspects plus techniques et liés aux processus opérationnels. La suite de ce chapitre se concentre sur ces aspects humains et notamment la nécessaire coordination entre l'individu et le collectif.

2. Quels axes privilégier pour la coordination individu/collectif ?

Après avoir rappelé les divers modes de coordinations possibles, on s'attachera, au travers d'exemples, à illustrer les modalités pour concilier au mieux ces deux dimensions traditionnelles d'une organisation.

2.1. Les modes possibles de coordination

Comme cela a été évoqué au chapitre 4, les contrats constituent un premier moyen d'améliorer la coordination. On cherchera d'abord à analyser dans quelle mesure ils peuvent conduire à une réelle coopération avant d'analyser d'autres modalités de coordination, en particulier l'existence de conventions.

La coordination par les contrats et la coopération. Coordonner, c'est combiner, agencer, disposer de façon judicieuse des éléments faisant partie d'un tout, afin d'obtenir un ensemble cohérent ou un résultat. En gestion, le bien commun c'est la performance. Elle se définit par la relation risque/rentabilité pour l'actionnaire, par le rapport qualité/prix pour le client, par le rapport salaire/temps de loisirs pour le salarié… Elle « implique dépendance et solidarité vis-à-vis d'un groupe » (Robert) et le concours à une œuvre commune (Larousse). La coopération est une construction empirique, une action collective finalisée : « elle nécessite, au niveau de l'individu, de partager consciemment une tâche commune dans des relations de réciprocité avec les autres individus au sein d'un groupe donné » (Dameron, 2000, p. 9).

Dans l'approche contractuelle, Williamson décrit les hommes « tels qu'ils sont » : suspicieux et concurrents dans un monde qui punit et récompense. Cette représentation du monde, réputée pessimiste, conduit au problème de la sélection adverse (Akerlof, 1970), où la confiance ne peut être accordée aux personnes ayant recours au marché. Face à cette incertitude, l'entreprise et ses parties prenantes se protègent en multipliant les contrats (Coase, 1937). Les contrats peuvent être implicites ou explicites, formels ou informels et prennent la forme de procédures, contrats de travail, notes internes (Williamson, 1987). Ils sont incomplets en raison de la rationalité limitée des acteurs et du coût d'établissement des contrats (Charreaux, 1999). Par ailleurs, la multiplication des règles rend difficile leur application et leur contrôle. Dans la théorie positive de l'agence (Jensen et Meckling, 1976), l'individu est actif et adaptatif (Hirigoyen, Pichard-Stamford, 2002) : incitations (voir *infra*) et contrats sont alors les instruments de la coordination.

Le contrat est une barrière à la circulation de l'information et ne reste qu'un support parmi d'autres pour décrire la coordination. Il est la plupart du temps conventionnel, décontextualisé et donc sous-optimal (Young, 1998). Les contrats sont hiérarchisés et s'organisent en arbres par critères de généralité. Lorsque la structuration des contrats atteint un certain niveau de spécificité et de précision, il devient difficile de déterminer les zones qui ne sont pas couvertes par ceux-ci et qui laissent place aux comportements adverses. Comme cela a été plusieurs fois évoqué au cours de cet ouvrage, les banques réfléchissent à l'organisation et à la coordination des procédures et des contrats de façon à s'assurer de l'adéquation de ces derniers avec les objectifs généraux de l'organisation.

Pour Cyert et March, l'entreprise est « une coalition de groupes dont le destin est commun mais qui manœuvrent chacun pour leur propre compte » (*in* Coriat et Weinstein, 1995). Elle est un lieu de négociations implicites où les individus sont incités à coopérer par distribution de récompenses monétaires et non monétaires. Il y a donc une coordination qui est assurée par les jeux de pouvoir et les incitations qui sont distribuées. C'est la congruence des intérêts individuels qui génère cette « coopération complémentaire » (Dameron, 2001). Cette acceptation est stratégique : les acteurs agissent uniquement dans le cadre d'un système d'incitation/récompense. La motivation repose essentiellement sur une conception marchande du monde organisationnel. Les acteurs ne trouvent pas de source de motivation en dehors du couple contribution/rétribution. Toutefois, la coordination peut se faire sur d'autres bases que la balance incitation-contrôles formels. Il est possible d'envisager un monde bancaire dans lequel les acteurs de l'organisation ne sont pas qu'opportunistes.

La coordination dans les banques est principalement assurée, comme dans beaucoup d'organisations, par les seuls contrats et pouvoirs hiérarchiques. Ces organisations font figure de bureaucraties parcellées : les directions sont séparées géographiquement, les responsabilités sont toujours localisées, et les représentations de l'activité et des enjeux du métier de banquier restent peu homogènes. Bien que les formations actuelles intègrent la dimension culturelle de l'entreprise, la pratique quotidienne perpétue la « mauvaise » convention. Le XXIe siècle exige une coordination capable d'assurer les bases d'une coopération communautaire : l'enjeu est l'adaptation à la multiplication des relations horizontales.

Encadré 9.1

Situations non coopératives

Nous avons assisté au cours de notre travail en banque à quelques faits de non-coopération. Parmi ceux-ci, nous pouvons faire référence à une rencontre entre le responsable d'une cellule chargée du financement de la promotion immobilière, appartenant à la direction des entreprises, et le responsable d'une cellule spécialisée dans le financement des produits immobiliers défiscalisants. Le tout nouveau responsable de la promotion immobilière affirmant souhaiter, comme son homologue, une coopération entre leurs services sur les fichiers de promoteurs-prescripteurs et souhaitant également être tenu au courant des événements concernant un projet mené au sein de cette même banque, qui serait susceptible à moyen terme de le concerner. Après des engagements réciproques de coopération, des poignées de main sincères, le responsable de la cellule de défiscalisation nous a confié ne pas souhaiter coopérer davantage avec la cellule promotion immobilière, celle-ci n'ayant pas suffisamment de ressources à lui apporter. Il nous a également confié ne pas envoyer la maquette du projet, celle-ci étant le fruit du travail de la direction des engagements : « Vous savez, « le chercheur » ici, c'est comme à l'école. Tout le monde veut être le premier à amener le gâteau au patron. Alors, je ne veux pas faire un enfant dans le dos du « directeur des engagements ». On ne va rien lui envoyer. »

En résumé : la séparation des responsabilités rend difficile la coopération. De tels comportements impliquent une coordination non coopérative, qui fait la promotion de la méfiance, mais qui ne va pas jusqu'au conflit explicite. Les directeurs sont également au fait de tels comportements qu'ils expliquent comme des gestes de loyauté légitime dans la vieille école. Il s'agit ici d'un exemple, et il n'est pas certain qu'il en soit de même dans tous les services.

La banque aurait-elle intérêt à sanctionner de tels comportements ? À encourager davantage de coopération, à commencer par les grades les plus élevés de son organigramme ?

La coopération naît dans l'acceptation et la recherche d'un bien commun. Dans ces conditions, le salarié est avant tout un citoyen de l'entreprise. Il n'adhère vraiment à ses projets et ne contribue à son essor que s'il a le sentiment de participer à une œuvre collective qui intègre ses aspirations propres (De Fournas, 1998). Il coopère s'il travaille sur des objectifs envers lesquels il se sent responsable (Mac Gregor, 1969). Les dimensions de la coopération ne sont pas seulement cognitives, mais elles sont ancrées dans l'affectif et le social. Elles dépendent de la représentation du monde qu'adopte l'acteur et de celle des groupes dans lesquels il s'inscrit. L'engagement dans la coopération est un choix politique. Or, dans la banque, la responsabilité d'un acte incombe souvent à une seule personne. Celui qui assume cette responsabilité n'est pas toujours prêt à prendre en compte les représentations des autres acteurs ; il s'en tiendra à sa vision subjective du bien.

Le groupe ou l'équipe est l'élément premier dans la coopération communautaire, car il est porteur d'une identité (Dameron, 2001). Pour être efficace, le groupe doit permettre des communications explicites et des intercompréhensions dans la quête de buts communs. Les croyances, les rites, l'échange mutuel sont des sources d'apprentissage et de renforcement des liens. L'adhésion à des objectifs collectifs est au cœur de la notion de communauté. L'identité sociale peut très bien naître en dehors de la compétition : Axelrod (1992) montre que la coopération est une solution préférable et qu'elle naît dans la répétition des relations. Le collectif peut être un acteur coopérant (Quivy et Campenhoudt, 1988).

La coopération comme convention dépend des règles d'actions moralement acceptées. « La coopération émerge d'une relation intergroupe et non d'une simple confrontation entre individus » (Batifoulier, Cordonnier, Zenou, 1992 p. 936). Dynamique, elle enchaîne des moments de désaccords et des moments de retour à l'accord (Eymard-Duvernay, 1994). La coopération et la défection se construisent au cours des interactions, chacun fournissant à l'autre des signaux sur ce qu'il considère être les conditions de l'accord. La coopération et l'accord sont renforcés lorsque les acteurs ont des relations répétées dans l'avenir ou qu'ils sont engagés par leur investissement personnel (Joulé et Bouvois, 2001). Les objets participent également à la stabilité du partage de représentation, car ils constituent des repères dans l'action. Un accord entre deux personnes pourra servir de base aux autres interrelations (Eymard-Duvernay, 1999) dans une entreprise faite d'objets et de dispositifs qui les stabilisent (Ughetto, 2000). Les structures formelles de coordination constituent des points de rencontre essentiels à la coopération. La règle générale tient compte des spécificités locales et des inattendus tout en assurant la coopération des individus et des groupes autour des enjeux globaux.

La formation de l'accord se fait par l'enchaînement d'actions et de repères qui engagent progressivement les acteurs mutuellement. Cela peut se traduire par un soutien lors des comités de direction ou un effort fait par le back-office pour traiter un dossier, un carnet d'adresses partagé entre les services aux entreprises et la banque de particuliers… Il faut que les personnes soient fondues dans un intérêt commun pour se rapprocher. La mise en place de réseaux entre les personnes est une démarche coûteuse et longue. La confiance est un acte de construction sociale, qui intervient la plupart du temps dans les mécanismes coopératifs (Froehlicher, 2001). La cohérence de l'organisation augmente avec les liaisons transverses et les caractéristiques communes entre les lignes d'activité (Dosi, Teece et Winter, 1990). L'entreprise est un enchevêtrement d'alliances et de coopérations qu'il faut gérer tout en conservant l'indépendance des entités constitutives. Le risque est qu'un climat de défiance et de concurrence s'installe, engendre des conflits, des perturbations et dégrade la valeur du groupe (de Corninck, 1998). Pour Dyer et Syngh (1999), repris par Assens, Baroncelli et Froehlicher (2000), le succès d'une entreprise repose sur son système de relation et sur ses capacités organisationnelles. Cette nature relationnelle impose des modes de gestion et des structures organisationnelles adaptés.

Les conventions : un cadre général pour la coopération. L'entreprise gère les tensions entre plusieurs principes de coordination (industriel, civique, marchand…) (Boltanski et Thévenot, 1991) et trouve sa justification dans la coexistence de plusieurs mondes (Thévenot, 1989). Ces mondes conventionnels ordonnent les acteurs et les objets autour d'une représentation du bien ; le bien étant défini comme ce qui respecte la norme.

Il existe alors une multitude de mondes possibles dans la banque (au moins autant que d'individus). Il existe autant de visages de la performance qu'il existe de parties prenantes, qu'elles soient idéales, typiques, fonctionnelles, hybrides ou individuelles. Toutefois, seul un nombre limité de ces représentations de la performance accèdent au statut de convention générale et sont institutionnalisées.

La description de l'organisation comme une cartographie de mondes de représentation permet de s'interroger sur les objectifs communs. Pour chaque monde, on attribue une importance différente à une action. Chaque monde promeut une conception du bien qui prévaut pour sa population. Ce qui a du sens dans un monde peut devenir particulier et néant dans un autre. Dans la banque, les éléments pris en compte par les commerciaux et par les back-offices dans la définition d'un bon travail ne sont pas les mêmes. L'action relève de conceptions différentes du bien. Des compromis sont nécessaires entre ces représentations pour que la coopération soit possible. Dans la banque, ces mondes se nomment engagement, distribution, contrôle… et partagent un certain nombre de principes supérieurs : ils sont perméables et subissent des pressions des autres mondes. Les commerciaux sont dépendants de la reconnaissance de la qualité de leur travail par les administratifs et inversement. Une convention est une régularité dans l'action et dans les croyances qui permet aux membres de la population adhérente de se coordonner dans le temps et dans l'espace. Les objets participent à l'édification de principes généraux et permettent de déterminer qui a raison objectivement parce qu'ils incarnent les principes de justification (Boltanski et Thévenot, 1991). Ils ont un rôle probatoire et servent de réceptacle aux discours. De « simples représentants matériels des principes abstraits de justice », les objets « acquièrent ainsi le statut de convention autonome » (Postel, 1998 p. 1487). On assiste en effet à un processus de technicisation qui donne un rôle accru aux objets sur les représentations : par-delà les représentations individuelles, seul l'objet devient important pour se coordonner.

Pour parvenir à ses fins de reproduction en tant qu'organisation, la banque fournit un cadre cohérent, un monde de production commun auquel les acteurs peuvent se référer dans leurs actions (Ughetto, 2000). Pour Dupuy (1989, p. 371), « Dès que les joueurs partagent un minimum de connaissance et de sensibilités communes, dès que, en d'autres termes, ils ont un même monde en commun, ils ont une chance de se coordonner autour d'un même repère dont la saillance, l'originalité, la singularité, l'unicité le rendent évident aux yeux de tous ». Le collectif est alors une image virtuelle à laquelle les individus croient et qu'ils réalisent. Les cloisonnements entre métiers dans l'organisation bancaire participent à la construction de représentations différentes du collectif. Mais, on commence à le constater, les clivages entre les directions tendent à diminuer et l'ouverture des services permet d'harmoniser la conception du métier de banquier. Chacun s'approprie sa propre représentation du collectif (Livet, 1993). L'acteur occupe une position dans un monde social (Quivy et Campenhoudt, 1988). Selon le monde auquel on se réfère, le même individu est tantôt meilleur vendeur (monde distribution), tantôt plus mauvais dans le traitement des dossiers (monde instruction) ou en termes de risque opérationnel (monde de l'audit). Les multiples facettes de sa personnalité transparaissent dans son activité et justifient son individualité (Dubet, 1994) dans un monde qui recherche l'homogénéité.

Encadré 9.2

Situations coopératives

Nous avons pu observer dans certaines banques des pratiques intéressantes de mobilité ponctuelle interservice : l'effectif réduit des back-offices est souvent débordé par les flux de dossiers sur lesquels ils doivent se prononcer. Des commerciaux ont été ainsi amenés à renforcer les effectifs administratifs, de façon à réduire les délais de réponse pour les financements immobiliers. Dans un service d'instruction, nous avons pu assister à des comportements intéressants. Alors qu'une chargée de clientèle spécialiste de l'immobilier était en relation conflictuelle deux jours avant sa venue avec un des instructeurs, se plaignant de son manque de compréhension de la situation, des spécificités du client et des délais de réponse pour un autre dossier, elle s'est vu confier le rôle d'instructeur des dossiers d'autres commerciaux lorsqu'elle est venue renforcer le service. Elle a pu ainsi débuter modestement l'instruction du dossier, alors que précédemment elle s'élevait en juge « commercial ». Le comportement et le jugement qu'elle devait alors adopter n'était plus celui du commercial, mais celui de l'instructeur : l'enjeu principal devient le contrôle du risque client.

Lorsque de nouveaux acteurs entrent dans une organisation, ils commencent par observer les normes en vigueur et s'y conforment, assurant par là même la stabilité de la convention (Leibenstein, 1987). C'est pourquoi, le niveau d'effort ne dépend pas uniquement du salaire mais tient également à la dimension collective. L'effort fourni est un don adressé au reste du groupe en contrepartie de l'effort que les autres vont offrir (Batifoulier, Cordonnier et Zenou, 1992). Les acteurs travaillent efficacement dans les organisations aussi longtemps qu'ils ne se posent pas de questions sur les croyances conventionnelles qui définissent ce qu'est l'efficience et l'effort normal (Leibenstein, 1987). Il existe une prise de risque lors de la fixation du salaire (marchand) sur le niveau de production réel du collaborateur (non marchand), car celui-ci garde la maîtrise de la qualité et de l'effort dans son travail (Salais, 1989). Cela peut justifier la croyance que l'employé modèle est celui qui reste plus longtemps à son travail : il signale sa coopération par l'adhésion à la convention. La connaissance des conventions est une compétence de l'acteur : Aoki (1994) souligne la nécessité de l'intégration des conventions par les salariés, car c'est sous cette condition que l'autonomie et la délégation peuvent être octroyées. Les critères d'efficacité de l'entreprise sont affaires de représentation, de croyance et de conviction.

Accepter l'idée d'une pluralité de modes d'évaluation permet d'introduire la question du compromis entre les conventions. Le principe supérieur est alors « le tout prime sur les parties » : chaque acteur participant à la « labellisation » d'une décision est capable d'entendre ses confrères.

2.2. La conciliation des dimensions individuelles et collectives

Cette conciliation repose tout d'abord sur la définition d'objectifs partagés par les acteurs. Sur ce point, les pratiques observables de banques et de certaines entreprises d'autres secteurs d'activité nous amèneront à formuler quelques propositions alternatives.

Partager des objectifs pour coopérer. Les conflits entre logiques différentes se stabilisent dans des compromis qui prennent la forme de procédures, de règles ou de conventions inscrites dans la mémoire des acteurs (Midler, 1994). Le collectif est structuré par les règles[2]. À la fois institution et réseau de relations, la règle donne un cadre d'analyse et permet aux acteurs de prendre des décisions dans une situation particulière. Chez Favereau (1989), elle est un dispositif cognitif collectif. Les règles améliorent les capacités d'action individuelle (Thévenot, 1989), répondent à des questions pratiques et impliquent une conformité jamais mécanique. Pour Hayek (repris par Chavance 2001), elles sont hiérarchisées : les règles constitutives (constitution) orientent les règles ordinaires (règlements). Ce schéma n'est pas unilatéral. Dans son ouvrage *Economics and Knowledge*, il constate que tout n'est pas planifié par le haut et que l'information pertinente n'est pas uniquement descendante (Bensaïd et Richebé, 2001). Les règles qui définissent l'ordre social correspondent à l'accord que les acteurs ont construit. Ces règles « consistent à établir de manière durable et prévisible des pratiques de travail, des relations de travail ou des modalités de jugement sur l'activité, connues par tous » (Alter, 2003 p. 80). La coordination a plusieurs natures : technique pour l'organisation, elle est sociale pour le système et affective pour les individus. L'accord sur l'interprétation des règles et des procédures assure la prévisibilité des comportements et permet la coopération.

Les règles formelles et les instructions hiérarchiques ne reflètent pas les détails du fonctionnement organisationnel. Pour Reynaud (2001), les règles sont abstraites, incomplètes et sont interprétées pour être appliquées au monde réel. Les routines stabilisent leur interprétation. Lors des conflits d'interprétations, les acteurs justifient leurs actions et leurs jugements en référence à des principes supérieurs. Cette remontée en généralité permet d'éclaircir la situation et de constituer des règles de coordination (Livet et Thévenot, 1994). Des mécanismes spontanés foisonnent dans l'organisation complexe et de nouvelles règles émergent, remettant en cause l'équilibre du système. L'évaluation du caractère positif ou négatif des règles est fonction des acteurs et des jeux de pouvoir (Chavance, 2001). En adoptant les règles, les acteurs de l'organisation participent à leur légitimation et renforcent la conviction des autres sur leur généralité. « C'est la décentralisation, c'est la responsabilisation, c'est même la participation qui, au-delà des rhétoriques de mobilisation et d'engagement, réussiraient à créer des règles plus fortes encore que les règles bureaucratiques, mais en laissant les acteurs se convaincre isolément de leur légitimité » (Courpasson, 1996, p. 242-243).

La banque adapte son système de règle pour être en conformité avec les objectifs qu'elle s'est fixés : rentabilité, qualité du service, sécurité. L'enjeu est la relation à long terme avec le client et les ventes croisées, afin de maximiser la valeur globale du portefeuille et du client. Aujourd'hui, la tendance est à la décentralisation des responsabilités structurée autour des progiciels de gestion de l'information client et bancaire. Cette accélération des délégations s'accompagne de tensions croissantes dans un climat réticent à la collaboration. La fixation d'un objectif commun permet le développement de relations coopératives (Dameron, 2001). Les organisations bancaires encouragent les projets

2. « Toute forme sociale qui rassemble des individus ayant certaines caractéristiques communes (une nation, un syndicat, une communauté religieuse, une entreprise) » (Reynaud, 1999, p. 1) est un collectif.

transversaux pour organiser le changement. Les nouvelles règles de la coordination touchent à la structure et aux représentations. C'est l'ensemble des procédures qui doivent être organisées en cohérence avec ces objectifs.

Propositions d'alternatives. Pour Aoki (1994), l'organisation établit des conventions qui déterminent son fonctionnement, renseignent sur ses finalités et les mécanismes de contribution/rétribution en vigueur. Les décisions de gestion sont à la fois contrôlées par les *insiders* (employés) et les *outsiders* (investisseurs, clients, société…) : la position de la direction reflète le pouvoir de marchandage des groupes dans l'entreprise. Schelling (1960) met en exergue des mécanismes de sélection des accords par focalisation sur une solution évidente. Cette solution est évidente, car elle est intégrée par les acteurs qui partagent des conventions communes : elle échappe, par son évidence, à la négociation. Les experts coopèrent avec les commerciaux pour anticiper et répondre aux besoins du client : une limite d'une procédure réglementaire peut donner naissance à un nouveau produit bancaire.

Encadré 9.3

Situations d'apprentissage dans la banque

Le financement des seniors est exemplaire. La banque doit savoir quand redéfinir les limites qui ont été déterminées dans d'autres contextes. Le financement immobilier est traditionnellement limité aux particuliers de moins de 65 ans. Cette procédure trouve sa justification dans l'assurance des risques de décès : avec une espérance de vie comprise entre 75 et 85 ans, la probabilité de survenance du décès est accrue lorsque les emprunteurs vieillissent. L'arbitrage financier entre rentabilité et risque permet ici de dépasser le problème en proposant un produit adapté, tant pour la banque que pour le client. On peut se demander, en effet, si les banques peuvent légitimement s'abstraire d'une partie conséquente du marché immobilier : les seniors sont de plus en plus nombreux, ils ont des projets à réaliser au cours de leur retraite qui constitue ainsi une seconde vie ; enfin, ces clients ont des caractéristiques patrimoniales et une sécurité de revenus qui en font souvent des clients rentables pour la banque.

Au cours de notre observation, nous avons été étonnés par les refus répétés des services instructeurs à l'encontre de dossiers de seniors. À ce titre, nous avons conduit une rapide recherche dans les journaux internes : un produit existe déjà ; c'est un crédit classique accompagné d'une forte prime de risque, dont le niveau élevé reste à légitimer. Lorsque nous avons interrogé le responsable du service et la direction des engagements sur ce sujet, nous avons reçu une réponse à deux niveaux. Il s'agit d'un problème de temps et d'effectif au niveau le plus opérationnel ; d'un problème de compétence au niveau directeur : « on ne sait pas faire », « déjà qu'ils n'arrivent pas à vendre les produits qu'on leur demande de vendre ».

Les banques peuvent-elles passer outre cette clientèle ? De façon plus générale, on peut se demander si les banques n'auraient pas intérêt à développer des structures *ad hoc* avec des spécialistes « seniors », de la même façon qu'il en existe pour la défiscalisation, le financement des professionnels, de l'immobilier.

Une agence d'une banque de la région lyonnaise a repris une régulation autonome allant dans le sens d'une meilleure coordination intermétier. Un administratif avait pris la liberté d'assister un commercial dans le traitement de ses dossiers. Le commercial qui n'aimait pas les tâches administratives reversait une partie de ses commissions sur ventes à l'administratif. Depuis, chaque commercial confie à un administratif le montage de ses dossiers. Le commercial peut alors se consacrer davantage à ses missions de développement (Grafmeyer, 1992). On peut également réintroduire la relation commerciale en interne. Chaque back-office détient un portefeuille de commerciaux dont il gère les dossiers. La fréquence et la nature répétitive assurent une plus grande coopération entre les hommes. On développera ainsi soit un sentiment d'équipe, soit un sentiment de relation client interne. Le back s'approprie ainsi davantage le dossier du front. Les banques peuvent s'inspirer pour cela des modes de contrôle de l'activité dans les « big 4 » et de nombreux cabinets comptables. Chez KPMG, par exemple, les collaborateurs gèrent un budget qui leur est propre et leur résultat personnel est directement mesurable en fin d'année. Les interventions des activités de support et le recours au SAV sont facturés fictivement et viennent grever le résultat du collaborateur de façon à connaître quelle part du résultat lui est réellement attribuable. Ce mode de gestion du personnel pose cependant un problème de contrôle de gestion dans l'évaluation du coût et du résultat d'un collaborateur. Pour améliorer la performance des back-offices, il faut les libérer de leurs charges de justification.

Dans la banque, il existe un partage des objectifs qui correspond à deux visions opposées (voir *supra*, section 1.1.). Les objectifs des fronts sont quasi exclusivement des objectifs de conquête et de volume, alors que ceux des backs sont des objectifs de maîtrise du risque et de respect de la règle. Il est nécessaire de s'interroger sur la justification d'un tel découpage. Il correspond à une libération de la « conscience » du commercial qui repose sur le travail des back-offices. Le système d'incitation au volume a eu pour conséquence de libérer les front-offices des considérations de risques. On peut envisager un intéressement des commerciaux à la production des back-offices. À ce titre, il est possible de s'appuyer sur un système d'incitations croisées. Une des solutions pour inciter les commerciaux à tenir compte des intérêts des administratifs consiste à intégrer la question du risque dans la REC des commerciaux. Le taux de retour peut constituer un moyen pour mesurer la qualité des dossiers envoyés au siège. Si la rémunération des commerciaux diminue lorsque ceux-ci ont mal traité un dossier (incomplet, hors norme), ils seront contraints d'assumer leur rôle de négociateur auprès du client et de ne plus faire reposer la charge de gardien de la règle sur les back-offices. Avec le taux de retour comme outil d'évaluation, les commerciaux risquent de faire pression sur les back-offices pour éviter les retours. La mise en place d'incitations et de responsabilités croisées devrait faciliter l'adoption de repères communs. Si l'on indexe les objectifs des commerciaux sur les résultats des services de back-offices, exprimés non en volume mais en temps passé par dossier, ceux-ci seront enclins à davantage d'attention dans l'envoi d'un dossier. De telles expériences ont été réalisées dans des entreprises d'autres secteurs d'activité, par exemple chez Sécuritas où le contrôleur de gestion est chargé d'apporter des solutions aux problèmes des fronts et est rémunéré en fonction de leur réalisation d'objectifs (gardiens d'immeubles ou de parking, commerciaux).

Le modèle de la responsabilité individuelle conduit à un cloisonnement des services qui peut nuire à la performance globale de l'organisation. D'un point de vue conventionnaliste, les administratifs sont les instruments d'une représentation où dominent la règle et la mesure ; les front-offices sont les représentants du monde marchand. Les conflits peuvent être nécessaires dans une organisation en permettant de clarifier des situations problématiques. Ce sont essentiellement des conflits de représentation qui accompagnent la relation front/back. Si certaines situations peuvent faire l'objet d'une négociation, d'autres ne pourront faire l'objet d'un compromis. C'est sur ces points qu'il faut formaliser l'accord. Dans le cas des dossiers de crédits, l'écrit est perçu comme un outil de coordination interservice : « Dire que la norme c'est 30 %, ça ne suffit pas. Il faut que les choses soient écrites pour dire que la « banque » a acté dessus, que vous puissiez dire : « suite à la note du tant, je refuse le dossier ». Si rien n'est écrit, ce sont nos convictions ; c'est notre parole contre la leur. Alors comment avoir raison ? » (un cadre de back-office).

Compte tenu de ces éléments, et en réaffirmant l'idée d'une nécessaire amélioration de la coordination, quel dispositif une organisation (une banque) peut-elle proposer à ses acteurs ? Comment favoriser et récompenser, autrement dit inciter, les acteurs à adopter des comportements plus coopératifs ?

3. Les outils incitatifs de GRH bancaire

Souvent la reconnaissance de l'action des collaborateurs peut se concrétiser par des prix, une publication dans le journal interne, ou même des communications dans les journaux externes… Les formes de la rémunération ne peuvent être uniquement financières, lorsqu'on attend autre chose de ses collaborateurs que des compétences routinières. De la même façon, un collaborateur qui a bien travaillé doit être reconnu comme tel dans l'organisation. Ici encore, des modes de reconnaissance doivent être développés pour inciter les autres à faire de même. Ce peut être par l'attribution de médailles, par un rendez-vous avec le directeur, par la plaque du meilleur vendeur… Les caisses régionales de crédit agricole récompensent leurs collaborateurs fidèles avec des médailles… Les formules de récompenses possibles sont multiples dans l'organisation et ne sont pas encore pleinement utilisées. S'il ne faut pas multiplier indéfiniment les récompenses, sans quoi elles perdraient de leur valeur, il convient de réfléchir à d'autres formes que les seules incitations financières.

3.1. Le management de la part variable

Traditionnellement, c'est l'ancienneté qui justifiait les récompenses : la qualité d'un salarié se mesurait à son « ancienneté dans la maison ». La rémunération s'affranchit peu à peu de ces modes passées : on passe d'un modèle domestique à un modèle marchand. Le salaire rémunère un niveau de compétences et de responsabilité par rapport à la rémunération d'un marché professionnel et géographique spécifiques. Son calcul reste complexe avec 11 minima conventionnels fixés hors ancienneté (environ 60 % du salaire moyen de chaque niveau) et des salaires annuels minima conventionnels garantis à l'ancienneté, définis selon des paliers de cinq ans. Les primes d'ancienneté sont remplacées par une « garantie salariale de branche » et laissent place à d'autres modes d'évaluation du mérite de chacun. Aujourd'hui, l'ancienneté n'est plus le principal facteur déterminant l'évolution de la rémunération. La performance est mesurée à l'aune d'objectifs définis *ex ante*. Les parcours récompensés sont liés à une reconnaissance de la contribution aux résultats de l'entreprise. Les rémunérations variables récompensent la production quantitative et qualitative des agents et sont destinées à compléter les rémunérations conventionnelles avec un but incitatif. Le Crédit Lyonnais par exemple reconnaît la nécessité d'une meilleure reconnaissance des parcours commerciaux face à la diminution des niveaux de management. Pour cela, les mesures salariales individuelles sont désormais déconnectées des promotions et des changements de poste, et fondées sur l'appréciation des performances.

Les outils d'incitation et d'évaluation actuels sont essentiellement quantitatifs et répondent à une logique de développement des banques. À la BRED, comme dans beaucoup d'établissements, le système d'évaluation repose principalement sur des critères quantitatifs avec, au-delà d'un certain seuil, le déclenchement de la gratification. Le jugement de la qualité du travail s'appuie sur la capacité du commercial à placer les différents produits du portefeuille dans leur ensemble et pas uniquement des crédits ou des PERP, plus rémunérateurs en termes de commissions. Le système de récompense est sans équivoque pour le commercial et impacte directement sa rémunération. Les objectifs sont explicites et efficaces pour la concrétisation des stratégies de volume de l'entreprise.

Mais cette formule reste peu performante pour évaluer la qualité du travail, en agence comme au siège. C'est donc sur l'appréciation du supérieur hiérarchique, qui fixe les objectifs de son subordonné et établit chaque année un bilan d'activité avec lui, que repose l'essentiel de l'évaluation qualitative. Au Crédit Lyonnais, par exemple, c'est le manager qui détermine les augmentations salariales à donner à ses collaborateurs. L'entretien d'évaluation est un moment privilégié où chacun, supérieur hiérarchique et collaborateur, peut exprimer son point de vue. Il est structuré par la fiche d'entretien qui permet de mesurer la performance du subordonné. Elle se compose de différents points qui sont jugés par le manager et qui donnent lieu à discussion avec le collaborateur. Les objectifs fixés par les managers lors des entretiens concernent les savoirs, savoir-faire et savoir-être et doivent être adaptés à l'activité des salariés et notamment à leur temps de travail. En ce qui concerne les cadres, la performance individuelle est appréciée en fonction de leur contribution à la réalisation des objectifs du groupe (collecte, crédit, service) et de la qualité de la gestion de leur(s) unité(s). La mobilité fonctionnelle et les promotions hiérarchiques sont en revanche le résultat des appréciations croisées de responsables issus de filières différentes : le manager, un GRH et un contrôleur ou un responsable crédit dans le cas d'un commercial d'agence.

La variabilisation des salaires est une tendance grandissante dans les banques où les primes collectives et individuelles sont cumulées : intéressement, participation aux résultats, rémunération extra-conventionnelle individuelle et collective... La prime basée sur les résultats apprécie à la fois les résultats individuels de l'agent, mais également ceux de son unité et ceux de l'ensemble de sa banque. Concernant l'évaluation des résultats collectifs, certaines banques évaluent le collectif par comparaison aux objectifs, mais également par la comparaison à la performance des concurrents en parts de marché et en résultats. C'est le cas du plan de stock-options mis en place par la BNP en 2003, où les bénéfices des collaborateurs dépendront de la performance relative du titre BNP Paribas par rapport à celle de ses concurrents. Pour cette banque, les stock-options sont moins un mode de rémunération qu'un moyen d'intéresser la population qui en est bénéficiaire à la croissance du cours de l'action. La pratique des stock-options reste cependant marginale en France.

En termes de gestion des ressources humaines, l'agent est incité à participer à la bonne marche de la banque, tant par son action individuelle que par sa contribution à l'effort collectif. La pratique des bonus, des primes exceptionnelles et autres récompenses financières se modernise. Pour J. Lucereau (2003), ces augmentations de salaire sont traditionnellement perçues par les collaborateurs comme normales et globalement plutôt en deçà de leurs espérances. Elles perdraient de leur vertu incitative, et il n'y aurait plus de lien entre cet outil et la motivation et donc l'implication au travail. Afin de regagner en efficacité, les banques ciblent désormais leurs bénéficiaires. En effet, si ces incitations se généralisent dans toutes les banques interrogées à l'exception du Crédit Mutuel, elle ne sont plus « saupoudrées » indistinctement. La hausse des bonus en 2004 ne touche pas tous les métiers également, ni d'ailleurs tous les individus. Les services de GRH avec l'aide des managers identifient les collaborateurs les plus performants et les rémunèrent pour les inciter et les retenir. Dans les activités de pointe des banques d'affaires et d'investissement, plusieurs facteurs ont contribué à l'augmentation des salaires et à leur individualisation : la pénurie structurelle de profils issus de grandes écoles, le recrutement de jeunes diplômés ayant une meilleure connaissance de la rentabilité qu'ils génèrent et la gestion des départs massifs à la retraite avec le problème des « postes clés ».

Ainsi, les augmentations individuelles ont été, ces dernières années, très sélectives et réservées essentiellement à des cas de promotion interne. Cette tendance se généralise à la banque de détail qui suit, avec un décalage institutionnalisé, les évolutions des banques d'affaires et d'investissement : la part variable peut peser, dans la banque de détail française, jusqu'au tiers de la rémunération globale des managers. Le poids des bonus est bien supérieur dans la banque d'affaires, où ils peuvent atteindre 150 % en France et près de 400 % du salaire de base dans les pays anglo-saxons.

Par ailleurs, à un moment où le métier de commercial est plus autonome à la fois en termes de délégation et de travail assisté par ordinateur, il reste dépendant du travail réalisé en amont par les services administratifs et les fonctions de support. Il est plus encadré avec l'organisation marketing et les nouveaux outils de gestion de la relation client. Ils ont largement recours aux SAV back-office et au soutien des unités dédiées à l'assistance aux agences. La plupart des commerciaux ne sont pas prêts à l'autonomie conférée par l'outil informatique et ses procédures formalisées. Il devient plus délicat de jauger ce qui relève de la réussite de l'organisation ou de la performance du commercial.

Les rémunérations fixes plus variables ne sont plus le territoire des seuls commerciaux. Dans la banque de détail, les primes concernent de plus en plus les techniciens et analystes. La relation client prend une proportion croissante dans l'activité des back-offices et dans les activités de support. Les profils recherchés pour ces activités intègrent désormais la dimension commerciale. C'est le cas à la BPSO ou au Crédit Agricole où ces profils transversaux sont recherchés mais pas exclusifs. C'est notamment le cas dans les services d'instruction des crédits, qui sont en justification permanente de leurs décisions auprès des commerciaux. Ils sont soumis à une pression croissante sur les délais et les acceptations de dossiers sur lesquels les commerciaux sont récompensés. La convention collective souligne l'importance d'associer chaque salarié « à la bonne marche et aux résultats de son entreprise ». Alors que les objectifs des commerciaux sont majoritairement indexés sur des variables quantitatives, le travail des back-offices doit tenir compte de la qualité des dossiers mesurée par le risque et la marge. Les critères de performance individuelle des « administratifs » tiennent compte de variables complexes, comme le délai de traitement des dossiers, le taux de retour, le type de dossiers instruits... Ces objectifs de production et de délais sont quantifiables et s'ajoutent aux objectifs qualitatifs de savoirs, savoir-faire et savoir-vivre. Les banques rencontrent des difficultés pour développer des outils incitatifs dédiés aux administratifs. L'étude du contenu des bonus attribués au back-office montre que l'incitation ne vise pas directement une performance individuelle mais davantage d'implication dans l'organisation, et notamment une plus grande attention portée à la satisfaction du client ainsi qu'aux résultats des commerciaux. Le mode de rémunération variable des administratifs est inspiré de celui des managers, qui sont rémunérés sur les performances de leur équipe et intéressés aux résultats.

3.2. Les autres mesures incitatives

On peut identifier deux familles : les outils financiers de moyen ou long terme et la mobilité fonctionnelle.

Les outils financiers de moyen ou long terme. La rémunération globale correspond à l'ensemble des gratifications versées directement en salaire et indirectement sous formes d'avantages (œuvres sociales, complément de retraite...). Pour Donnadieu (1993), elle est l'addition de la rémunération fixe (salaire de base, primes), des périphériques légaux (intéressement, PEE), des périphériques sélectifs (avantages en nature, complément de retraite) et des périphériques statutaires (loisirs, mutuelle).

Selon l'étude « Tendances épargne entreprise 2003 », un salarié sur deux affirme que l'épargne entreprise est un facteur important de motivation et de fidélisation dans l'entreprise. Ils conçoivent l'épargne entreprise comme un bon moyen d'obtenir une rémunération différée assortie d'avantages fiscaux (64 %), d'épargner pour la retraite (62 %) et de compléter les salaires (55 %). L'épargne entreprise constitue ainsi un moyen à la disposition des banques de rémunérer leurs collaborateurs. L'enjeu est double : responsabiliser les salariés dans leurs choix d'épargne et surtout permettre à l'entreprise de valoriser ses initiatives en la matière. Un cadre interrogé nous révélait que son intéressement aux résultats cumulé à l'abondement de la banque correspondait à un supplément de 25 % de son salaire de base en 2003. En revanche, les effets sont hétérogènes sur les différentes catégories de personnel et restent limités à une partie des salariés : les cadres et les plus de 40 ans. La première raison invoquée est l'insuffisance d'information. Malgré des efforts importants réalisés par les banques pour faire connaître leurs dispositifs d'épargne salariale (notes internes, intranet, journaux internes...), deux tiers des salariés se disent mal informés des dispositifs d'épargne salariale. La seconde raison est structurelle. Les jeunes, qui sont aussi les moins fidèles, sont les moins propices à profiter des PEE soit parce qu'ils sont dans une période de leur vie où leur « préférence pour le présent » est plus grande, soit parce qu'ils n'ont pas de revenus suffisants. « Face à une population jeune, plus sensible aux rémunérations immédiates, il est difficile de rendre attractifs des systèmes à moyen et long termes malgré une excellente rentabilité. Pour avoir un plus fort impact, il faut encore jouer sur le court terme. »[3]

3. *Banque magazine*, n° 648 (juin 2003).

Les politiques d'épargne retraite ont été jusqu'à récemment encore peu prises en compte par les jeunes diplômés dans leur rémunération. Pour la BNP, les avantages sociaux ne font pas la différence d'attractivité entre les banques : en France, on ne raisonne pas en termes de rémunération globale. Cette affirmation est relativisée par l'étude des discours des candidats au recrutement lors de l'entretien d'embauche. Ils se préoccupent davantage que par le passé des périphériques sélectifs et statutaires (par exemple garderie, qualité du CE…), de la politique interne de management, de la gestion de carrière, de la rémunération et des avantages sociaux. C'est pourquoi, le choix des candidats repose également sur le positionnement, la stratégie et les perspectives de l'entreprise.

La mobilité fonctionnelle. La motivation ne peut être reliée uniquement à la seule rétribution financière. Le Berre (1993) trouve le concept de rémunération insuffisant et s'intéresse à celui de rétribution. Il comprend le salaire de base, la rémunération objective (tous les éléments évaluables en dehors du salaire) et la rémunération subjective (statut social, pouvoir, réalisation de soi…). Cette dernière constituerait une source de motivation pour les personnels et un avantage de plus en plus recherché par les candidats au recrutement. Les formes d'implication calculée sont multiples et se combinent à des implications affectives. Les actions ne sont pas uniquement le résultat d'une intentionnalité stratégique. Le Crédit Suisse Hottinguer ne considère pas le salaire comme le seul déterminant lors d'un changement de poste : c'est non pas un critère de satisfaction mais d'insatisfaction. Certains candidats sont prêts à accepter une éventuelle baisse de revenu, afin de construire un projet de carrière. « Il est avant tout primordial que le salarié se sente en adéquation avec la politique de la maison et ses objectifs de développement pour être capable de travailler sainement avec un client. » La mobilité est un moyen de récompenser, d'inciter ou de sanctionner.

Les profils recrutés doivent tous être capables de s'épanouir pleinement dans la banque et d'arriver aux postes les plus élevés. Les chargés de clientèle particuliers embauchés avec un diplôme de haut niveau perçoivent que les promesses d'évolution faites à l'embauche vont rapidement trouver leurs limites dans le nombre de postes d'encadrement disponibles. Ils savent par ailleurs que les moteurs de l'évolution des carrières sont d'abord la réalisation des objectifs commerciaux, le savoir-être puis l'âge et enfin le diplôme. On assiste à une déqualification des diplômés. En contrepartie, les banques offrent une gestion active des carrières. La mobilité ne peut pas toujours prendre la forme de promotion aux fonctions managériales. Un assistant pourra devenir conseiller de clientèle particulier puis technicien de back-office, puis conseiller spécialisé, marketeur, conseiller professionnel avant d'être directeur d'agence. Les banques devancent les négociations collectives en la matière et proposent aux collaborateurs qui font leurs preuves des opportunités de mobilité dans l'entreprise avec une fréquence comprise entre deux et quatre ans.

Pour la Société Générale, ce qui compte dans la fidélisation des salariés, c'est d'abord « l'appréciation qu'ils portent sur leur entreprise, sur le fait qu'elle se développe, qu'elle a des projets, qu'elle est performante et bien gérée ». Un collaborateur doit avoir la conviction qu'il pourra connaître au sein de la banque une évolution personnelle et professionnelle correspondant à ses capacités et à ses attentes. On retrouve cette volonté d'attirer et de fidéliser les profils à potentiel dans le package qui leur est remis à l'entrée de l'organisation. Celui-ci contient, outre les éléments nécessaires à l'intégration de la culture de la banque, des documents d'information sur les parcours de carrière illustrés par la réussite des aînés qui ont accédé aux plus hauts échelons de l'organigramme en passant par des itinéraires multiples.

Dans ce contexte, la difficulté des salariés est de savoir quelles perspectives de carrière peut offrir la banque et comment construire leur carrière. Les services de GRH mettent en mouvement les salariés en leur fournissant les appuis nécessaires à l'évolution dans l'organisation. L'embauche de débutants plus diplômés vient percuter l'organisation dans laquelle ils brûlent souvent les premières étapes, soit dès l'origine en étant intégrés à des niveaux plus élevés soit en bénéficiant d'un avancement plus rapide dans les premières années (c'est le cas le plus répandu en France et en Allemagne). Même l'accès à des postes d'encadrement généralistes dans le réseau, traditionnellement réservés à la promotion interne, commence à s'ouvrir à des diplômés du supérieur long en France[4].

Dans les banques nationales comme la Société Générale, les postes d'état-major sont réservés à des diplômés des grandes écoles. Ceux-ci suivent le circuit de l'inspection et du contrôle pour découvrir la banque. Dans les banques régionales, en revanche, les cadres doivent préalablement faire leurs preuves et passent généralement par des fonctions peu gratifiantes avec des rémunérations peu élevées. Ces nouvelles règles du jeu entraînent des tensions entre générations.

3.3. Les limites du système incitatif et la coordination interservice

Les banques ont obtenu en 2003 et 2004 des résultats élevés qui laissent présager de nouvelles concentrations dans le secteur. Des explications sont à trouver dans la conjoncture particulièrement propice. Le marché de l'immobilier est très porteur. Le climat d'incertitude pousse les gens à s'assurer davantage contre les risques alimentaire, juridique, de décès, de chômage, de retraite. À cela, il faut ajouter les avantages fiscaux qui permettent le développement de produits de défiscalisation (immobilier, assurance, retraite). Enfin et surtout, il faut reconnaître l'efficacité croissante des banques dans la distribution multivente de produits réputés « fidélisants ». Ces bons résultats annoncent une nouvelle vague de fusion. Mais en interne, l'activité souffre de résistances et les politiques de volume se font souvent au dépend de la marge sur le produit principal.

Les commerciaux sont des intermédiaires entre les services de production de la banque et le client. Ils traduisent les attentes respectives. Toutefois, les considérations réglementaires sont souvent secondaires comparées à la vente d'un crédit pour laquelle ils sont rémunérés. Les difficultés rencontrées par les back-offices pour faire respecter la règle en sont accrues. Dans les dossiers de crédits, ce sont souvent eux qui ont l'initiative de la couverture contre le risque de défaillance du client, assurant ainsi un équilibre rentabilité/risque jugé satisfaisant pour la banque. L'intérêt de la banque est aussi de satisfaire le client dans des délais raisonnables. Les services de back-offices sont souvent encombrés de dossiers à fort risque, à marge trop faible ou encore de dossiers mal ficelés. Si les objectifs fixés sont de trois à cinq jours, la plupart des banques ont des délais de sept à douze jours ouvrables pour le traitement des dossiers non délégués. Les commerciaux s'appuient sur les deux parties pour optimiser leur rémunération : ils vendent le dossier du client aux administratifs et les produits additionnels (assurances) exigés par le back

4. Bruniaux (2001), *in Banque magazine*, n° 648 (juin 2003).

aux clients. Ils répercutent la pression des clients sur les back-offices et la pression du back sur les clients. « Les agences ne réalisent pas que les administratifs ont plusieurs dossiers. Chacun est dans son univers et ne se rend pas compte des difficultés » (propos d'une assistante). Le travail d'administratif est un travail de justification et demande toujours plus d'écrit pour rendre la norme indiscutable. Par exemple, dans le traitement de dossiers de crédits, le taux d'endettement reconnu normal par les back-offices est sans cesse remis en cause par les commerciaux et tend à faire l'objet de procédures formalisées. Cela est problématique à un moment où la prise en compte de la spécificité du client demande davantage de liberté dans l'instruction des dossiers. On assiste à une perte de pouvoir des fonctions traditionnelles de back-office, moins nombreuses et dont le champ d'action se restreint davantage avec l'informatisation des postes de travail.

Il est difficile de trouver des indicateurs permettant de mesurer le degré d'effort consenti par le collaborateur pour améliorer ses compétences, la qualité de son travail et sa participation à la vie de l'unité à laquelle il est rattaché. Les collaborateurs ne sont pas évalués sur le résultat global de leur activité mais sur l'atteinte d'objectifs qui peuvent entrer en contradiction avec ceux des autres services. Le système d'incitation des commerciaux est accompagné d'un système de contrôle : back-offices, gestion des risques et contrôle interne. Avec la loi sur la régulation financière, il intègre le contrôle du respect des objectifs par les collaborateurs.

La proportion des commerciaux dans les effectifs s'accroît. Ils bénéficient d'une plus grande délégation dans la gestion de la relation client. Les objectifs commerciaux fixés par la direction peuvent entrer en conflit avec la stratégie globale, dont les principes supérieurs sont la rentabilité, le risque et la qualité de la relation client. C'est toute la difficulté de la détermination, de la formalisation et du suivi des objectifs. La rémunération variable est source de risque dans le pilotage de l'action commerciale. Les systèmes d'incitation posent des problèmes de résistance pour certains groupes qui se sentent traités inéquitablement : les agences n'acceptent pas toujours des incitations qui amèneront des disparités selon la qualité des portefeuilles gérés. Elles conduisent également à des problèmes de conflit d'intérêt avec les services transversaux, comme le conseil en gestion de patrimoine. Ces politiques risquent de générer des tensions, voire de la rivalité, là où la conjoncture commande plutôt une émulation et le maintien d'une forte cohésion. Tout système d'incitation s'accompagne d'un risque d'opportunisme. Les systèmes d'incitation et de contrôle reposent sur la responsabilité individuelle : chaque individu est responsable de ses décisions, même si elles engagent d'autres services. Les responsables ont peu confiance dans leurs alter ego, et les initiatives transversales à l'organisation restent encore limitées aux grands projets.

Conclusion

Afin de mieux cadrer l'action des commerciaux sur les objectifs stratégiques, les banques normalisent leurs systèmes d'incitation. Ceux-ci alimentent une conception du bien et du normal : agir lorsqu'on n'est pas intéressé à le faire n'a pas beaucoup de sens. Dans cette acception, la coopération n'a pas de sens en dehors d'un cadre normalisé par le système incitatif. Les banques ont cependant intérêt à développer les relations transversales. Contrairement aux proches avec lesquels un individu entretient des relations fortes et cloisonnées du reste de la population, les relations les plus lointaines permettent de relier l'individu à des collectifs différents (Granovetter, 1973). Ainsi, les relations inter-services sont susceptibles de créer des synergies. Cette analyse de l'intensité des liens a aussi une portée pratique : les liens faibles permettent de saisir les opportunités, alors que les liens forts engendrent la cohésion sociale mais fragmentent l'ensemble social. L'organisation est un enchevêtrement de liens de natures différentes : plus ou moins forts, plus ou moins formels, ils sont institutionnalisés et créent les règles du jeu de la société. Ce sont des contraintes établies par les hommes au cours du temps qui structurent leurs interrelations. Les formalismes de coordination favorisent un fonctionnement routinier et médiatisent les relations entre personnes. En revanche, ils limitent la liberté de circulation de l'information et les choix de mode de coordination. Un système incitatif seul, aussi efficace soit-il en termes de motivation, ne suffit pas. Innover en matière de processus et de mode d'organisation pour faciliter et développer la coordination constitue une autre voie déterminante de progrès.

Bibliographie

Akerlof G.A. (1970), « The market for "lemons" : Quality uncertainty and the market mechanism », *Review of Economic Studies*, vol. 54, p. 488-500.

Alter N. (2003), « Innovation organisationnelle : entre croyance et raison » in *Encyclopédie de l'innovation*, Economica, p. 71-88.

Aoki M. (1994), « Sur certains aspects des conventions dans l'entreprise » *in* A. Orléan, *Analyse économique des conventions*, PUF, p. 305-330.

Assens C., Baroncelli A., Froehlicher T. (2000), « Le Pilotage des réseaux organisationnels : une approche relationnelle et conventionnaliste des modes de coordination », conférence AIMS, mai 2000, 22 pages.

Axelrod R. (1992), *Donnant Donnant : théorie du comportement collectif*, traduit de *The Evolution of coopération*, O. Jacob, collection « Sciences humaines », 235 pages.

Batifoulier P., Cordonnier L., Zenou Y. (1992), « L'emprunt de la théorie économique à la tradition sociologique : le cas du don contre don », *Revue économique*, n° 5, p. 917-946.

Bensaïd M., Richebé N. (2001), « Règles d'organisation et relation salariale », *Revue d'économie industrielle*, n° 97, 4e trimestre, p. 69-84.

Boltanski L., Thévenot L. (1991), *De la justification : les économies de la grandeur*, Gallimard NRF collection « Essais », 483 pages.

Bruniaux C. (2001/2), « L'intégration de la hausse d'éducation dans la dynamique de l'emploi et des qualifications du secteur bancaire. Une comparaison sur cinq pays européens », *Revue de l'IRES*, n° 36.

Charreaux G. (1999), « La théorie positive de l'agence : lecture et relectures » in *De nouvelles théories pour gérer l'entreprise du XXIe siècle*, coord. Koenig G., Economica, p. 61-141.

Chavance B. (2001), « Organisations, institutions, systèmes : types et niveaux de règles », *Revue d'économie industrielle*, 4e trimestre, n° 97, p. 85-102.

Coase R.H. (1937), « The nature of the firm », in *Revue française d'économie*, vol. II/1, 1987, p.133-163.

Coriat B., Weinstein O., (1995), *Les nouvelles théories de l'entreprise*, Le livre de poche, 218 pages.

Corninck F. de (1998), « Les bonnes raisons de résister au changement », *Revue française de gestion*, septembre-octobre, p. 162-168.

Courpasson D. (1996), « Les normalisations managériales entre l'individu et le modèle professionnel », *Revue d'économie industrielle*, 1er trimestre, n° 75, p. 239-256.

Crozier M., Friedberg E. (1977), *L'acteur et le système : les contraintes de l'action collective*, première parution 1977, éditions du Seuil, 1981, 437 pages.

Dameron S. (2001a), « Les deux conceptions du développement de relations coopératives dans l'organisation », conférence AIMS, juin 2001, 29 pages.

Dameron-Fonquernie S. (2001b), « Processus de coopération dans l'organisation : construction d'une grille de lecture appliquée au cas d'équipe projet », *CREPA Working Paper*, Paris IX, également disponible in *Actes du IXe colloque de l'AIMS*, Montpellier, 26 mai 2000, 25 pages.

Dameron-Fonquernie S. (2000), « Génération de la coopération dans l'organisation – le cas d'équipes projets », *Thèse de doctorat*, Paris-Dauphine, 602 pages.

Doeringer P.B. (1986), « Internal labor Market and non competing groups », *American Economic Review*, vol. 76, n° 2, mai, p. 48-52.

Dosi G., Teece D., Winter S. (1990), « Les frontières des entreprises : vers une théorie de la cohérence de la grande entreprise », *Revue d'économie industrielle*, 1er trimestre, n° 51, p. 238-254.

Dubet F. (1994), *Sociologie de l'expérience*, éditions du Seuil, 277 pages.

Dupuy J.P. (1989), « Convention et Common Knowledge », *Revue économique*, mars, n° 2, p. 361-400.

Eymard-Duvernay F. (1994), « Coordination des échanges par l'entreprise et qualité des biens » *in* A. Orléan, *Analyse économique des conventions*, PUF, chap. 12, p. 307-334.

Eymard-Duvernay F. (1999), « Les compétences des acteurs dans les réseaux » *in* Callon *et al. Réseaux et coordination*, Economica, p. 154-179.

Eymard-Duvernay F. (1999), « The evolution of labour conventions », *Centre d'étude de l'emploi*, Paris X-Nanterre, 28 pages.

Favereau O. (1989), « Marchés internes, Marchés externes », *Revue économique*, mars, n° 2, p. 273-328.

Fournas F.X. de (1998), *La mare aux banquiers*, Village mondial, 368 pages.

Froehlicher T. (2001), « La dynamique de l'organisation relationnelle : conventions et réseaux sociaux au regard de l'enchevêtrement organisationnel », *Finance-contrôle-stratégie*, juin, vol. 3, p. 113-143.

Grafmeyer Y. (1992), *Les gens de la banque*, PUF, collection « Sociologie », 288 pages.

Granovetter M. (1973), « La force des liens faibles » *in* Desclée de Brouwer, *Le marché autrement : Les réseaux dans l'économie*, p. 45-73.

Hirigoyen G., Pichard-Stamford P. (2002), *Les fondements et les développements en finance organisationnelle : une synthèse théorique et empirique.*

Jensen M.C., Meckling W.H. (1976), « Theory of the firm : Managerial Behavior, Agency costs and Ownership structure », *Journal of Financial Economics*, vol. 3, p.305-360.

Joulé R.V., Bouvois J.L. (2001), *La soumission librement consentie*, PUF, 214 pages.

Lamarque É. (2002), « Pour une analyse organisationnelle de la relation banque-entreprise », *Sciences de gestion*, n° 34, automne.

Le Berre M. (1993), « Vers la rétribution comme outil de gestion des cadres-salariés d'entreprises », *Thèse d'État en sciences de gestion*, université Pierre-Mendès-France, Grenoble.

Leibenstein H. (1987), *Inside the firm : the efficiencies of hierarchy*, Harvard University Press, 276 pages.

Leibenstein H. (1966), « Allocative efficiency *vs* "X-efficiency", *American Economic Review*, vol. 56, p. 392-415.

Livet P. (1993), « Le collectif comme virtuel », *Réseaux, com techno société*, n° 62, p. 119-120.

Livet P., Thévenot L. (2004) « Les catégories de l'action collective » *in* A. Orléan, *Analyse économique des conventions*, PUF, p. 163-191.

Lucereau J. (2003), « Le management de la part variable », *Banque magazine*, n° 650, septembre.

Mac Gregor D. (1969), *La dimension humaine de l'entreprise*, Gauthier-Villars.

Midler C. (1994), « Évolution des règles de gestion et processus d'apprentissage » *in* A. Orléan, *Analyse économique des conventions*, PUF, p. 359-393.

Mintzberg H. (2002), *Structure et dynamique des organisations*, traduit de *The structuring of Organisations : a synthesis of the research*, éditions d'Organisation, 434 pages.

Postel N. (1998), « L'Économie des conventions : une approche instrumentale de la rationalité individuelle », *Revue économique*, vol. 49, n° 6, p. 1473-1496.

Quivy R., Campenhoudt L. van (1988) *Manuel de recherche en sciences sociales*, Dunod, 288 pages.

Reynaud B. (1999), « Les analyses du collectif en économie », *lettre*, n° 28, p. 1-4.

Reynaud B. (2001), « Suivre des règles dans les organisations », *Revue d'économie industrielle*, 4e trimestre, n° 97, p. 53-68.

Rowe F. (1994), *Des banques et des réseaux : productivité et avantages concurrentiels*, Economica, 256 pages.

Salais R. (1989), « L'analyse économique des conventions du travail », *Revue économique*, n° 2, p. 199-240.

Schelling T.C. (1960), *Stratégies du conflit*, traduit de *The strategy of conflict*, PUF, 1986, 295 pages.

Thévenot L. (1989), « Équilibre et rationalité dans un univers complexe », *Revue économique*, n° 2, p. 147-197.

Ughetto P. (2000), « L'Entreprise dans l'économie des conventions », *Revue économique*, vol. 51, n° 1, p. 51-73.

Williamson O.E. (1987), *Les institutions de l'économie*, traduit de *The economic institutions of capitalism*, Interédition, 1994, 404 pages.

Young H.P. (1998), « Conventional contracts », *Revue of Economic Studies,* vol. 65, p. 773-792.

Zollinger M. et Lamarque É. (1999), Marketing et stratégie de la banque, 3e édition, Dunod.

Zollinger M. et Lamarque É. (2004), Marketing et stratégie de la banque, 4e édition, Dunod.

Conclusion générale

Au terme de cet ouvrage, il est important de souligner que l'objectif poursuivi était de mettre en évidence les nouvelles dimensions de la compétitivité dans les entreprises bancaires, à savoir l'efficacité managériale et l'excellence organisationnelle. Elles s'expriment au travers de facteurs clés de succès de ce secteur, comme la gestion des risques ou la gestion de la relation client. Ces deux dimensions ne sont pas spécifiques à la banque ; elles sont prépondérantes dans la plupart des entreprises. Mais elles prennent dans ce secteur une dimension particulière en raison des spécificités qui ont été souvent évoquées comme la non-protection de l'innovation, les difficultés de différenciation ou un cadre réglementaire conduisant à tempérer toute prise de risque.

Les réflexions à la fois théoriques et pratiques qui ont été présentées constituent pour notre chaire des axes de travail depuis plusieurs mois, en collaboration avec des établissements financiers. Cependant, notre activité nous conduit à déjà anticiper de nouveaux axes de travail dans la continuité des thèmes déjà abordés. Deux domaines sont à l'étude :

- Comment les structures de gouvernance influencent-elles le management des établissements financiers ? Le secteur bancaire européen, et notamment français, présente l'intérêt de pouvoir observer des modes de gouvernance très différents : mutualistes ou coopératifs d'un côté, actionnarial de l'autre. Ces modes de gouvernance influencent les relations que l'on entretient avec la clientèle, le comportement vis-à-vis du risque et les modes d'organisation. Ces trois thèmes, qui ont été au cœur de cet ouvrage, doivent maintenant être appréhendés sous ce nouvel angle. Le contexte mutualiste et coopératif en particulier peut offrir un bon exemple d'une gouvernance plus partenariale, difficile à identifier dans d'autres secteurs d'activité. L'objectif sera alors de voir à la fois dans quelle mesure les relations entre les parties prenantes sont différentes et, surtout, si cette situation aboutit à des différentiels de performance (pas uniquement financière) observables.
- Comment arriver à mettre en place une organisation plus transversale et mieux coordonnée ? Cette nécessité a été évoquée à plusieurs reprises, notamment dans la dernière partie. Il s'agit donc maintenant d'aller plus loin dans la mise en œuvre. Depuis quelques mois, notre équipe est engagée dans cette phase en participant à une démarche de formalisation et d'analyse des processus bancaires. À partir du moment où les organisations bancaires sont éclatées, tant au niveau des backs que des front-offices, il est nécessaire de développer des outils et des méthodologies capables de systématiser ces points de contact entre les activités pour assurer la sécurité, la qualité et l'efficacité d'une prestation rendue à un client. L'originalité de cette démarche est de reprendre des procédés industriels développés entre autres dans le secteur automobile

et de les adapter aux activités de service, plus particulièrement à la banque, pour instaurer des logiques plus participatives dans l'élaboration des produits et des services, et plus généralement des stratégies.

Ces deux axes complèteront dans le futur les programmes de recherche déjà engagés en matière de politique financière des établissements financiers, de gestion des risques, de gestion de la relation client. Le point commun à l'ensemble de ces programmes est notre volonté de travailler sur les problèmes auxquels les banques sont confrontées, afin de contribuer, à notre niveau, à une amélioration de leur efficacité.

La chaire de management financier de l'université Montesquieu-Bordeaux IV

L'université Montesquieu-Bordeaux IV dispose d'un vivier d'enseignants-chercheurs lui permettant d'intervenir dans tous les domaines du management, mais également dans divers domaines de l'économie et du droit. Le domaine général que nous souhaitons développer est celui du management financier. Sous ce terme général, deux grandes thématiques sont développées :

- le management financier de l'entreprise : analyse et diagnostic financier, évaluation, information financière, politique financière et financement ;
- le management des entreprises financières : gestion bancaire, stratégies de développement, relations avec la clientèle, gestion des risques, déontologie.

Notre démarche à un triple objectif :

1. La réalisation d'études et de recherches

La vocation première d'une chaire est de faciliter la réalisation d'études et de recherches dans des domaines définis par le laboratoire de recherche. La thématique du management et de la gouvernance des banques et plus généralement celle de l'avantage concurrentiel dans le secteur bancaire sont devenues des axes d'étude et de recherche au sein du laboratoire Creff (centre de recherche sur les entreprises familiales et financières). Plusieurs types de recherches peuvent être financées :

- des études courtes (moins de trois mois) ou de durée intermédiaire (six mois à un an) : elles sont confiées à des chercheurs confirmés ou des étudiants en troisième cycle, selon le sujet ;
- des études longues en général sous forme de thèses (deux à trois ans), sous la direction d'un chercheur confirmé. Cela n'empêche pas de produire des résultats intermédiaires.

Les fonds du ou des donateurs permettent également d'aider à la diffusion des travaux réalisés (après contrôle des aspects confidentiels) sous forme d'ouvrages ou de publications. C'est dans cet esprit et grâce au soutien financier de ses partenaires qu'a été réalisé ce livre.

En tant que structure ouverte et pluridisciplinaire, la chaire s'appuie sur des chercheurs appartenant à d'autres laboratoires au sein de l'université, mais également d'autres universités françaises, en l'occurrence celles de Tours et La Rochelle.

Enfin, cette chaire se veut un lieu d'apprentissage de la recherche. Cet ouvrage réunit, à la fois, des chercheurs « seniors » aptes à encadrer ce type de travail et des chercheurs « juniors » dans une logique d'échange d'expérience, comme en témoigne une grande majorité de contributions coécrites.

2. La formation

Une chaire ne délivre pas de diplôme ; c'est l'université qui le fait. Par contre, elle intervient sur le contenu des cours assurés au sein de diplômes existants, et dont les étudiants peuvent intéresser les partenaires qui sont aussi des recruteurs. Le master de management financier est le diplôme de référence sur lequel s'appuie ce dispositif. Les intervenants professionnels de la banque et de la finance qui participent aux enseignements sont autant d'interlocuteurs qui permettent de vérifier l'intérêt des thèmes traités et l'importance des matières proposées aux étudiants.

Dans le cadre de la chaire, des formations courtes non diplômantes peuvent être proposées dans son domaine de compétence. Les salariés des partenaires ont un accès privilégié à ces programmes.

3. La relation entreprises-étudiants

Les entreprises participant à la chaire s'engagent à accueillir un certain nombre d'étudiants en stage puis à favoriser, en fonction de leurs besoins, l'embauche des jeunes diplômés qui auront été formés sur la base de contenus de cours validés par les professionnels.

Une chaire se veut l'occasion de dresser une passerelle entre l'université et les entreprises les plus concernées par les thèmes de recherche développés. Ces dernières orientent tout naturellement les axes de recherche pour valider leur portée opérationnelle. En soutenant ce projet par des commandes d'études et par l'accueil de chercheurs, ces entreprises participent à une amélioration notoire de la qualité des contributions et facilitent leur diffusion à une échelle beaucoup plus large.

Trois partenaires ont accepté de nous accompagner dans cette initiative ; qu'ils en soient chaleureusement remerciés en attendant d'autres soutiens :

- la Caisse d'Épargne Aquitaine-Nord ;
- le centre régional des services financiers de La Poste de Bordeaux ;
- SECOR conseil.

Contact : Chaire « Management financier »
Université Montesquieu-Bordeaux IV
Avenue Léon Duguit
33608 Pessac Cedex
lamarque@u-bordeaux4.fr

Index

Dépôt légal : octobre 2006
IMPRIMÉ EN FRANCE

Achevé d'imprimer le 4 octobre 2006
sur les presses de l'imprimerie «La Source d'Or»
63200 Marsat
Imprimeur n° 10037